辽宁省"十四五"职业教育规划教材

21世纪高等职业教育精品教材·金融类

金融信托与租赁

（第五版）

伏琳娜 孟庆海 主编

JINRONG XINTUO YU ZULIN

东北财经大学出版社
Dongbei University of Finance & Economics Press

大连

图书在版编目（CIP）数据

金融信托与租赁 / 伏琳娜，孟庆海主编. —5版. —大连：东北财经大学出版社，2024.2

（21世纪高等职业教育精品教材·金融类）

ISBN978-7-5654-5101-0

Ⅰ．金…　Ⅱ．①伏…②孟…　Ⅲ．①金融信托–高等职业教育–教材②金融租赁–高等职业教育–教材　Ⅳ．F830.8

中国国家版本馆CIP数据核字（2024）第015270号

东北财经大学出版社出版

（大连市黑石礁尖山街217号　邮政编码　116025）

网　　址：http://www.dufep.cn

读者信箱：dufep@dufe.edu.cn

大连天骄彩色印刷有限公司印刷　东北财经大学出版社发行

幅面尺寸：185mm×260mm　　字数：362千字　　印张：17

2024年2月第5版　　　　　　　2024年2月第1次印刷

责任编辑：李丽娟　吉　扬　　　　　责任校对：何　群

封面设计：原　皓　　　　　　　　　版式设计：原　皓

定价：45.00元

第五版前言

当前，在我国经济面临需求收缩、供给冲击、预期转弱三重压力的背景下，实体经济遭受到较大冲击。党的二十大报告提出"坚持把发展经济的着力点放在实体经济上"，要求金融机构坚守服务实体经济的主业主责，助力经济行稳致远。信托业作为金融业的重要组成部分，在展业过程中坚守服务实体经济、专业受托人的发展定位，从总量提升、结构优化、成本下降、风险防控等多个维度发挥功能，在服务实体经济高质量发展上取得了新成效。同时，信托业积极创新服务实体经济的形式，以股权、债券、资产证券化等方式，实现资金高效配置，有力支持新兴产业领域创新发展。未来，我国信托业服务实体经济将呈现出差异化、专业化和精品化的趋势，信托公司将通过加快标品信托、财富管理等业务创新，进一步聚焦于实体经济发展的需求和痛点，以多元化资金给予实体企业全方位支持，全面满足实体经济投融资需求，助力实体经济的高质量发展。

2023年3月，第十四届全国人民代表大会第一次会议表决通过了关于国务院机构改革方案的决定，明确组建国家金融监督管理总局，统一负责除证券业之外的金融业监管，强化机构监管、行为监管、功能监管、穿透式监管、持续监管，统筹负责金融消费者权益保护，加强风险管理和防范处置，这意味着此次金融监管机构改革从顶层架构上提升了监管合力。在习近平总书记多次强调"坚决守住不发生系统性金融风险底线"的指引下，以往监管模式弊端将逐步消解，各类型机构间的套利空间将被持续压降。这与信托业现阶段回归本源，去通道、非标资金池业务，压降融资类信托的监管导向一致，信托公司持续朝着信托本源进发的长期趋势不会改变。在统一监管趋势愈发明朗的背景下，同业间和不同类型机构间的合作与竞争都将更加有序，信托业将加快业务创新发展，实现行业自身的高质量发展。

《金融信托与租赁》（第五版）正是在上述背景下，为进一步适应国内外信托租赁业务发展现状和发展趋势的需求，参考《"十四五"职业教育规划教材建设实施方案》的精神和指导思想，并采纳了一些院校师生对本教材的宝贵建议，结合作者多年的教学经验和资料积累，对第四版内容进行修改、更新和补充而成的。

本教材对金融信托与租赁的基本理论和实务进行了系统介绍，并阐述了相关的法律法规，结合最新的信托业发展情况，以全面揭示现实经济运行中信托与租赁的运行规律。作为辽宁省"十四五"职业教育规划教材，《金融信托与租赁》自2011年出版至今已修订至第五版，本次修订遵循"精练、必需、实用"的原则，详略得当，取舍有度，具体修订特色如下：

第一，根据信托租赁业的发展情况和有关法规的新规定，对具有时效性的内容和资料进行了修订，对相关图表和数据资料进行更新和补充，以便读者更好地了解我国信托与租赁业的发展动态，体现教材的求新务实。

第二，更新了相关案例，便于读者更好地了解最新的金融信托和租赁业务，并进行生动的分析和说明，使读者能够在案例教学的模式中了解信托公司、金融租赁公司的业务。本教材中的案例全部更新为近3年案例，体现教材的与时俱进。

第三，增加了二维码等数字化资源。书中每个章节都设有知识链接的二维码，读者用手机扫码后，可以方便地获取相关延展内容，帮助读者更好地理解理论知识，体现教材的数字化与互动性。另外，本书还配有电子课件及课后习题参考答案，授课教师可登录东北财经大学出版社网站（www.dufep.cn）免费下载。

本次修订由辽宁金融职业学院伏琳娜副教授和孟庆海副教授共同完成，伏琳娜负责整体规划和总纂、定稿，并修订1～7章，孟庆海负责修订8～11章。

在本教材的修订过程中，我们参考了国内外大量相关教材、著作和期刊，并吸收了其中的部分研究成果，在此对这些作者表示衷心的感谢。在修订过程中还得到了东北财经大学出版社李丽娟编辑的大力支持与热情帮助。同时还要感谢各兄弟院校和信托投资公司、租赁公司对本教材提出的宝贵意见。

由于编者水平有限，书中难免存在不足之处，敬请业内专家、学界同仁和广大读者批评指正，以使本书不断改进和完善。

编　者

2023年11月

目录

上篇　信托篇／1

第1章　信托概述／3

1.1　信托的概念及本质／4

1.2　信托的职能／7

1.3　信托的种类及信托与银行信贷、代理的区别／11

本章小结／19

重点概念／19

复习思考题／20

第2章　信托关系及其设立／23

2.1　信托设立的构成要素／24

2.2　委托人及其权利义务／30

2.3　受托人及其权利义务／32

2.4　受益人及其权利义务／37

本章小结／38

重点概念／39

复习思考题／39

第3章　个人信托业务／42

3.1　个人信托业务概述／43

3.2　生前信托／46

3.3　身后信托／51

本章小结／59

重点概念／60

复习思考题／60

第4章　公司信托业务／63

4.1　公司信托概述／64

4.2　证券发行信托 / 66

4.3　商务管理信托 / 71

4.4　动产信托 / 75

4.5　不动产信托 / 79

4.6　雇员受益信托 / 85

本章小结 / 92

重点概念 / 93

复习思考题 / 93

第5章　公益信托业务 / 96

5.1　公益信托 / 97

5.2　我国的公益信托 / 104

本章小结 / 109

重点概念 / 109

复习思考题 / 109

第6章　资金信托业务 / 113

6.1　资金信托业务概述 / 114

6.2　贷款信托 / 117

6.3　投资信托 / 120

6.4　房地产资金信托 / 124

本章小结 / 127

重点概念 / 128

复习思考题 / 128

第7章　信托机构的设立、经营与管理 / 131

7.1　信托机构的设立、类型及组织结构 / 132

7.2　信托机构的管理 / 138

本章小结 / 148

重点概念 / 149

复习思考题 / 149

下篇　租赁篇 / 153

第8章　租赁概述 / 155

8.1　租赁的概念、基本要素和特征 / 156

8.2　租赁业务分类 / 158

8.3　租赁的演进与作用 / 164

8.4　我国租赁业概述 / 169

本章小结 / 176

重点概念 / 177

复习思考题 / 177

第9章　融资租赁合同 / 180

9.1　融资租赁合同概述 / 181

9.2　融资租赁合同的签订 / 190

9.3　融资租赁合同的履行 / 200

9.4　融资租赁合同的变更、解除和终止 / 203

9.5　融资租赁合同的违约与纠纷 / 208

本章小结 / 215

重点概念 / 216

复习思考题 / 216

第10章　租金 / 219

10.1　租金的构成要素、影响因素及支付方式 / 221

10.2　租金的计算 / 224

本章小结 / 235

重点概念 / 237

复习思考题 / 237

第11章　金融租赁公司管理 / 239

11.1　金融租赁公司概述 / 240

11.2　金融租赁公司的资金管理 / 248

11.3　金融租赁风险管理 / 251

本章小结 / 257

重点概念 / 258

复习思考题 / 258

主要参考文献 / 263

上篇　信托篇

第1章

信托概述

学习目标

通过本章的学习，你应该能够：

1.掌握信托的概念及本质；

2.熟悉信托的职能；

3.明确信托的种类及特点。

引例　　信托延续财富传奇——从乐坛天王迈克尔·杰克逊遗嘱信托说起

遗嘱信托基金，这个词随着乐坛天王迈克尔·杰克逊遗嘱内容的曝光，再度闪耀在娱乐圈灯光之下。遗嘱信托是指设立人通过信托文件来安排身后事务的规划，写信托的意愿及交付信托后遗产如何分配，并于遗嘱中设立一位遗嘱执行人。待设立人百年后，由遗嘱执行人将其遗产按照其意愿一一处理。遗嘱信托可以说是人的最后一个"理财规划"。

遗嘱信托既有预立遗嘱的好处，同时又可以解决一些遗嘱所不能完成的问题。遗嘱信托可以将前人积累的有形财富和无形财富进行集中管理，并交由专业人士统筹规划打理。这些专业人士在过去往往是律师、医生和宗教人士组成的委员会，现在则是信托公司、银行等专业理财机构。正是借助信托的功能，许多声名赫赫的家族才能延续上百年不败的尊严，其后代才能彼此团结、相安无事，更有许多后人专注发展自己的事业成为文化教育科学等方面的一代名家。因此，遗嘱信托不仅为西方专属，日本、新加坡和我国台湾、香港地区的富豪、名角和政要也纷纷效仿。

迈克尔·杰克逊身后财产由地产物业、收藏品、公司股权、著作权、保险收益、金融资产等诸多权利构成，多数财产需要专业管理方能发挥财富增值效应，不少财产每年还有大量的维护费用。这些财富组成复杂，管好它们不比管好一家大公司容易。如果分散交给其遗产继承人，则可能产生严重亏损。更何况由于迈克尔·杰克逊生前是非很多，许多财产附着了担保等法律约束，需要财产权利之间的配合对冲经济风险和防范司法风险，而这些都离不开安全和灵活的信托管理。因此，迈克尔·杰克逊早在离世的七年前就以信托方式安排好了后事，实在是提前帮后人解决了一个巨大的难题。这份遗嘱不但帮助迈克尔·杰克逊实现了意志的延续，回应了原先关于其理财和责任心方面的指责，更为重要的是使亲人的保障有了牢固的依托。

　　资料来源：作者根据相关资料整理所得。

　　分析：从这个案例可以看出，迈克尔·杰克逊选择遗嘱信托作为身后财产的规划手段，首要目的是防止他人侵占遗产，或是受益人任意挥霍以致未来生活无法保障。选择遗嘱信托是富人们对家人良苦用心的体现，是为了保证受益人将来更长时间的生活有所保障而采用的遗嘱方式。

　　从世界数百年信托发展史可以看出，遗嘱信托有三大好处：首先，可将所有身后财产作最完善的配置；其次，若子女没有妥善管理财务的能力，可避免遭他人觊觎而被侵占或是在短期内被挥霍一空；最后，通过信托的方式还可将财产留给第三代。此外，信托还有节约资产处置成本、完善税务筹划，以及提升身份、品位等功效。本章将概括介绍有关信托的基本内容。

1.1　信托的概念及本质

　　信托（trust）是一种特殊的财产管理制度和法律行为，同时又是一种金融制度，信托与银行、保险、证券一起构成了现代金融体系。信托业务是一种以信用为基础的法律行为，一般涉及三方面当事人，即投入信用的委托人、受信于人的受托人、受益于人的受益人。

1.1.1　信托的概念

　　在我国2001年出台的《中华人民共和国信托法》（以下简称《信托法》）中，对信托做出如下定义：信托是指委托人基于对受托人的信任，将其财产权委托给受托人，由受托人按委托人的意愿以自己的名义，为受益人的利益或者特定目的，进行管理或者处分的行为。信托关系示意图如图1-1所示。

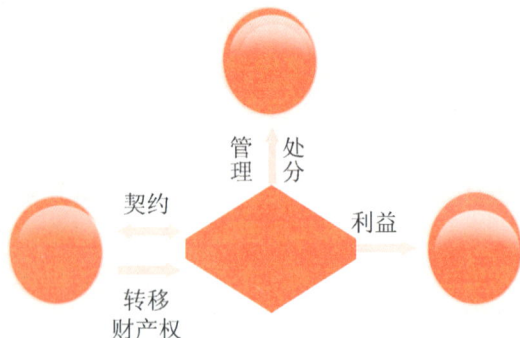

图1-1　信托关系示意图

从以上可以看出，信托的定义包含三个方面的含义：

1）委托人对受托人的信任，是信托关系成立的基础

通常，受托人是委托人信任的亲友、社会知名人士、某个组织或具有专业理财经验的商业经营机构，正是因为受托人受到委托人的信任，所以一旦受托人接受委托，就应当忠诚、谨慎、尽职地处理信托事务，管理、处分信托财产，即所谓的"受人之托，代人理财"。

知识链接 1-1
信托的起源

2）信托财产是信托成立的第一要素

信托是一种以信托财产为中心的法律关系，没有特定的信托财产，信托就无法成立。所以，委托人在信任受托人的基础上，必须将其财产权委托给受托人。所谓财产权，是指以财产上的利益为标的的权利。原则上，就委托人设立信托来说，除身份权、名誉权、姓名权之外，其他任何权利或者可以用金钱计算价值的财产权，如物权、债权、以及专利权、商标权、著作权等知识产权，都可以作为信托财产设立信托。委托人以信托经营机构为受托人，要以法律、行政法规确定的财产或财产权设立信托。

3）受托人以自己的名义管理、处分信托财产是信托的一个重要特征

委托人将信托财产委托给受托人后，对信托财产没有直接控制权，受托人完全以自己的名义对信托财产进行管理、处分，不需要借助委托人、受益人的名义。管理或者处分的具体内容，首先应当依信托文件的规定确定；信托文件没有明确规定的，应当依照民法典中管理、处分的一般含义确定。根据信托的定义，受托人以自己的名义管理、处分信托财产还有两个基本前提：一是必须按照委托人的意愿进行管理或者处分，不得违背委托人的意愿。委托人的意愿是受托人行为的基本依据。二是管理或者处分信托财产的目的，必须是受益人的利益（如果是公益信托，必须是某个或者某些特定的公益目的），不能是自己或者其他的第三人的利益。受托人也不能从信托财产中取得个人利益。

1.1.2 信托的本质

信托的本质是"受人之托，代人理财"，这种本质具体表现为以下几个方面：

知识链接 1-2
信托的发展

1）信托的前提是财产权

信托财产是信托业务的中心，财产权是信托行为成立的前提。信托财产的委托人必须是该项财产的所有者，要对信托财产拥有绝对的支配权，并具有被转让财产的所有权。只有这样，受托人才能接受这项财产的信托，取得法律上的地位，信托行为才能真正成立，受托人也才能代委托人进行管理或处分，为受益人谋取利益。

2）信托的基础是信任

作为一种社会信用活动，信托业务中始终贯穿着信任关系。委托人之所以会把自己的财产交给受托人代为管理，是建立在委托人对受托人充分信任的基础上，这种信任关系是信托业务得以存续的基本条件。委托人提出委托，由受托人同意，接受委托

而成立信托关系，在之后的业务处理中受托人也必须尊重委托人对自己的信任，严格按照委托人的意图实施信托行为，而不能擅自做主，辜负委托人的信任。

3）信托的目的是受益人的利益

信托的目的是委托人设定信托的出发点，也是检验受托人是否完成信托事务的标志。在信托关系建立时，委托人一般要设立信托目的，而该目的必然指向受益人的利益。也就是说，受托人在对信托财产进行管理时，要时刻以受益人的利益最大化为己任，约束自己的行为，不能做出有损于受益人利益的行为，更不能利用信托财产为自己或第三者谋取利益。

4）信托收益按实际收益计算

信托关系是建立在委托人信任的基础上的由受托人代为管理或处分信托财产的经济活动。受托人应尽职为受益人谋利，但信托业务也是有风险的，这表现为信托损益要按实际原则进行计算。如果受托人按合同规定处理，并恪守职责，对于资金运用所发生的亏损应由委托人自己承担。当然，如果委托人或受益人有证据证明受托人未尽职或存在重大疏忽，则由此带来的损失应由受托人负责赔偿。

5）信托体现的是多边信用关系

信托业务体现的是一种多边信用关系。一般来说，一项信托业务至少要涉及委托人、受托人和受益人这三方当事人，它们围绕信托财产形成了信托行为的多边关系。其中，作为信托财产的最初所有者——委托人是信托行为的起点；受托人则接受委托人的信托财产，通过信托业务进行运作，以满足委托人的要求，使受益人获得相应的利益，并实现信托目的；受益人在信托关系中扮演了实际利益获得者的角色，是信托行为的终点。

当然，在这种围绕信托财产的管理、处分和受益而产生的一系列经济活动中，各方之间都存在相互信任的关系，而这种多边信任关系的建立，必须根据法定的形式，将各方关系人的条件、权利和义务加以明确。

6）信托财产具有独立性

信托一经有效设立，信托财产便从委托人、受托人以及受益人的自有财产中分离出来，信托财产不属于其固有财产，也不属于其遗产或清算财产，仅服务于信托目的。这就促使受托人更加公正、合理地处置信托财产。信托财产的独立性和破产隔离效应，使信托财产的安全性有了保障，从而使受益人的利益在制度上得到保护。

7）信托管理具有连续性

在信托关系中，信托财产的运作一般不受信托当事人经营状况和财务关系的影响。受托人的死亡、解散、破产、辞职、解任不影响信托关系的存续，某些信托，如公益信托和养老金信托等甚至没有期限限制。所以，信托是一种具有长期性和稳定性的财产管理制度。它为受托人长期管理和运用财产、委托人实现转移和管理财产的长期安排提供了制度上的保障，从而也使信托具有中长期融资功能。

8）受托人不承担损失风险

受托人是按照委托人的意图对其财产进行管理和处分。损益按实际结果进行核算。如有收益，获得的经营收益归受益人享有；如有亏损，也由委托人或受益人承担。受托人在自身没有过失的情况下，对信托业务产生的损失不承担任何责任，并依据信托协议，向委托人或受益人收取处理该项信托业务所发生的费用。

1.2　信托的职能

信托的职能是指信托行业的专业职能，是其他行业所不具有的。掌握专业职能的特征，信托才有可能发展和规范，才能在业务范围上进行新的突破。信托具有不同于其他金融业务的独特职能，并在金融体系中占有特殊地位，对社会经济发展起到了积极的促进作用。

1.2.1　财产管理职能

财产管理职能，也称财产事务管理职能，是指受托人受委托人委托，为委托人处理各种财产事务的职能。信托的职能最初主要是财产管理职能，即在信任的基础上，接受社会各经济实体的委托，对其财产进行各种形式的管理和处理。例如，贷款信托、投资信托、公司债信托、动产与不动产信托、遗嘱和遗产信托等都属于专业信托职能的范畴。信托的财产管理职能是信托的基本职能。这种职能具有以下特点：

1）管理内容的广泛性

信托的财产管理泛指对一切财产的管理、处理和运用，不单指企业财产，还包括对国家、个人、法人、团体等的各类有形财产及无形财产的管理、处理及运用。

2）管理目的的特定性

信托机构受托对信托财产进行管理和处理，是为了受益人的利益，而不是为了受托人的利益。

3）管理行为的责任性

信托机构受托对信托财产进行管理和处理时，如果发生损失，只要符合信托合同的有关规定，信托机构可以不承担此种损失。但如果是由于信托机构的重大过失而导致的损失，信托机构要承担对委托人的赔偿责任。

4）管理方法的限制性

受托人虽然得到委托人的授信，接受了财产所有权的转移，但受托人如何管理和处理信托财产，只能按照信托的目的来进行，受托人不能按自己的需要随意利用信托财产。

由上可见，信托的财产管理职能与日常的财务管理有着明显的区别。信托机构通过开办各种业务为市场主体或财产所有者发挥管理、运用、处理、经营财产的作用，为财产所有者提供广泛有效的服务是信托业的首要职责和唯一的服务宗旨，并且把财产管理职能体现在其开办的一切业务中。

1.2.2　融通资金职能

融通资金职能是指信托作为一项金融业务，具有筹资和融资的职能。随着市场经济的发展和货币流通量的扩大，人们在消费之余积累的剩余资金日益增加，企业在生产过程中沉淀的间歇资金也越来越多,这些资金都有待挖掘。我国传统的融资手段比较单一,主要依靠银行吸收储蓄来积累资金,这是远远不够的。信托作为一项金融业务,也可以发挥筹集资金的作用,为投资项目开辟新的融资渠道。例如,信托可以利用其经营方式灵活的优势,吸收劳动保险机构的劳保基金、各种学会和科研机构的基金以及各主管部门自主支配的委托基金,并对这些基金有效地加以利用,满足委托单位的要求。另外,信托还可以利用代理发行股票与债券、代理收付等手段,筹集社会闲散资金。同时,信托的最大优势在于灵活多样性,信托机构可以针对具体投资项目和业主的要求,灵活设计融资结构,如股权融资、信托贷款、项目融资等,既可以融入长期资金,也可以引入阶段性资金,满足不同经济关系和不同经济利益主体的多种需要,实现资金的有效配置,支持社会再生产,促进市场经济发展。

1.2.3　沟通和协调经济关系职能

沟通和协调经济关系职能是指处理与协调经济关系和提供信任与咨询经济事务的职能。信托业务具有多边经济关系,受托人作为委托人与受益人的中介,是天然的横向经济联系的桥梁和纽带。通过信托业务的办理,特别是通过代理和咨询业务(如代理发行有价证券、代理收付款项、代理保管资财、信用签证、经济咨询、资信调查等),受托人以代理

知识链接1-3

股权融资类信托

人、见证人、担保人、介绍人、咨询人、监督人等身份为经营各方建立相互信任的关系,为经营者提供了可靠的经济信息,为委托人的财产寻找投资场所等,从而加强了横向经济联系和沟通,促进了地区之间的物质和资金交流,也推进了跨国经济技术方面的协作。

1.2.4　社会投资职能

社会投资职能是指信托机构运用信托业务手段参与社会投资行为所产生的职能。信托机构开办投资业务是世界上大部分国家的普遍做法。我国自恢复信托业务以来,就开办了投资业务。目前,投资业务已成为我国信托机构的主要业务之一,所以我国大多数信托机构的名称为"信托投资公司"。由此可见,信托还具有社会投资职能,具体表现在以下几个方面:

知识链接1-4

2022年资金信托投向

1)有价证券投资

在当今世界经济舞台上,股份有限公司扮演着重要的角色,证券投资成为基本的投资方式之一,因而西方信托机构的大部分业务是从事各种有价证券的管理和应用。目前,我国正扩大股份制试点和改革,证券投资方兴未艾,因而这种改革将推动信托公司证券投资业务的发展,信托公司证券投资业务的发展也会为这种改革创造有利条件。

2)信托投资

信托投资即信托机构对联营投资企业(包括跨地区跨行业的经济联合体等)、单位,根据需要给予投资性的贷款,用于企业资金周转。信托投资业务包括指定信托投

资、代理信托投资和一般信托投资三种。

1.2.5 社会公益服务职能

社会公益服务职能是指信托可以为资助社会公益事业的委托人服务，以实现其特定目的的职能。随着经济的发展和社会文明程度的提高，越来越多的人热衷于学术科研、教育、慈善、宗教等公益事业，纷纷捐款或者设立基金会，但他们一般对捐助或募集的资金缺乏管理经验，并且又希望所热心支持的公益事业能持续下去，于是就有了与信托机构合作办理公益事业的愿望。信托机构对公益事业的资金进行运作时，一般采取稳妥而且风险较小的投资方法，如选取政府债券作为投资对象。信托机构开展与公益事业有关的业务时，一般收费较低，有的甚至可以不收费，提供无偿服务。

综上所述，在信托的各种职能中，财产管理职能是其最基本的职能，融通资金职能、沟通和协调经济关系职能、社会投资职能及社会公益服务职能等也是其重要职能。这些职能是否能够起作用以及发挥作用程度的大小，依各国的政治制度、经济制度、社会习俗等因素而定，特别是一国市场经济发展的程度和金融改革深化的程度对信托职能的发挥起着决定性的作用。

同步案例1-1 弱有众扶！2020年10月1日起深圳率先启动"公益信托"制度

一位老人说："我年近七旬，已照顾生活无法自理的脑瘫孩子40多年，万一有天我先走了，孩子该怎么办？"这也是不少身心障碍者家庭面临的困境。深圳市创设的"财产管理+公益"信托服务将改变这一现状。深圳市残疾人联合会、深圳市地方金融监督管理局联合发布《关于促进身心障碍者信托发展的指导意见》（下称《指导意见》），2020年10月1日起将率先为身心障碍者构建公益信托制度和服务，打造"弱有众扶"社会治理体系。

全球残疾人占比达15%

深圳市残疾人联合会党组书记、理事长侯伊莎说，据国际卫生组织统计，残疾人占全球人口的比例已达15%，给其本人、家庭、政府和社会带来了生存和管理问题与考验，特别是心智障碍者的特殊性，由于没有找到有效的社会治理模式，给其家庭带来了几乎难以承受的压力和紧张感。

金融业是深圳市战略性支柱产业，仅2020年上半年即实现增加值2 052亿元，同比增长9.1%，占同期深圳市生产总值的16.2%；实现税收771.7亿元，占深圳市总税收的24.1%，稳居各行业首位。"伴随着金融业的不断发展，国内外学者和企业家们逐渐认为，行业在保持自身向上发展的同时，更应成为一种向善的力量。"深圳市地方金融监督管理局党组成员、二级巡视员肖志家说。

"经过两年来对各类残障者的调查研究，与政府各相关职能部门反复推研并向相关信托和服务机构多方征求意见，已达成共识：用公益信托的工具，为有一定资产的身心障碍者父母、家人或其他类型委托人提供信托计划，专业地、可持续性地、综合性地安排好身心障碍者（即受益人）的生存和终极发展问题，从而使身心障碍者委托人能够得到'喘息服务'。"侯伊莎说。身心障碍者信托本质仍属于金融，但《指导意见》延伸了公益信托服务链条，创新设立了"财产管理+公益"服务模式，并突出残联的主导作用，既能提高金融服务效能，也能全面增强公益服务凝聚力、执行力和公信力。

身心障碍者可享个性化服务

为破解身心障碍者照料服务和社会服务机构有效对接难题，《指导意见》鼓励设立第三方中介组织，负责链接信托各相关方资源和力量。该中介组织可根据委托人、受托人、受益人等利益相关方需求，协助受托人推荐遴选能够满足委托人和受益人需求的专业服务机构，定期组织开展专业服务机构服务评价考核。深圳市残联将建立第三方中介组织数据库，由委托人、受托人、受益人协商选定后报深圳市残疾人联合会备案。

专业服务机构应登记注册为商事主体或社会组织，应当具备较强的服务能力，能够提供贴切身心障碍者需求的专业服务，并依据信托文件，为受益人提供医疗、康复、特殊教育、就业、托养、养老、文体、基本生活照料、殡葬、遗嘱、法律等个性化支持服务。专业服务机构的业务范围及收费标准应向社会公布，并接受身心障碍者信托各方和社会的监督。

"目前，身心障碍者不能享受日常生活照料、医疗、康复、养老等一揽子社会服务，公益信托则可以解决这个问题。身心障碍者的父母、监护人或其他组织，可以将特定的家庭或社会资产，委托给有信托资质的法人，信托公司再寻找专业服务机构，为身心障碍者制订个性化服务方案。"北京大学法学院非营利组织法研究中心主任金锦萍认为，身心障碍者公益信托受益者不仅仅是身心障碍者，每个人生命最后的阶段都可能出现失能失智情况，该信托或将能复制到老年人的照料中，为无障碍城市建设探索新机制。

"今后，身心障碍者信托产品将更加丰富齐全，委托人在委托财产管理中，既容易甄别优质的机构平台和服务产品，又能获得更为完善的法律保护；受益人在接受信托服务时，既有条件享受机构的个性化、专业化服务，又有更多机会选择不同机构，接受多元化、系统化服务。当受益人利益受到损害时，第三方代理人和监察人要及时维护受益人权益。"侯伊莎说。《指导意见》出台后，还将制定细则及培训专业人才。

资料来源：张玮.弱有众扶！2020年10月1日起深圳率先启动"公益信托"制度［EB/OL］.［2020-09-21］.https://baijiahao.baidu.com/s? id=1678408266187397889.

1.3　信托的种类及信托与银行信贷、代理的区别

1.3.1　信托的种类

根据分类标准和方法的不同，信托可划分为不同的种类。

1）按照信托关系建立的法律基础不同分类

按照信托关系建立的法律基础不同，信托可分为自由信托和法定信托。

（1）自由信托

自由信托是指信托当事人依照信托法规，按自己的意愿自由协商而设立的信托，又因其意思表示在订立的文件上，故称为"明示信托"。这类信托是信托中最为普遍的一种。自由信托又可分为两种：契约信托和遗嘱信托。契约信托是依照委托人和受托人所订契约而设立的。遗嘱信托是依照个人遗嘱而设立的。这种信托的事务范围、处理方针等均在信托契约或遗嘱中明确订立。自由信托中的意思表示以委托人的意思表示为最重要的依据，但是也必须是受托人同意受托，受益人乐于受益。

（2）法定信托

法定信托是指司法机关依其权力指派确定信托关系人而建立的信托。这类信托的成立，由于缺少信托关系形成的明确表示，所以须经司法机关根据该项关系的内容，考查有关文件资料来确定当事人的信托意思表示，以此测定确实要成立信托的真正意思表示，然后断定各当事人之间是一种真正的信托关系，所以又称为确定信托，或指定信托。这种法定信托是英美法上的一种特有现象。比如，某人去世后留下一笔财产，但未留有遗嘱，其所留财产被亲属 A 所掌握，其他亲属 B 和 C 不服，上诉到法院要求分割遗产。法院立案后初步认定事实成立，将继续受理其他亲属要求分割财产的要求。在分割财产前的一系列工作开始前，要妥善安排财产，保护当事人的权益，于是法院出面依法确认亲属 A 与其所掌握的财产之间为法律上的信托关系，而非所有关系。

法定信托又分鉴定信托和强制信托。由司法机关从现实情况推定当事人之间的信托关系效力（无须当事人的原来意思表示），即鉴定信托。为制止某些人以欺诈行为取得他人财产，司法机关依照公平正义的观念，不考虑信托关系人的意愿，按照法律政策行使强制的解释权而强制性建立的信托，这种十分勉强的信托关系称为强制信托。

2）按照信托财产的性质不同分类

按照信托财产的性质不同，信托可分为资金信托和财产信托。

（1）资金信托

资金信托是指在设立信托时委托人转移给受托人的信托财产是货币形态资金，受托人给付受益人的也是货币资金，信托终了，受托人交还的信托财产仍是货币形态资金。在资金信托期间，受托人为了实现信托目的，可以变换信托财产的形式。目前，资金信托是各国信托业务中运用比较普遍的，也是最重要的一种信托业务。

（2）财产信托

财产信托是以非货币形式物质财产权的管理、处分为目的的信托业务，主要包括动产信托和不动产信托。

3）按照受托人对财产处理的方式不同分类

按照受托人对财产处理方式的不同，信托可分为担保信托、管理信托、处理信托、管理和处理信托。

（1）担保信托

担保信托是指以确保信托财产的安全、保护受益人的合法权益为目的而设立的信托。当受托人接受了一项担保信托业务后，委托人将信托财产转移给受托人，受托人在受托期间并不运用信托财产去获取收益，而是妥善保管信托财产，保证信托财产的完整。

（2）管理信托

管理信托是指以保护信托财产的完整、保护信托财产的现状为目的而设立的信托。这里的管理是指不改变财产的现状、性质，保持其完整。在管理信托中，信托财产不具有物上代位性。如果管理信托中的信托财产是房屋，那么受托人的职责就是对房屋进行维护，保持房屋的原貌，在此期间，也可以将房屋出租，但不得改建房屋。如果是动产，如以机器设备为对象设立管理信托，那么受托人可以将设备出租获取租金收入，但不可以将动产出售变卖，或换成其他形式的财产。

（3）处理信托

处理信托是指改变信托财产的性质、原状以实现财产增值的信托业务。在处理信托中，信托财产具有物上代位性，即财产可以变换形式，如将财产变卖转为货币资金来购买有价证券等。若以房屋为对象设立处理信托，受托人就可以将房屋出售，换取其他形式的财产；若以动产为对象设立处理信托，受托人就可以将动产出售。

（4）管理和处理信托

管理和处理信托这种信托形式包括了管理和处理两种形式。通常是受托人先管理财产，最后再处理财产。例如，以房屋、设备等为对象设立管理和处理信托，受托人的职责就是先将房屋、设备等出租，然后再将其出售，委托人的最终目的是处理信托财产。这种信托形式通常被企业当作一种促销和融资的方式。企业在销售价值量巨大的商品（如房屋、大型设备等）的时候，若采用一次性付款方式很难将产品销售出去；若采用分期付款方式，企业又不能及时收回成本，企业可以这些商品为对象设立管理和处理信托，把商品的所有权转移给信托机构，信托机构则通过各种形式为企业融通资金。这样，商品可以顺利销售，企业的资金也可以顺利收回。

4）按照信托事项的法律立场不同分类

按照信托事项的法律立场不同，信托可分为民事信托和商事信托。

（1）民事信托

民事信托是指信托事项所涉及的法律依据在民事法律范围之内的信托。民事法律范围主要包括民法典、劳动法等，信托事项涉及的法律依据在此范围之内的为民事信托。例如，涉及个人财产的管理、抵押、变卖，遗产的继承和管理等事项的信托，即为民事信托。

（2）商事信托

商事信托是指信托事项所涉及的法律依据在商法规定的范围之内的信托。商法（也叫商事法）主要包括公司法、票据法、海商法、保险法等。信托事项涉及的法律依据在此范围之内的为商事信托。例如，涉及公司的设立、改组、合并、兼并、解散、清算，有价证券的发行、还本付息等事项的信托，即为商事信托。

5）按照委托人的不同分类

按照委托人的不同，信托可分为个人信托、法人信托和通用信托。

（1）个人信托

个人信托是指以个人（自然人）为委托人而设立的信托。个人只要符合信托委托人的资格条件就可以设立信托。个人信托的开展与个人财产的持有状况及传统习惯有很大的关系。个人有生命期的限制，因此个人信托又可以分为两种：生前信托和身后信托。

①生前信托。生前信托是指委托人生前与信托机构签订信托契约，委托信托机构在委托人在世时就开始办理有关事项。生前信托签订的契约在委托人在世时即开始生效。生前信托大都与个人财产的管理和运用有关，但由于每个人目的不同，生前信托呈现出多种多样的形态。委托人设立生前信托可以指定他人为受益人，也可指定自己为受益人。

②身后信托。身后信托是指信托机构受托办理委托人去世后的各项事务。身后信托与生前信托的区别在于信托契约的生效期。生前信托的契约在委托人在世时即可生效，而且生前信托的事项可以延续到委托人去世以后。身后信托的契约有些是在委托人在世时就与信托机构签订的，但契约的生效却是在委托人去世后。还有一部分身后信托的发生并不源于委托人的意愿，而是在委托人去世后，由其家属或法院指定的。身后信托大多与执行遗嘱、管理遗产有关。身后信托的受益人只能是委托人以外的第三者。

（2）法人信托

法人信托是指由具有法人资格的企业、公司、社团等作为委托人而设立的信托。法人信托大多与法人的经营活动有关，如企业发行债券、销售设备等。法人信托中的财产价值巨大，个人作为受托人难以承担这样大的责任，因此法人信托的受托人也都是法人，如信托公司、银行等金融机构。从信托发展的历史过程看，信托发展早期主要是个人信托，后来，随着各种企业公司等法人机构的出现，法人信托业务也逐渐发展起来，并成为信托公司的重要业务。法人设定信托的目的都与法人自身的经营有密切关系，但具体形式各异，主要包括附担保公司债信托、动产信托、雇员受益信托、商务管理信托等。

（3）通用信托

通用信托是指既可以由个人作为委托人，也可以由法人作为委托人而设立的信托业务。随着公司法人的涌现，法人信托成为主要的信托业务，个人作为受托人已不能适应信托业务要求。信托财产所有者多元化，信托机构业务的多重化开创了通用信托业务，通用信托主要包括信托投资、不动产信托、公益信托、年金信托等。

6）按照受托人承办信托业务目的的不同分类

按照受托人承办信托业务目的的不同，信托可分为非营业信托和营业信托。

（1）非营业信托

非营业信托是指受托人不以收取报酬为目的而承办的信托业务。信托产生的早期，主要是个人信托，委托人寻找的受托人也大多是自己的亲朋好友。受托人承办信托业务大多是为了私人情谊，而不是营利。委托人有时也向受托人支付一定的报酬，但这只能看作一种谢意的表达。从受托人角度看，他并不以收取这种报酬为目的。这样的信托就是非营业信托。

（2）营业信托

营业信托是指受托人以收取报酬为目的而承办的信托业务。营业信托是在信托发展到一定阶段以后出现的。在信托发展的早期，受托人大多是个人，所以不存在营业信托，后来出现了专门经营信托业务的私营机构，这类机构承办信托业务的目的是收取报酬获得利润。信托机构的出现是信托业发展的必然结果，同时它又促进了信托业的发展。目前，世界各国绝大部分信托业务属于营业信托。

7）按照委托人与受益人是否为同一人分类

按照委托人与受益人是否为同一人，信托可分为自益信托和他益信托。

（1）自益信托

自益信托是指委托人将自己指定为受益人而设立的信托。从信托性质上看，信托是为了他人利益而产生的。信托早期主要是他人受益，后来，由于社会的发展，委托人开始利用信托为自己谋利益，也就出现了委托人将自己定为受益人的情形。通过这种形式，委托人可以把自己不能做、不便做的事项委托给信托机构去做，利用信托机构的专门人才和专业设施，使财产获取更大的收益。

（2）他益信托

他益信托是委托人指定第三人作为受益人而设立的信托业务。信托发展早期主要是他益信托，利用这种形式使他人也能享受自己财产的收益，如身后信托就是一种他益信托。

8）按照委托人设立信托的目的的不同分类

按照委托人设立信托目的的不同，信托可分为私益信托和公益信托。

（1）私益信托

私益信托是指委托人为了特定受益人的利益而设立的信托。所谓特定的受益人是从委托人与受益人的关系来看的。如果受益人与委托人之间有经济利害关系，委托人为受益人设立的信托可以使委托人因此而获取一定的利益，那么这种信托可视为私益信托。例如，雇员受益信托是企业为本企业职工设立的，它的受益人有时是全体企业职工，但这种信托仍属于私益信托，因为企业为职工设立信托的目的是使职工更好地为企业服务，最终使企业获利。

（2）公益信托

公益信托是指委托人为促进社会公共利益的发展而设立的信托，如为促进社会科学技术的发展、为社会文化教育事业的发展、为社会医疗卫生保健事业的发展等目的而设立的信托。例如，诺贝尔奖是诺贝尔本人在 1901 年以 170 万英镑设立的信托，由特定受托人管理运用，每年将运用后的收益按一定数额奖励给有突出贡献的学者。公益信托的发展不仅是社会进步的一种表现，同时也极大地促进了公益事业的发展和社会的进步。

公益信托与私益信托的最大区别是受益人不同，公益信托的受益人为非特定的多数人，凡是符合公益信托受益人资格的均可作为受益人。

9）按照信托涉及的地理区域的不同分类

按照信托涉及的地理区域的不同，信托可分为国内信托和国际信托。

（1）国内信托

国内信托是指信托业务所涉及的范围仅限于一个国家境内，或者说信托财产的运用只限于一国范围之内的信托。

（2）国际信托

国际信托是指信托业务所涉及的事项已超出了一国的范围，产生了信托财产在国与国之间的转移。

10）按照信托业务范围的不同分类

按照信托业务范围的不同，信托可分为广义信托和狭义信托。

（1）广义信托

广义信托包括信托和代理两类业务。它们同样都是财产代为管理制度，信托机构也都办理这两类业务。但严格地说，信托与代理是不同的。从当事人来看，信托有三个当事人，而代理只有两个当事人，即代理人和被代理人，代理人也称受托人，被代理人也称委托人；从财产上看，信托需要转移财产权，代理则不需要转移财产权；从权限上看，信托业务中受托人以自己的名义处理业务，并有较大的权限，而代理业务中代理人以被代理人的名义处理业务，直接受被代理人的制约。

（2）狭义信托

狭义信托仅仅指财产所有权需要转移的信托业务，即委托人将财产权转移给受托人，受托人依据信托文件（或信托契约）的约定，为受益人或特定目的而管理或处分信托财产的财产管理制度。

除了以上分类外，信托还包括其他种类。例如，金融信托，是指拥有资金或财产的单位和个人，为了更好地运用和管理其资金或财产，获得更好的经济效益，委托信托机构代为运用、管理和处分的经济行为。它是一种具有融通资金、融资与融物以及融资与财产管理相结合的金融性质的信托业务。贸易信托，是以商品的买卖为主要内容的信托业务。它是一种接受客户的委托从事商品代买、代卖并收取一定手续费的业务。宣言信托，是指委托人兼任受托人的信托方式，具体地说，就是委托人以向社会公开宣告的方式将自己财产的一部分列为信托财产，由自己来占有、管理或者处分，并将该财产上的收益分配给受益人。

1.3.2 信托的特点

信托是一种社会行为，必须严格遵守社会道德规范，这种社会行为应牢固地建立在三方当事人互相信任的基础上。信托特征包括以下特征：

1）信托是一种由他人进行财产管理、运用或处分的财产管理制度

在信托活动中，委托人将其财产交由受托人管理，受托人获得财产在法律上的所有权，有权对财产进行一定的管理与处分，而受益人则享有财产的收益权。这充分体现了信托是一种财产管理方式。

当然，信托这种财产管理制度必然以信任为基础。如果委托人和受益人对受托人不信任，受托人不能忠诚地为委托人和受益人履行管理财产的职责，则信托活动难以开展。即使已经发生这种行为，但是互不信任或带有欺骗性的活动，仍然不能被确认为法律上的信托行为。

另外，作为一种财产管理制度，信托一经设立就具有相当的稳定性。信托财产的管理不受各种情况变化的影响，具有一定的延续性，这样才能有效地维护受益人的利益。

2）信托具有融通长期资金的特征

信托活动是随着市场经济的发展而不断发展的。目前，信托也明显地表现出融通资金的特点。与银行信用、商业信用类似，信托作为一种独立的信用方式，可以为社会资金的余缺提供调剂的来源。因此，一些缺乏资金的企业或部门也可以借助信托实现融资。

信托这种信用关系主要表现为长期的资金融通，并且是一种直接的信用形式。委托人的信托财产多为较长期可以运用的资金或财产，通过受托人转移给社会上缺乏资金的主体使用。当然，在信托关系中，委托人是信托的意旨主体，受托人只不过按照委托人的意愿开展活动，因此，信托体现了委托人向社会经济主体的直接授信，是一种融通长期资金的直接信用形式。

3）信托方式的灵活性

与其他信用活动相比，信托具有很强的灵活性。这种灵活性主要表现在：

一是信托的委托人范围非常广泛，可以是个人，也可以是企业或社会团体。

二是信托财产的形式多样，可以是有形的，也可以是无形的，只要委托人拥有这种财产的产权，价值可以计算，且不与法律相抵触，都可以采用信托的方式委托受托人进行管理。

三是信托目的的多样性，委托人可以有着不同的信托目的，可以要求监护，可以仅仅保护自己的财产，也可以以财产增值为目的。

四是设计灵活，当事人可通过信托文件进行灵活多变的设计，实现多样化的利益分配要求。

五是运用方式灵活，信托业务既可以投资，也可以贷款；信托财产既可以出租，也可以出售；信托机构既可以同客户建立信托关系，又可以建立代理关系。

4）信托服务的多样性

正是由于信托方式的多样化与灵活性，信托机构才能够根据经济形势的变化不断推出新的信托业务，以适应社会各方面的需要。信托机构作为受托人，它的经营活动是十分重要的，它贯穿着执行信托契约的整个过程，关系到委托人的信托目的能否实现和受益人能否获利。信托机构为社会提供了多样化的服务，包括信托投资和贷款、租赁、证券发行、财务管理、并购、代理业务、经济咨询等，既为企业服务，又为个人服务，既为公益服务，也为私益服务，对经济的发展起到了积极的推动作用。

5）信托收益与风险的他主性

信托业务的具体操作由受托人进行，但信托的意旨主体却是委托人，受托人要按照委托人的意图对受托财产进行管理和处理，获得的收益也要归受益人所有，因此，损益要按实际的结果核算。受托人只要不违背信托合同，忠实地履行了自己的义务，且不存在自身过失的情况下，对信托业务产生的损失不承担任何责任，并有权依据信托协议向委托人或受益人收取处理该项信托业务的报酬。

由此可见，信托财产的损益与受托人无必然的直接关系，信托收益和风险的承担主体不是受托人，而是受益人。

1.3.3　信托与银行信贷、代理的区别

1）信托与银行信贷的区别

信托和银行信贷同属信用范畴，但两者有很大的区别，表现在如下几个方面：

（1）所体现的经济关系不同

信托是按照"受人之托，代人理财"的基本特征来融通资金。管理财产，涉及受托人、委托人和受益人三个当事人，其信托行为体现的是多边的信用关系。而银行信贷则是作为信用中介筹集和调节资金供求，是银行与存款人和贷款人之间发生的双边信用关系。

（2）基本职能不同

信托的基本职能是财务管理职能，是对信托财产的管理、处理和运用。而银行信贷的基本职能是融通资金。通过借贷行为，银行作为信用中介来调剂社会资金的余缺。

（3）业务范围不同

银行信贷以吸收存款和发放贷款为主要内容，主要是融通资金，因此银行信贷的业务范围较小。而信托业务集融资与融物于一体，除存款、贷款外，还有许多其他业务，并不断拓展业务领域，所以信托的业务范围较广。

（4）融资方式不同

信托机构作为受托人代替委托人充当直接筹资和融资的主体，起直接金融作用。而银行信贷的主体——银行是信用中介，它把社会闲置资金筹集起来，转而贷给需求者，起间接金融作用。

（5）承担的风险不同

信托一般按委托人的意图经营管理信托财产，因此信托的经营风险一般由委托人或受益人承担。而银行信贷是由银行根据国家金融政策和制度办理业务，自主经营，因而银行承担整个信贷资金的运营风险。

（6）收益分配不同

信托的收益是按照信托上的约定获得的，无论发生盈利或亏损，都由受益人承担，所以，原则上受托人不直接获得由于经营信托财产所产生的收益，受托人的收益是按协议规定所收取的手续费。而银行信贷则按银行规定的利率计算利息，存款、贷款的利差是银行的收益，盈亏相抵后归银行所有，存户不可分割。

（7）意旨主体不同

信托业务的意旨主体是委托人。在信托行为中，受托人要按照委托人的意旨开展业务，为受益人服务，在整个过程中，委托人都占主动地位，受托人被动地履行信托契约，受委托人意旨的制约。而银行信贷的意旨主体是银行，银行自主地发放贷款，进行经营，其行为既不受存款人意旨的制约，也不受借款人意旨的制约。

2）信托与代理的区别

代理是指代理人以被代理人的名义，在授权范围内与第三者进行的法律行为，这种行为的法律后果直接由被代理人承担。信托与委托代理的区别主要表现在以下几个方面：

（1）涉及的当事人数量不同

信托的当事人是多方的，至少有委托人、受托人和受益人三方；而代理的当事人，仅有委托人（或被代理人）和受托人（或代理人）双方。

（2）涉及财产的所有权变化不同

在信托业务过程中，信托财产的所有权要从委托人转移到受托人，由受托人代为管理和处理；而代理财产的所有权始终由委托人即被代理人掌握，并不发生所有权的转移。

（3）成立的条件不同

设立信托必须要有确定的信托财产，委托人没有用于信托的合法财产，信托关系就无法确定；而委托代理则不一定以存在财产为前提，没有确定的财产，委托代理关系也可以成立。

（4）对信托财产的控制程度不同

在信托中，受托人管理信托财产是在法律和法规的框架下，信托业务的受托人在执行过程中，一般不受委托人和受益人的监督，只受法律和行政上的监督；而在代理业务中，代理人则需要接受被代理人（本人）的监督。

（5）涉及的权限不同

信托受托人依据信托合同的规定管理运用信托财产，享有广泛的权限和充分的自由，委托人不能干预，法律另有规定或委托人有所保留和限制的除外；而在委托代理中，受托人（或代理人）权限较小，仅以委托人（或被代理人）的授权为限，并且随时可向受托人（或代理人）发出指令，并必须服从。

（6）期限的稳定性不同

信托行为一经成立，原则上信托契约不能解除，即使委托人或受托人死亡、撤销、破产，对信托的存续期限一般也没有影响，因而信托期限有较大的稳定性；而在委托代理关系中，被代理人可随时撤回代理关系，并因代理人或被代理人任何一方的死亡而终止。因而，代理合同解除比较容易，委托代理期限的稳定性较差。

本章小结

信托是指委托人基于对受托人的信任，将其财产权委托给受托人，由受托人按委托人的意愿以自己的名义，为受益人的利益或者特定目的，进行管理或者处分的行为。

信托的本质是"受人之托，代人理财"，这种本质具体表现为以下几个方面：信托的前提是财产权；信托的基础是信任；信托的目的是受益人的利益；信托收益按实际收益计算；信托体现的是多边信用关系；信托财产具有独立性；信托管理具有连续性；受托人不承担损失风险。

信托的职能主要有：财产管理职能；融通资金职能；沟通和协调经济关系职能；社会投资职能；社会公益服务职能。

按照信托关系建立的法律基础不同，信托可分为自由信托和法定信托；按照信托财产的性质不同，信托可分为资金信托和财产信托；按照受托人对财产处理方式不同，信托可分为担保信托、管理信托、处理信托、管理和处理信托；按照信托事项的法律立场不同，信托可分为民事信托和商事信托；按照委托人的不同，信托可分为个人信托、法人信托以及通用信托；按照受托人承办信托业务目的的不同，信托可分为非营业信托和营业信托；按照委托人与受益人是否为同一人，信托可分为自益信托和他益信托；按照委托人设立信托目的的不同，信托可分为私益信托和公益信托；按照信托涉及的地理区域的不同，信托可分为国内信托和国际信托；按照信托业务范围的不同，信托可分为广义信托和狭义信托。

信托的特点有：信托是一种由他人进行财产管理、运用或处分的财产管理制度；信托具有融通长期资金的特征；信托方式的灵活性；信托服务的多样性；信托收益与风险的他主性。

重点概念

信托　自由信托　法定信托　资金信托　财产信托　担保信托　管理信托　处理信托　民事信托　商事信托　个人信托　法人信托　非营业信托　营业信托　自益信托　他益信托　私益信托　公益信托　国内信托　国际信托

复习思考题

一、填空题

1.信托是指（　　）基于对（　　）的信任，将其（　　）委托给受托人，由受托人按委托人的意愿以（　　）的名义，为受益人的利益或者特定目的，进行管理或者处分的行为。

2.（　　）是信托业务的中心，（　　）是信托行为成立的前提。

3.信托关系人是指（　　）、（　　）和（　　）三方当事人。

4.信托是在（　　）的基础上产生的，信托从产生开始，就与维护（　　）有关。

5.信托的基本职能是（　　）。

二、单项选择题

1.信托业务最早产生于（　　）。

A.英国　　　　　　　　B.美国　　　　　　C.日本　　　　　　D.德国

2.属于美国金融信托业务特点的有（　　）。

A.有价证券业务开展普遍　　　　　　　B.资金信托业务开展普遍

C.土地信托经营普遍　　　　　　　　　D.有较健全的法制作为依据

3.《中华人民共和国信托法》实施的起始日期是（　　），这标志着我国规范的信托法律框架开始形成。

A.2001年1月19日　　　　　　　　　　B.2001年4月28日

C.2001年10月1日　　　　　　　　　　D.2001年12月31日

三、多项选择题

1.下列属于信托职能的有（　　）。

A.财产管理　　　　　　B.融通资金　　　　　　C.社会投资

D.沟通和协调经济关系　　E.提供信任、信息与咨询

2.下列属于信托特性的有（　　）。

A.多边信用关系　　　　B.双边信用关系　　　　C.直接信用

D.间接信用　　　　　　E.受托人参与收益分配

3.下列属于法定信托的有（　　）。

A.契约信托　　　　　　B.鉴定信托　　　　　　C.强制信托

D.遗嘱信托　　　　　　E.合同信托

四、判断题

1.信托是一种双边信用关系。　　　　　　　　　　　　　　　　（　　）

2.信托业务所授予的权限较小，代理业务所授予的权限较大。　　（　　）

3.个人信托分为生前信托和身后信托。　　　　　　　　　　　　（　　）

4.金融信托机构与其他金融机构的业务界限越来越模糊。　　　　　　　　（　　）

五、简答题

1.简述信托的职能。

2.为什么说信托具有财产保护功能？

3.信托财产的独立性特征具体表现在哪些方面？

4.信托与银行信贷、代理的区别有哪些？

六、案例分析题

[案例一]　　　　　　　　　遗嘱信托为何受富人青睐

相较普通的遗嘱继承，富裕人群可通过遗嘱信托这种方法传承财富，在一定程度上可避免"富不过三代"的担忧。

"流行乐天王"迈克尔·杰克逊生前将名下全部财产交由一个信托基金统一管理，不作分割，并指定他的母亲凯瑟琳·杰克逊和三名子女为遗产受益人，且特意排除了前妻黛比·洛尔的继承权。与迈克尔·杰克逊的选择相同，众多名人在去世前会选择通过遗嘱信托留下自己的资产。梅艳芳在她病逝前27天订立了一份遗嘱，她并没有把财产一次性留给母亲，而是委托给受托人——汇丰国际信托有限公司，通过成立专项基金予以管理、投资。这份遗嘱信托自她去世后立即生效。梅艳芳的母亲可以从专项基金收益中每月得到一定金额的生活费直至终老，母亲去世后，余下的遗产会捐给有关机构。沈殿霞同样选择了遗嘱信托。在去世前，她已订立信托，将名下资产以信托基金方式运作。她去世后，其女儿郑欣宜面对任何资产运用事宜的最后决定都要由信托人负责审批、协助。

资料来源：张安立. 遗嘱信托为何受富人青睐［J］. 理财周刊，2009（8）.

问题：

（1）众多明星富人选择遗嘱信托作为身后财产的规划手段的目的有哪些？

（2）简述遗嘱信托有哪些作用。

[案例二]　　　　　　　　　信托的财务管理职能

孙先生是改革开放后第一批下海经商的弄潮儿，经过多年的打拼，他已经拥有数千万元的资产。但是，随着年龄的增长，一些隐忧逐渐显现出来：他的两个儿子在优越的生活环境下变得挥金如土、游手好闲，根本就没有吃苦的毅力和经商的能力，却养成了追赶时髦、挥霍无度的坏习惯。孙老板对自己辛苦赚来的数千万元财产的去路和孩子们的未来伤透了脑筋。他担心一旦自己不在了，孩子们继承的财产很快就会被挥霍一空，钱没有了还不是主要的，孩子们的未来生活才是大问题。他想到给他们买保险、存银行、买国债、买房子，可是这些措施都是一次性的，不敢保证财产不被他们挥霍一空。

孙老板想到运用信托的财产管理职能，将其财产委托给信任的公司，两个儿子作为信托受益人。

资料来源：作者根据相关资料自行整理编写。

问题：

（1）信托的职能有哪些？

（2）信托财务管理职能有哪些优点？

解析：

（1）信托的职能包括：

①可以解决财产传承问题。财产顺利地传给后代，也可以通过遗嘱执行人的理财能力弥补继承人无力理财的缺陷。

②可以减少纷争。因为遗嘱信托具有法律约束力，特别是有中立的遗嘱继承人介入，使遗产的清算和分配更公平。

③可以避免巨额的遗产税。我国目前尚未颁布遗产税法，一旦开征遗产税后，发生继承，就会产生巨额的遗产税。但是如果设定遗嘱信托，由于信托财产的独立性，就可以合法规避该税款。

（2）信托财产保持着很强的独立性，财产一经委托即不再受委托人的债权人追索，也不受受托人即信托公司或受益人的债权人追索，即使作为受托人的信托公司破产了，委托人的信托财产因其独立性还可以完整地交由其他信托公司继续管理，因此，信托财产的安全性是可以得到保证的。

第2章
信托关系及其设立

学习目标

通过本章的学习，你应该能够：

1.掌握信托的六大构成要素；

2.熟知委托人的资格、权利和义务；

3.熟知受托人的资格、权利和义务；

4.熟知受益人的资格、权利和义务。

引例　　　　　　　　　　　　信托财产的独立性

张先生是私营企业老板，从事干鲜果品生意，有一个12岁的儿子。由于业务关系，张先生夫妇常年在外地做生意，只好将儿子托给孩子的祖母带。他们担心从事的生意具有一定的风险，为了儿子将来的生活有一定的经济保障，他们咨询了专业理财人士，了解了一定的信托知识后，决定利用信托的功能为儿子存一笔财产。于是张先生夫妇参加了当地一家信托公司推出的一个3年期组合投资信托计划，共投入100万元购买了该信托产品，并指定他们的儿子为唯一受益人。在信托成立后的第二年，夫妇俩在一次生意中不幸蒙受了惨重损失，不仅血本无归，还欠了一笔债务。债主得知夫妇俩还有100万元的信托投资，便提请法院要求信托财产受益权。法院在调查后，根据《信托法》和相关政策，驳回了债权人的要求。

资料来源：作者根据相关资料整理所得。

分析：根据《信托法》第十五条的规定：信托财产与委托人未设立信托的其他财产相区别。设立信托后，委托人死亡或者依法解散、被依法撤销、被宣告破产时，委托人是唯一受益人的，信托终止，信托财产作为其遗产或者清算财产；委托人不是唯一受益人的，信托存续，信托财产不作为其遗产或者清算财产；但作为共同受益人的委托人死亡或者依法解散、被依法撤销、被宣告破产时，其信托受益权作为其遗产或者清算财产。张先生的儿子是该信托的唯一受益人，作为委托人的张先生不是该信托的受益人，因此，信托财产不能作为张先生的清算财产。从这个案例中我们可以看出，信托不仅具有投资增值功能，还具有财产转移保护功能。

2.1　信托设立的构成要素

信托是依照一定的目的，将自己的财产、资金委托他人代为管理和处分的行为。信托的设立必须具备信托行为、信托目的、信托主体和信托客体四个基本要素。此外，信托还应具有信托报酬和信托结束等约定要素。

2.1.1　信托行为

信托行为是指以设立信托为目的而发生的一种法律行为，也就是信托当事人在约定信托时，为使信托具有法律效力而履行的一种手续。信托行为是信托约定行为或信托设立行为，信托关系通过信托行为而得到确立。

知识链接2-1

宣言信托

1）信托行为成立的三个条件

信托行为一般有以下三个方面的条件：

（1）信托当事人及其约定合法，意思表示真实

信托行为有三个当事人：委托人、受托人和受益人。在实际信托行为中，委托人可以和受益人合二为一（自益信托），此时受托人必须是与之相独立的另一主体。在宣言信托中，委托人与受托人合二为一，但受益人是独立的另一主体。信托当事人应具备应有的权利能力和行为能力，并且信托当事人在信托约定中的意思表示真实。

（2）特定的合法目的

信托设立必须有特定目的，且目的合法。设立信托不得违反法律、法规或者损害社会公共利益，不得专门以诉讼或讨债为目的设立信托。委托人设立信托，不得损害其债权人利益，否则其债权人可以行使信托撤销请求权。

（3）以财产为中心，以信任为基础

信托财产是信托关系的核心。因为信托是一种为了受益人的利益或特定目的进行的财产管理方式，信托行为的确认要以财产为中心，没有信托财产，信托行为无法产生。同时，信托是基于委托人对受托人的信任而设立的，信任是信托行为发生的基础。

2）信托行为约定的五种常见方式

信托行为的发生必须由委托人和受托人进行约定，即信托关系的成立必须有相应的信托关系文件作保证，信托行为一般有以下五种约定方式：

（1）信托合同（信托契约）

这是指委托人、受托人之间签署的书面信托证明。书面合同是信托行为体现的最基本形式。

（2）个人遗嘱

个人遗嘱是遗嘱人按照法律规定的方式处理遗产或者其他事务并于遗嘱人死亡时发生效力的法律行为。以遗嘱形式设立信托一般是遗嘱人作为委托人委托他人代为处理其身后事务。遗嘱信托经常是遗嘱人（委托人）的个人行为，不需订立信托合同，也可以不经受托人同意。如果遗嘱指定的受托人不同意接受遗嘱信托，则由法院指定其他人为受托人。

（3）法院的裁决命令书

当关系人之间无明确的信托表示，或并无成立信托的意愿时，则由法院根据关系人之间已经发生的经济关系以及法律的有关规定来确定关系人之间的信托关系。法院裁决命令书信托具有一定的强制性。

（4）信托宣言

这是指财产所有人发表宣言，表示自某时起其某部分财产或财产经营所得为特定受益人所享受，但仍以自己来管理财产并以自己为受托人的信托表示形式。依信托宣言而设立的信托为宣言信托，宣言信托中委托人和受托人为同一人。

（5）协议章程

这是以协议章程的形式形成的信托关系。

以上约定方式主要是书面形式，有时也会有口头形式，但口头形式的约定比较罕见。《信托法》规定，设立信托应当采取书面形式。书面形式包括信托合同、遗嘱，或者法律及行政法规所规定的其他书面文件等。采取信托合同形式设立信托的，信托合同签订时信托成立；采取其他书面形式设立信托的，受托人承诺信托时信托成立。

知识链接 2-2

资金信托合同

设立信托，其书面文件应当载明下列事项：①信托目的；②委托人、受托人的姓名或者名称、住所；③受益人或者受益人范围；④信托财产的范围、种类及状况；⑤受益人取得信托利益的形式、方法。除上述事项外，信托可以载明信托期限、信托财产的管理方法、受托人的报酬、新受托人的选任方式、信托终止事由等事项。

2.1.2　信托目的

信托目的是委托人通过信托行为所要达到的目的。信托目的由委托人提出并在信托契约中写明，受托人应按照委托人所明确的信托目的进行信托财产的管理和运用。

信托目的是指委托人想要实现的某种信托利益，因此信托利益是信托目的的表现形式。信托利益可以是自益，即委托人为了自己的利益而设立信托；信托利益也可以是他人利益，即委托人为了受益人（不是委托人自身，也不是特定公众）的利益而设立的信托；信托利益还可以是公益，即委托人为了某一特定社会公众（群体）的利益而设立的信托。

信托目的多种多样，有些是为了保全财产，有些是为了财产增值，有些是为了分配财产，有些是为了使目标财产继续正常经营等。但总的来说，信托设立的目的是让目标受益人（包括自身）获得利益，而不是让目标受益人遭受损失。但是，若信托目的不被目标受益人所接受，信托就无存在的必要。同时，信托目的必须同国家和集体的利益无冲突，即不能与国家法令相抵触，不能对社会秩序有妨碍，也不能破坏正常的风俗习惯。

2.1.3　信托主体

信托主体是指完成信托行为的行为主体，亦称信托当事人或关系人。信托主体包括委托人、受托人和受益人。

1）委托人

委托人就是进行信托的人，也是通常所说的信托财产的所有人。首先，委托人必须是信托财产的合法拥有者，因为信托是委托他人管理财产从而达到一定目的的财产管理形式。委托人在设立信托时，不仅决定由谁来享受这些财产的利益，而且还要把财产转移给受托人，如果委托人不是信托财产的合法所有者，就无法决定财产的受益人并转移信托财产。其次，委托人应当是具有完全民事行为能力的自然人、法人或者依法成立的其他组织，无民事行为能力的人不能成为委托人，如未成年人或禁治产人。

委托人可以是法人、依法成立的其他组织，也可以是自然人，在一项信托业务中，委托人可以是一个人，也可以是几个人。两人或两人以上的财产共有人将其共有财产进行信托的为共同委托人。当然，共同财产中的某一人或数人也可将自己拥有的部分财产信托给他人管理或处分。

2）受托人

受托人是接受信托，按照信托合同的规定管理或处分信托财产的当事人，即"受人之托，代人理财"之人。受托人必须是委托人充分信任的人（法人或个人）。在信托关系中，受托人的地位十分重要，是关系到信托关系能否设立及信托利益能否得到保障的重要因素，因此对受托人的要求也十分严格。受托人必须由具有法律上的完全民事行为能力的自然人或法人担任，不具备法律上的行为能力的人，如未成年人、禁治产人及破产人等，不能成为受托人。同时，受托人要有良好的诚信度，有管理和处分信托财产的业务能力、专业技能和经验等。

受托人管理和处分信托财产是为了完成信托目的，其行为宗旨是受益人的利益最大化。受托人可以是自然人，即个人受托，也可以是法人，即法人受托。当代受托人的主要形式是法人即信托机构，法人自身的经营状况、信誉状况、办事效率、资产规模等是取得委托人信赖的重要条件。在一项信托事务中，受托人可以是一个人，也可以是几个人。同一信托的受托人有两人以上的，为共同受托人。

3）受益人

受益人是在信托关系中享受信托利益的人。受益人由委托人指定，受益人可以是自然人、法人或者依法成立的其他组织。受益人可以是一人，也可以是数人。委托人既可以指明受益人，也可以只确定受益人的选择标准或范围，凡是符合标准或在范围之内的均可以成为受益人。受益人可以是委托人本人，也可以是委托人之外的第三人。受益人本身也可以是受托人，但受托人不得是同一信托的唯一受益人。

在信托关系人中，受益人的资格不受限制，凡是具有权利能力的人都可以成为受益人，而不需要具备行为能力，如未成年人或心智丧失的人、尚未出生的婴儿、非公司组合的团队、外国人等都可以成为受益人。但被指定为受益人的人有拒绝受益的自由，全体受益人放弃信托受益权的，则信托终止；部分受益人放弃信托受益权的，被放弃的信托受益权按下列顺序确定归属：①信托文件规定的人；②其他受益人；③委托人或者其继承人。受益人的信托受益权可以依法转让和继承。

2.1.4　信托客体

信托客体是指信托关系的标的物，即信托财产。信托财产是委托人委托给受托人管理或处分的财产，也就是受托人承诺信托而取得的财产。同时，信托财产还包括信托成立后，经受托人管理或处分而获得的新增财产，如利息、红利和租金等。通常我们将前者称为信托财产，将后者称为信托收益。信托收益是广义的信托财产。

1）信托财产的范围

通常来讲，如果把信托财产与信托性质联系起来，民事信托中的信托财产的范围要比营业信托中信托财产的范围更为广泛，营业信托中的信托财产的范围要受到一些限制，一些国家规定超出范围的财产不能成为营业信托中的信托财产。各国根据本国的实际情况划定信托财产的范围，受托人在划定范围内接受委托人的委托。一般这种信托财产限定的目的是确定受托人的业务范围。我国从事营业信托的机构，其涉及的信托财产包括以下几种：

（1）资金

它是物资的货币表现，一般指货币资金，即法人和自然人拥有的具有货币形态的资金。

（2）有价证券

这是指具有一定票面金额、代表财产所有权或债权的凭证。从广义上讲，有价证券可以分为三类：一是实物证券，比如提单、仓库栈单等；二是货币证券，如支票、汇票、储蓄存单等；三是资本证券，如股票、债券等。其中，只有资本证券具有较好的流通性，是营业信托中常见的信托财产。

（3）动产

这是指可以移动的财产，如船舶、车辆、机器设备等。

（4）不动产

这是指不能移动的财产，如土地、房屋及其附着物等。

（5）资金债权

这是指由于以前的贷款或赊欠的货款尚未收回等原因，能够从他人那里收取货币的权利。资金债权就是象征金钱债权的借据、票据、保险证书等，作为信托财产委托信托机构催收、管理和运用其债权。受托人依法不得专事讨债业务，但可以经营债权，如债权转让、抵销、折股等业务。

法律、行政法规禁止流通的财产，如土地所有权、矿藏、毒品、珍稀动植物等，不得设立信托。限制流通的财产，经有关主管部门批准，可以作为信托财产，如外币、贵金属、文物等。

2）信托财产的特性

信托是一种为他人利益而转移财产并加以管理的制度。信托财产作为其载体，具有下列特征：

（1）转让性

信托的成立，以信托财产由信托人转移给受托人为前提条件。因此，信托财产的首要特征是转让性，即信托财产必须是为信托人独立支配的可以转让的财产。信托财产的转让性，首先要求信托财产在信托行为成立时必须客观存在。如果在设立信托时，信托财产尚不存在或仅属于信托人希望或期待可取得的财产，则该信托无法设立。其次，要求信托财产在设立信托时必须属于信托人所有。如果信托财产在设立信托时虽然客观存在，但不属于信托人所有，则因信托人对该财产不享有处分权而无权将其转移给受托人，信托无法成立。最后，信托财产的转让性要求凡法律、法规禁止或限制流通的财产，都不能成为信托财产。

（2）物上替代性

物上替代性是指任何信托财产在信托终了前，不论其物质形态如何变换，均属于信托财产。例如，在信托设立时信托财产为不动产，后因管理需要受托人将其出售，变成货币形态的价款，再由受托人经营而买进有价证券。在这种情况下，信托财产虽然由不动产转换为价款，再由价款转换为有价证券，在物质形态上发生了变化，但其并不因物质形态的变化而丧失信托财产的性质。信托财产的物上替代性不仅使信托财产基于信托目的而在内部结合为一个整体，不因物质形态的变化而丧失信托财产的性质，而且使信托财产在物质形态变化过程中，不因价值量的增加或减少而改变其性质。

（3）独立性

信托财产最根本的特征在于其独立性。信托一经有效成立，信托财产即从委托人、受托人和受益人的自有财产中分离出来，而成为独立运作的财产。委托人一旦将财产交付信托，便丧失对该财产的所有权。受托人虽取得信托财产的所有权，但这仅是形式上、名义上的所有权，因为其不能享有信托利益。受益人虽然享有受益权，但这主要是一种信托利益的请求权，在信托存续期间，其不得行使对信托财产的所有权。即便信托终止后，信托人也可通过信托条款将信托财产本金归属于自己或第三人。信托财产的独立性主要表现在以下三个方面：

①信托财产与受托人（信托机构）的固有财产相区别。因此，受托人解散、被撤销或破产，信托财产不属于其清算或破产的财产。

②信托财产与委托人或受益人的其他财产相区别。受益人（可以是委托人自己）对信托财产的享有不因委托人破产或发生债务而失去，同时信托财产也不因受益人的债务而被处理掉。

③不同委托人的信托财产或同一委托人的不同类别的信托财产相区别。这是为了保障每一个委托人的利益，不会导致一委托人获得不当之利而使其他委托人蒙受损失；保障同一委托人的不同类别的信托财产的利益，不会导致一种信托财产受损失而危及该委托人的其他信托财产。

（4）有限性

这主要体现在两方面：一是受托人以信托财产为限对受益人负有限清偿责任。也就是说，信托财产有损失的，在信托终止时，只将剩余财产交给受益人即可。但是，受托人违反信托目的或者因违背管理职责、管理信托事务不当致使信托财产受到损失的，受托人应当予以补偿、赔偿或恢复原状。二是受托人因信托事务处理而对外发生的债务只以信托财产为限负有限清偿责任，即债务人无权追溯受托人的其他财产。但受托人违背管理职责或者管理信托事务不当所负债务及所受到的损害，要以受托人的自有财产承担。

2.1.5 信托报酬

信托报酬是受托人管理和处分信托财产所取得的报酬。受托人承办信托业务有获得报酬的权利，信托报酬高低应在信托合同中约定，信托报酬可以向受益人收取，可以从信托财产中提取，还可以由委托人另外单独支付，具体采用何种形式也应在信托合同中约定。目前，资金信托的报酬主要是从信托收益中提取，提取方式主要有三种：①固定金额；②固定比率；③浮动比率。受托人对信托财产所负担的税金和费用，以及在处理信托事务中由于并非自己过失而造成的损失，可以在应得报酬之外向受益人或委托人索取。

同步案例 2-1   三种常见的资金信托报酬提取方式

例1：某信托投资公司接受客户小李的资金信托，信托合同中的报酬约定为：

①年信托净收益超过30万元（包括30万元），则当年信托报酬为10万元；

②年信托净收益低于30万元，但高于10万元（包括10万元），则当年信托报酬为5万元；

③年信托净收益低于10万元，则当年信托报酬为0。

例2：某信托投资公司接受客户小王的资金信托，信托合同中的报酬约定为：

年信托报酬率为1%，若年信托净收益率低于同期银行一年期定期存款利率，则信托报酬率为0。

例3：某信托投资公司接受客户小张的资金信托，信托合同中的报酬约定为：

年信托报酬率的计算公式为：

年信托报酬率=（当年信托净收益率-同期银行一年期定期存款利率）×45%

2.1.6　信托结束

信托结束是指信托行为的终止。信托不因委托人或者受托人的死亡、丧失民事行为能力、依法解散、被依法撤销或者被宣告破产而终止，也不因受托人的辞任而终止。对于信托终止问题，《信托法》进一步明确如下：设立信托后，委托人死亡或者依法解散、被依法撤销、被宣告破产时，委托人是唯一受益人的，信托终止，信托财产作为其遗产或者清算财产；委托人不是唯一受益人的，信托存续，信托财产不作为其遗产或者清算财产；但作为共同受益人的委托人死亡或者依法解散、被依法撤销、被宣告破产时，其信托受益权作为其遗产或者清算财产。

信托终止的事由有：①信托文件规定的终止事由发生；②信托的存续违反信托目的；③信托目的已经实现或者不能实现；④信托当事人协商同意；⑤信托被撤销；⑥信托被解除。

信托终止时，信托财产属于信托文件规定的人。信托文件未规定的，通常按下列顺序确定归属：①受益人或者其继承人；②委托人或者其继承人。

同步案例 2-2　　　　　　　　　某家庭信托案例

　　李先生，40多岁，控股多家公司，总资产上亿元。虽然李先生尚处于中年阶段，儿子才刚满10岁，可是身边不少同龄富翁的遭遇——遗产纷争、法律诉讼、子女败家——让李先生懂得提前安排家庭财富的必要性。李先生认识到家庭财富安排不只是简单地订立遗嘱，如何使得家庭财富能够安全永续地传承下去，成为他近几年来考虑的重点。为此，李先生通过某大型银行的私人银行与信托公司签订了一份信托契约，将自己5 000万元的股权资产以家庭信托的方式委托给信托公司，由信托公司按照李先生的意愿以信托公司的名义管理这些资产，并指定在一定的条件下，李先生的儿子作为信托受益人可以获得信托契约约定的信托收益。李先生设立家庭信托主要是基于以下考虑：自己的儿子还小，将来或许不具备经营企业、掌控财富的能力，通过设立家庭信托，可以使得自己的财富以信托收益的方式顺利传承给下一代，保证他们也能衣食无忧而不必担心他们能否接管自己的企业，表面看起来无情，实则用心良苦。另外，考虑到自己的儿子将来可能不想结婚，也不想有后代，从而有违李先生的价值取向，李先生在信托受益的支付条款中加上了"受益人的子女出生"这一前提条件，对儿子加以约束。

　　资料来源：作者根据相关资料整理所得。

2.2　委托人及其权利义务

2.2.1　委托人的资格

　　委托人是信托的创设者，其提供信托财产，确定谁是受益人以及受益人可享有的收益权，指定受托人，通过签订信托文件来约定受托人的业务范围与权责，并有权监督受托人处理信托事务。一般来说，委托人应当是具有完全民事行为能力的自然人、法人和其他经济组织，即凡具有签订合同能力的人都可以成为委托人。未成年人不能采取法律行为，不能签订合同，因而不能成为委托人。除未成年人外，个人、法人甚至不具备法人资格的团体，均可以成为委托人，同时也不分国籍。两人以上共有者和合有者也可将财产共同委托。一般共有财产中若能划分每人持有多少，并能分割，本人有权处理属于自己的部分。因此，每个共有人对共有财产中属于自己支配的那部分可以单独信托。

　　《信托法》第十九条规定：委托人应当是具有完全民事行为能力的自然人、法人或者依法成立的其他组织。一般来说，委托人应具备以下三个条件：①具有完全民事行为能力；②应拥有一定数量的财产，是信托财产的合法拥有者；③未处于破产或资不抵债的境地。

2.2.2　委托人的权利

　　信托成立后，委托人离开信托关系，也不会有什么影响。但在各国的信托法规中，由于委托人作为设立信托人对整个信托有利害关系，因此给予委托人以权利，委托人拥有的权利最主要的是授予权，即委托人可以对受托人授权，要求其遵从一定的目的，对信托财产进行管理和处理。法律允许委托人保留以下权利：

1）信托事务监督权

委托人有权监督受托人管理和处分信托财产，监督受托人是否本着受益人利益最大化的宗旨来处理信托事务。委托人有权了解受托人对信托财产的管理和处分情况，有权了解因处分信托财产而形成的收支情况；有权要求受托人对相关项目做出说明，有权要求受托人提供信托报告；有权查阅、抄录或者复制与其信托财产有关的信托账目以及处理信托事务的其他文件。

2）信托管理方法调整权

由于出现设立信托时未能预见的特别事由，致使信托财产的管理方法不利于实现信托目的或者不符合受益人的利益时，委托人有权要求受托人调整信托财产的管理方法。

3）信托财产保护权

信托财产在信托之前是委托人的自有财产，委托人有权保护信托财产不因受托人的主观错误行为而受到损失。受托人违反信托目的处分信托财产或者因违背管理职责、处理信托事务不当致使信托财产受到损失的，委托人有权向法院申请撤销该信托财产的处分行为，并有权要求受托人恢复信托财产的原状或者予以赔偿；该信托财产的受让人明知是受托人违反信托目的的处分行为而接受该财产的，应当予以返还或者予以赔偿。当然，委托人的申请撤销权有一定的时限，若出现受托人的上述行为，自委托人知道或者应当知道撤销原因之日起一年内不行使权利的，该权利归于消灭。

4）接受辞任及解任权

当受托人提出辞任申请时，除公益信托需公益事业管理机构批准外，其他信托的委托人可接受受托人的辞任。在委托人与受托人签订的信托文件中，应约定好解任受托人的条件，一旦条件符合，可解任受托人。若在信托文件中无相关的解任条款，受托人违反信托目的处分信托财产或者管理运用、处分信托财产有重大过失的，委托人可向法院申请解任受托人。

委托人的上述权利可以转让，也可以由继承人在委托人死亡后继承委托人的权利。委托人转让了委托人身份后，自身就不能再作为委托人来享受上述权利。在自益信托中，如果受益权转让，委托人的权利也应该转到新的受益人手中，否则就有可能发生处理不当的情况。例如，甲为委托人兼受益人，因此，甲从委托人的角度有查看账簿、接受受托人辞任的权利。如果甲把受益权转让给了乙，乙就成为受益人，由于是自益信托，转让受益权等于委托人原先持有的权利也归了乙。如果此时甲仍然行使查看账簿、接受受托人辞任等权利，是不合理的。

2.2.3 委托人的义务

关于委托人的义务，法律法规没有明确规定，但委托人地位的确立和委托人权利的获得，其先决条件就是将其合法所有的财产委托给受托人经营、管理、使用和处理，并签订相应的契约或合同。委托人的义务主要有以下四个方面：

1）提供信托财产

提供信托财产是委托人最初始的义务，也是最基本的义务，若委托人不履行这一义务，则信托关系就无法确立。在信托文件签订后，委托人就必须按信托文件的约定将自己合法拥有的财产转移给受托人，让受托人来管理和处分信托财产。

2）承担信托费用

委托人必须按照信托文件的约定承担信托费用。信托费用一般包括：①银行费用、审计费用、律师费用和清算费用等；②文件或账册制作、印刷费用等；③信息披露的相关费用；④信托财产本身必须担负的税款等；⑤除上述费用以外的因处理信托事务而产生的其他合理费用。

3）支付信托报酬

受托人通过收取信托报酬来获得收益，委托人必须按照信托文件的约定向受托人按时支付信托报酬。若信托文件中未约定信托报酬的，视同受托人放弃信托报酬。

4）承担信托财产损失风险

在信托关系中，受托人负有限责任，只要受托人依据信托目的和信托合同，在正常管理和处分信托财产时产生的财产损失风险由委托人来承担。

2.3　受托人及其权利义务

受托人是信托关系中最重要的当事人之一。由于受托人对他人的信托财产具有很大的权限，为保证信托财产的完整性和受益人的利益，各国信托法规对受托人的资格要求比信托关系中的其他当事人严格得多。各国信托法规都专门做出了对信托监督的规定，信托监督实际上是对受托人的监督。

2.3.1　受托人的资格

受托人是按照信托文件的规定对信托财产加以管理或处分的人。在信托关系中，受托人最重要，因为受托人的信用、责任心及经营管理能力等直接影响到受益人的利益和信托财产的风险。因此，各国信托法规对受托人的资格都作了较严格的规定。关于受托人资格的规定，主要有以下三个方面：

1）受托人具有足够的诚信度

能否具备受托人资格首先必须有足够的诚信度，能让委托人信任受托人，能让委托人放心地将信托财产交给受托人代为管理、处分。信托市场完全建立在信任的基础上，受托人管理、处分信托财产，应以受益人的利益最大化为宗旨，必须恪尽职守，履行诚实、信用、谨慎、有效管理的义务。

2）受托人具备完全民事行为能力

受托人可以是自然人，也可以是法人或者其他组织，但受托人必须具备完全民事行为能力。无民事行为能力人、限制行为能力人、破产人等不得作为受托人。除法律法规另有规定外，自然人作为受托人只能接受自然人的委托，且不得超过三人。

3）受托人具有办理信托业务的专业能力和专业技能

受托人"受人之托，代人理财"，要有管理和处分信托财产的专业能力、专业技能等，且这些能力、技能能得到委托人的认可。在信托中，受托人常常是信托公司，为了保证委托人及受益人的利益，相关法律规定（如我国的《信托投资公司管理办法》）对其资本金、业务范围、专业人才、风险控制与自律等都作了全面的规定。

对受托人的资格规定还涉及共同受托人的权利与义务划分问题。当一项信托的受托人为两人或两人以上时，为共同受托人。在共同信托中，信托财产应作为一个整体而不可分割，每一个受托人既不是信托财产的分块持有者，也不是信托财产管理和处分的分块决策和执行者，信托财产的管理和处分决策、执行都应由受托人共同做出。共同受托人之一职责终止（如死亡、辞任等）的，信托财产由其他受托人共同管理和处分。共同受托人应共同处理信托事务，若受托人之间意见不一致，按信托文件的规定处理；若信托文件未规定的，则由委托人、受益人或者其利害关系人决定。共同受托人信托过程应具有一致性，具体表现在：①共同受托人中任一受托人所做的管理和处分信托财产行为，视为共同受托人的共同行为，其他受托人都必须认可该信托财产的管理和处分行为；②共同受托人中任一主体因违反法律、法规或信托合同，或管理、处理信托事务不当致使信托财产受到损失的，所有共同受托人承担连带赔偿责任。

同步案例 2-3   **共同受托人的权与责**

甲有一块土地，委托 A、B、C、D 四人共同开发，信托期限为 3 年，受益人为甲自己。在信托期内发生了以下事情：

①A 去世；

②A 去世后 C 辞任受托人；

③在 C 辞任受托人后，B 因主观处理不当致使该信托项目对外负债 5 万元。上述事情发生后，该共同信托应进行以下处理：

①A 去世，则 B、C、D 三人作为共同受托人，共同管理和处分信托土地。

②A 去世后，C 辞任受托人，则 B、D 二人作为共同受托人，共同管理和处分信托土地。

③在 C 辞任后，B 因主观处理不当致使该信托项目对外负债 5 万元。因 A 死亡、C 辞任在先，信托损失在后，故 A、C 不承担赔偿责任。信托损失无论是 B 的行为造成的还是 D 的行为造成的，或双方共同行为造成的，均视为 B、D 的共同行为造成的，5 万元应是 B、D 的连带责任债务，甲可向 B、D 中任何一人索取。

资料来源：蔡鸣龙. 金融信托与租赁［M］. 2 版. 北京：中国金融出版社，2013.

2.3.2   受托人的权利

受托人的权利是指得到信托权的信托银行、信托投资公司具备的从事或不应从事哪些活动的法定权利。受托人的权利主要有下列五个方面：

1）信托财产的管理、处分权

受托人受托管理、处分信托财产，这是受托人最基本的权利。受托人依据信托文件，本着受益人利益最大化的宗旨，来管理和处分信托财产，实现信托财产的保值、分割、增值等信托目的。受托人管理和处分信托财产，具体来讲，有销售权、购买权、借款权、抵押权和租赁权等。

2）信托报酬取得权

受托人有按照信托文件的约定取得报酬的权利。信托文件如果未事先约定信托报酬，可由信托当事人协商确定，作为补充约定；如果未作事先约定和补充约定，受托人不得收取信托报酬。已约定的信托报酬经信托当事人协商同意可以增减。受托人违反信托目的管理和处分信托财产，或者受托人因违背管理职责、处理信托事务不当致使信托财产受到损失的，在恢复信托财产的原状或者给予赔偿前，受托人不得请求给付信托报酬。

3）优先受偿权

受托人在正常处理信托事务时所支出的费用、对第三人所负的债务或自身所受到的损害，有权要求从信托财产中获得补偿。受托人以其固有财产先行支付的，对信托财产享有优先受偿权。

4）有限责任权

在信托关系中，受托人负有限责任，它是指受托人在不违反信托目的的前提下正常管理和处分信托财产时，所产生的结果都由受益人和委托人承担，受托人不负损失责任。

5）辞任权

除公益信托需经公益事业管理机构批准外，一般信托在设立后，经委托人和受益人同意，受托人可以辞任。受托人辞任后，在新受托人选出前仍应履行管理信托事务的职责。

2.3.3 受托人的义务

受托人的义务主要有下列六个方面：

1）管理和处分信托财产的义务

管理和处分信托财产是受托人最基本的义务。受托人在管理和处分信托财产时，应注意以下三点：

①受托人应当遵守信托合同的规定，本着受益人利益最大化的宗旨来管理和处分信托财产。受托人除按照信托文件约定取得信托报酬外，不得利用信托财产为自己谋取利益。若受托人违反规定，利用信托财产为自己谋取利益，所得利益要归入信托财产。

②受托人管理信托财产，必须恪尽职守，履行诚实、信用、谨慎、有效管理的义务。受托人要充分利用自身的专业优势，尽最大努力实现信托目的。

③忠诚服务的义务。受托人绝不能利用受托人的地位谋取私利，受托人除了领取履行信托业务的正当报酬外，不得直接或间接地取得信托财产的收益。受托人在办理业务过程中，要严格按照契约、遗嘱、信托合同或法院规定的条款形式，无权更改或变更条款内容，也不允许擅自中断条款的执行。

2) 分别管理的义务

受托人必须将信托财产与其固有财产分别管理、分别记账，并将不同委托人的信托财产及同一委托人的不同项目的信托财产分别管理、分别记账。受托人不得将信托财产转为其固有财产，若受托人已将信托财产转为其固有财产的，必须恢复信托财产的原状，如果造成信托财产损失的，则应当承担赔偿责任。受托人不得将其固有财产与信托财产进行交易或者将不同委托人的信托财产进行相互交易，但信托文件中有规定的或者已经委托人或者受益人同意，并以公平的市场价格进行交易的，该交易成立。如果受托人违反规定，造成信托财产损失，受托人应当承担赔偿责任。

3) 亲自执行的义务

受托人是在得到委托人信任的前提下，受托管理和处分信托财产。为了满足委托人要求，受托人在办理信托事务时，一定要亲自执行，不得再委托别人来处理信托事务。如在一项资金信托投资业务中，受托人认为另一人的投资能力比自己强，出于能让信托投资收益更多的目的，将客户的信托资金交由别人管理，这种行为违反了《信托法》的规定。因为委托人只信任受托人，而对受托人之外的人不了解或不信任，无法进行信托。能否交由第三方来管理和处分信托财产，可由信托文件来约定，信托文件未约定的，视为不能交由第三方处理。另外，《信托法》规定，若有不得已事由的，也可以委托他人代为处理，受托人依法将信托事务委托他人代理的，受托人对其所做的处理信托事务行为承担责任。

4) 报告与保密的义务

受托人应当根据信托文件的规定将信托财产的管理与处分情况如实、及时地报告给委托人和受益人，若信托文件没有规定报告事项的，则在信托期间内每年至少报告一次，在信托结束时要报告。受托人要保存好信托事务的完整记录，对委托人、受益人以及处理信托事务的情况和资料有依法保密的义务。在选任了新的受托人后，原受托人要向新受托人办理信托财产和信托事务的移交手续。

5) 分配信托利益的义务

受托人要根据信托文件的规定，以信托财产为限向受益人承担支付信托利益的义务，并将支付情况向委托人报告。若原信托文件所约定的利益支付高于最终的信托财产，则以信托财产为限，不足部分在委托人和受益人之间解决。当信托利益无信托文件约定的受益人时，受托人应将信托利益退还给委托人。

6) 有限责任外的赔偿义务

受托人在处理信托事务时负有限责任，但因受托人管理不当，或未能有效管理、运用信托财产，或违反信托目的和信托文件的规定，在管理和处分信托财产时造成损失的，受托人负有赔偿义务。受托人的赔偿形式有恢复信托财产原状和信托财产损失价值赔偿两种。具体的赔偿方式和赔偿条件，一般由法律条款或信托章程加以规定。如果受托人能出具证明说明损失是不可抗拒的、是在所难免的，受托人无过失，便可不负赔偿责任。

受托人的赔偿义务以"物质的有限责任原则"为限，即受托人因信托行为对受益人所负的债务，仅限于在信托财产的限度内，即受托人因处理信托事务所支出的费用、负担的债务或者受到的伤害，可以要求从信托财产中补偿，但因受托人过错造成的除外。受托人为数人时，因信托行为对受益人所负的债务为连带债务，故处理信托事务所负的债务亦相同。

2.3.4　受托人的地位

受托人是委托人信任的人，所以别人不能代替他的地位，因此也不能继承他的地位。受托人死亡、丧失民事行为能力、解散、破产或被撤销，其责任终止，但并不意味着信托结束。信托是以财产为中心的法律关系，在受托人死亡或辞任时，信托不因此结束。为了继续信托，必须选任新的受托人。当受托人不存在或辞任时，应通过什么方式选任新的受托人，以及受托人违反委托人的授意时，怎样选定接替人，各国信托法中都有明确规定。一般的规定是：当信托文件对受托人选任有规定时，应遵循信托文件选取新的受托人；信托文件未规定的，由委托人选任；委托人不指定或者无能力指定受托人的，由受益人选任；受益人为无民事行为能力人或者限制民事行为能力人的，依法由其监护人选任。在新的受托人选任前，若原受托人仍存在，则应继续履行受托人责任直至新的受托人到任；若原受托人不存在，则由法院指定他人暂行受托人之责任。原受托人处理信托事务所形成的结果及其原信托文件中所规定的权利和义务，新受托人必须继承。

当代世界各国信托业发展很快，受托人一般都以信托机构等法人机构为主，信托大部分以营业信托为目的，在这种情况下，一般都是采取废约方式选任新的受托人。如果委托人对某信托银行或者某信托投资公司不信任，一般都是退回合同，收回信托财产，另委托其他信托机构。

同步案例 2-4　　　　　　　　受托人的有限责任

某信托公司接受客户200万元资金的委托，进行信托贷款，贷款期限为2年，约定的固定信托报酬为4万元。信托公司在符合信托文件规定的条件下进行贷款及贷后跟踪管理，发现该笔贷款在贷后出现了较大风险，征得委托人同意后终止贷款，最终收回资金150万元，但支付了诉讼费等各项费用共计5万元。

该信托责任划分及费用处理为：信托损失50万元，全部由客户自身承担。另外，5万元的诉讼费等各项费用及4万元的信托报酬由客户支付，信托公司可在收回的150万元内扣除，即信托公司最终向客户返回141万元，客户共损失59万元。

从这个案例我们可以看出，受托人在正常处理信托事务时所支出的费用、对第三人所负的债务或自身所受到的损害，有权要求从信托财产中获得补偿。受托人以其固有财产先行支付的，对信托财产享有优先受偿权。受托人在不违反信托目的的前提下正常管理和处分信托财产时，所产生的结果都由受益人和委托人承担，受托人不承担损失责任。

资料来源：作者根据相关资料整理所得。

2.4　受益人及其权利义务

受益人是信托关系中享受信托利益的人，受益人的权利与义务也构成了信托关系中的重要内容。

2.4.1　受益人资格

受益人是在信托关系中享受信托利益的人，和委托人一样，受益人的资格在信托法上一般也有比较明确的规定。受益人由委托人指定，受益人资格的规定较广，凡是具有权利能力的人都可以成为受益人，即不管是否具备行为能力和条件，未成年人、精神病人，甚至罪犯都可以成为受益人。在信托关系中，受益人必须是存在的，如果没有受益人，信托行为就无效。

受益人分为两种：一种是委托人本身就是受益人，且是唯一受益人，这是自益信托。根据《信托法》第四十三条的规定，受托人也可以是受益人，但受托人只能是共同受益人之一，不得是同一信托的唯一受益人。另一种受益人是在他益信托中产生的，即受益人不是信托合同的当事人，一般在遗嘱信托、监护信托中多是此种情况。

2.4.2　受益人的权利

受益人的权利是享受信托财产所产生的利益的权利，这种权利被称作收益权或受益权。受益权等同于财产权，受益权可以买卖、赠送和典当（充当抵押品），受益人去世后，受益权还可以继承。受益人享有的权利主要有以下六个方面：

1）享受信托利益权

享受信托利益权又称受益权，这是受益人最基本的权利。受益人享受的利益可分为三种情况：第一是本金受益，即受益人只享受信托财产本身的利益。第二是收益受益，即受益人只享受信托财产管理和运用所产生的收益部分。例如，甲拿出 100 万元信托给信托银行，让它运用后将收益部分付给乙，本钱经过数年后自己收回。在信托文件中就可以采取甲为委托人兼本金受益人，乙为收益受益人。第三是全部受益，即受益人享受信托财产本身的利益及其管理、运用产生的全部收益。受益人享受哪种收益由委托人在信托文件中约定。目前，在信托业务中，受益人享受全部收益的占多数。

若有数人为受益人，则为共同受益人。共同受益人的利益享受比例由信托文件约定，信托文件未约定的，则信托利益在全体共同受益人中进行平均分配。共同受益人在后面的信托管理方法调整权、撤销权、解任权、申请裁定权等权利的享受上是一致的，一旦确定上述权利，全体共同受益人一致享受。

享受信托利益权还意味着受益人有权放弃或转让信托利益的受益权。受益人可以放弃信托利益，也可以依法转让信托利益或由继承人继承信托利益，可以将信托受益权用于清偿受托人到期不能偿还的债务。共同受益人中的某个受益人可以放弃、转让其受益权，若放弃受益权，除信托文件对此有特别规定外，由其他共同受益人共同享受。

信托终止时，信托文件未规定信托财产的归属的，受益人有优先取得信托财产的权利。

2）监督信托事务处理权

受托人管理和处分信托财产的宗旨是受益人的利益最大化，受益人有权监督受托人在处理信托事务时是否充分保护了受益人的利益。受益人与委托人一样，有权了解受托人对信托财产的管理和处分情况，有权了解因信托财产处理而形成的收支情况，有权要求受托人对相关项目做出说明，有权要求受托人提供信托报告。受益人有权查阅、抄录或者复制与其信托财产有关的信托账目以及处理信托事务的其他文件。

3）调整信托管理方法权

当出现设立信托时未能预见的特别事由，致使信托财产的管理方法不利于实现信托目的或者不符合受益人的利益时，受益人有权要求受托人调整信托财产的管理方法。

4）合法保护信托财产权

受益人与委托人一样，也享有信托的撤销权、解任权和信托非正常损失的赔偿权，这些权利的享受具体见本章"2.2委托人及其权利义务"。同样，受益人在享受这些权利时有一定的时效性，我国对其时效性的规定是一年。

5）申请裁定权

当受益人在享受信托管理方法调整权、信托的撤销权、解任权和信托非正常损失的赔偿权时，如果与委托人的意见不一致，可以申请法院做出裁定。法院在裁定时既要本着受益人利益最大化的宗旨，又要充分考虑信托财产的安全。

6）承认最终信托决算权

受托人办理信托事务的最终决算，须经受益人承认后，受托人的责任才算完成，整个信托关系才告结束。

2.4.3 受益人的义务

在信托关系中，受益人更多的是强调其权利，而很少提及义务。实际上，受益人的义务较简单，即当受托人在处理信托事务中由于不是自己的过失而蒙受损失时，受益人有义务在自身所享有的信托利益范围内接受受托人提出的费用或者损失补偿要求。当然，如果受益人放弃受益权利，就可以不履行该义务。

法律在承认受益人有较大权利的同时也要求受益人向受托人承担义务，而且认为这种承担义务的行为是特别有效的。因此，这反映了受益人在法律上是信托财产的实际所有者。

本章小结

信托的设立必须具备信托行为、信托目的、信托主体和信托客体四个基本要素。此外，信托还应具有信托报酬和信托结束等约定要素。

信托主体即信托当事人，信托当事人有委托人、受托人和受益人三方。在信托当事人之中，受托人的地位最为重要，受托人在处理信托事务中要本着受益人利益最大化的原则。

信托客体即信托财产，信托财产具有转让性、物上替代性、独立性和有限性四个特征。信托财产的独立性体现在信托财产独立于受托人的固有财产，独立于委托人的其他财产，以及不同信托之间其财产相互独立。

委托人是具有完全民事行为能力的自然人、法人或者依法成立的其他组织。委托人具有信托事务监督权、信托管理方法调整权、信托财产保护权、接受辞任及解任权四个方面的权利，具有提供信托财产、承担信托费用、支付信托报酬、承担信托财产损失风险四个方面的义务。

受托人资格的主要规定是：具有足够的诚信度，具备完全民事行为能力，以及具有办理信托业务的专业能力和专业技能。受托人的权利主要有信托财产的管理和处分权、信托报酬取得权、优先受赔偿权、有限责任权、辞任权五个方面。受托人的义务主要有管理和处分信托财产、分别管理、亲自执行、报告与保密、分配信托利益、有限责任外的赔偿等六个方面。

受益人只需为具有权利能力的人。受益人享有享受信托利益、监督信托事务处理、调整信托管理方法、合法保护信托财产、申请裁定和承认最终信托决算六项权利，承担因受托人正常经营而蒙受损失的补偿义务，但当受益人放弃受益权时可不履行损失补偿义务。

重点概念

信托行为　宣言信托　信托财产　信托人　委托人　受益人

复习思考题

一、填空题

1.广义的信托财产包括委托人转移的信托财产和（　　　）。

2.委托人的主要义务是（　　　）。

3.信托设立的构成要素主要有（　　　）、（　　　）、（　　　）、（　　　）。

二、单项选择题

1.受托人的基本权利是（　　　）。

A.获取报酬　　　　　　　B.费用补偿

C.损失补偿　　　　　　　D.管理、处分信托财产

2.其权利不能被继承的是（　　　）。

A.委托人　　　　　　B.受托人　　　　　　C.受益人　　　　　　D.本金受益人

三、多项选择题

1.信托约定的形式有（ 　　 ）。

A.信托合同　　　　　　　　B.个人遗嘱　　　　　　C.法院命令

D.信托宣告　　　　　　　　E.协议章程

2.信托中委托人的义务包括（ 　　 ）。

A.让渡财产权　　　　　　　B.支付佣金　　　　　　C.承担信托费用

D.参与管理　　　　　　　　E.控制财产权

3.可作为信托受益人的有（ 　　 ）。

A.无民事行为能力者　　　　B.未成年人　　　　　　C.精神病患者

D.罪犯　　　　　　　　　　E.社会团体

4.下列情形中可导致信托终止的有（ 　　 ）。

A.信托存续违反信托目的　　　　　　B.信托目的已经实现

C.信托目的不能实现　　　　　　　　D.当事人协商同意

E.信托被撤销或解除

5.信托报酬（ 　　 ）。

A.可以由委托人支付　　　　　　　　B.可以由受益人支付

C.可以从信托财产中支付　　　　　　D.可以从信托收益中支付

E.是信托收益的全部

四、判断题

1.受托人不能是同一信托的唯一受益人。　　　　　　　　　　　　（　　）

2.共同受托人处理信托事务对第三人所负债务，共同受托人只按比例承担清偿

责任。　　　　　　　　　　　　　　　　　　　　　　　　　　　（　　）

3.诉讼信托（即为了提起诉讼，利用信托来接受无意诉讼人的权利）是违法性

信托。　　　　　　　　　　　　　　　　　　　　　　　　　　　（　　）

4.尚未出生的婴儿不能成为受益人。　　　　　　　　　　　　　　（　　）

5.共同信托即共同受托。　　　　　　　　　　　　　　　　　　　（　　）

6.受托人死亡或破产，信托关系即告结束。　　　　　　　　　　　（　　）

7.只要受益人提出终止要求，信托关系即可结束。　　　　　　　　（　　）

五、简答题

1.信托行为应具备哪些条件？信托行为的体现形式有哪些？

2.简述信托财产的主要特征。

3.信托终止的事由有哪些？信托终止后财产的归属顺序如何？

4.如何理解信托财产的独立性？

5.简述受托人的资格、权利、义务和地位。

6.委托人的权利与义务各有哪些？

7.受益人的权利有哪些？

六、案例分析题

[案例一]　　　　　　　　受益人的权利

客户 A 将 500 万元资金交给信托公司 B，双方签订信托合同，由信托公司 B 进行信托投资，投资获益部分由 A、C、D 共 3 人享受，信托期限为 2 年，信托利益每年分配一次，文件约定信托报酬支付方式为固定报酬，每年 5 万元，信托结束后信托资金返回给 A。

信托公司 B 经过了一年的经营管理后，获得信托收益并扣除信托报酬后共计 9 万元。因信托文件未规定信托利益的分配比例，则由 A、C、D 平均分配，每人分配信托利益 3 万元。D 认为该信托投资利益低是因为信托公司 B 的投资方向有问题，不利于受益人的利益最大化，而 A 则认为信托公司 B 出于谨慎考虑，其投资方向无误，C 无意见。D 要求信托公司 B 调整信托投资方向，信托公司 B 不同意，表示要受益人与委托人取得意见一致后再作调整决定，D 与 A 协商未果后向人民法院申请裁定，法院在了解情况后裁定信托公司 B 的投资方向不必调整。法院裁定后，D 表示放弃信托利益。第二年，该信托投资亏损，亏损额为 5 万元，则 C 在第二年取得的信托利益为 0，信托公司因正常处理信托事务负有限责任，因此在扣除信托报酬 5 万元后将 490 万元交回给 A，信托终止。

问题：

（1）结合案例谈谈受益人的权利和义务有哪些。

（2）结合本案例分析受托人的权利和义务。

[案例二]　　　　　　　　共同受托人的义务

甲、乙、丙、丁四人是某项信托业务的共同受托人，甲、乙、丙、丁因管理不当对受益人李某负有 200 万元的债务，受益人李某要求受托人丙赔偿其损失，丙认为他和甲、乙、丁四人是此项信托业务的共同受托人，不应由他一人来承担该项损失，应由四名受托人共同分摊。

问题：

（1）请分析丙的理解是否正确。为什么？

（2）结合本案例谈谈共同受托人的权利和义务有哪些。

第3章

个人信托业务

学习目标

通过本章的学习，你应该能够：

1.掌握个人信托业务的概念、特点，个人信托业务的适用主体，个人信托业务的步骤以及个人信托的意义；

2.熟知生前信托的含义、设立目的，生前信托的受益人，生前信托的受托人选择以及特定赠与信托的相关内容；

3.明晰遗嘱执行信托、遗产管理信托、监护信托、人寿保险信托等身后信托的主要内容。

引例　　　　　　　　　　　**个人信托的财产管理目的**

李大爷夫妇二人刚从工作岗位上退休，老两口在××城市有两套住房，一套三居室自己住着，另一套两居室出租，另外还有200多万元银行存款和每月的退休金，孩子已经成家立业，老两口晚年退休生活可以说是幸福、美满。李大爷退休后闲来无事，听说股票投资可以赚大钱，比把钱存入银行和买国债的收益都要高，虽然对证券市场不甚了解，但他还是准备一试身手。但李大爷的老伴思想较为保守，追求安逸稳定的生活，对这种有风险的投资方式极不赞成，为此老两口发生了矛盾，于是找儿子小李回家来调解纷争。小李给父母介绍了一种新的投资工具——信托，不仅安全可靠，而且收益比存银行和买国债高不少，李大爷夫妇决定试试。李大爷夫妇花10万元买了一家信托投资公司的基础设施集合资金信托，期限为2年，年预期收益率为6.6%，这样2年后得到的本金加收益共计约113 200元，老两口也不再为炒股而烦恼了，可谓一举两得。

资料来源：作者根据相关资料整理所得。

分析：从以上案例可以看出，随着我国经济的不断发展，个人收入和可支配财产也在不断增加，但对于没有更多投资知识和经验的普通居民来说，银行存款和购买国债仍是他们的主要投资手段，因此，对更好、更多的理财投资工具的需求也越来越大，信托无疑是一种可选择的投资工具。上述案例中受托人——信托投资公司属于金融机构，一般具有良好的信用、雄厚的资产实力和专业的投资理财人员，委托人将资产委托给专业的金融机构，无须担心由于自己缺少投资知识而冒巨大的投资风险，又可以得到一定的投资收益。

3.1 个人信托业务概述

3.1.1 个人信托业务的概念和意义

1)个人信托业务的概念

个人信托业务是以个人为服务对象的信托业务,即委托人(指自然人)基于财产规划的目的,将其财产权转移给受托人(信托机构),使受托人按照信托契约,为了受益人的利益或特定目的,对信托财产进行管理或处分的行为。

个人信托设立的基础是个人拥有私有财产和与之相应的一系列权利,如使用权、受益权、分配权、处置权等。从信托的历史看,信托最早是从处理个人财产事务中发展而来的,例如,作为信托制度萌芽的古罗马的遗赠制度,就是为了处理个人身后遗产;被作为遗赠信托制度起源地的英国,也是由于个人财产处理需要而创造了"尤斯制"。

个人信托的种类很多,从信托目的的角度,个人信托可分为对财产的管理和处分信托、对人的监护信托;从受益人的角度,个人信托可分为自益信托、他益信托;从信托关系确立方式的角度,个人信托可分为任意信托、法定信托;从信托财产形式的角度,个人信托可分为货币形态的信托、有价证券形态的信托、动产或不动产形态的信托、金钱债权形态的信托;从个人生存期的角度,个人信托可分为生前信托、身后信托;从个人信托的业务内容的角度,个人信托可分为财产处理信托、人寿保险信托、监护信托和特定赠与信托。

个人信托的适用主体十分广泛,一般来说,可以运用个人信托的委托人包括:

①在投资管理方面缺乏经验的人;

②有钱却没有时间理财的人;

③希望享有专业理财服务的人;

④想把财产移转给子女而需要进行信托规划的人;

⑤希望贯彻继承意旨,约定继承方式的人;

⑥家有身心障碍者;

⑦家财万贯并想隐匿财产、避免他人觊觎的人;

⑧因遗产、彩券中奖、退休等情况而收到大笔金钱的人。

上述人员都可以借助个人信托来实现特定的信托目的,保障自己或受益人的生活。

2)个人信托业务的意义

在个人信托业务中,受托人对信托财产的管理和处分不受委托人死亡因素的影响,因而对于自然人委托人而言,这类业务为个人理财提供了充分的便利。第一,个人信托业务规划性强。个人信托业务通过对委托人的各种财产进行有效的整体规划、管理和运作,既能够使委托人的财富有效地积累下去,又能够使委托人去世后,其未成年子女、精神病患者亲属或其他需要赡养的亲属的正常生活得以维持,不受影响。

第二，个人信托业务内容弹性大。在个人信托业务中，委托人对信托财产操作也能保有一定的控制权，并可以进行个性化调整，因而信托机构为顾客提供的财产管理与其他金融机构所提供的标准化产品有很大不同。第三，个人信托业务最大程度地满足了委托人的理财要求。在生前信托中，受托人可以帮助委托人解决理财的后顾之忧；而在身后信托业务中，受托人可以帮助委托人在身后仍能够实现其生前处置财产的意愿。

3.1.2 个人信托业务的特点

1）信托目的的多样性

个人信托目的的具体内容是丰富多样的，这与人们在社会经济生活中的多种需要是一致的。不同的人身处不同的领域和背景、出于不同的愿望会形成不同的信托目的。对个人来说，由于每个人拥有的财产量不同、财产形式不同，要达到的目的也会不同。这些目的主要包括：

（1）累积财富

财产的持有者通过签订信托合同将财产权移转受托人，由后者按照合同规定做出有计划的投资管理，可实现累积财产的目的，避免财产过多分散或流失而丧失创造财富的机会。

（2）专业管理

委托人通过签订信托契约，将财产移转给受托人。而受托人往往是具有较丰富的金融知识与投资经验的专业人员，特别是专业的信托公司汇聚了大量的金融人才，这样可借助这些人员的管理与经营能力，实现专业管理。同时，信托机构将诸多委托人的资金集中起来，又可以增加投资的渠道，分散投资风险，为信托财产创造最大的效益。

（3）指定受益人

在个人信托合同中可以指定特定的受益人，利用这一特点可以实现财产收益的合理分配，避免子女依赖心理，减少家庭纷争，实现委托人的意旨。

（4）财产规划

在个人信托中，专业人员可根据信托财产及信托理财的需要，提供包含投资、保险、节税、退休计划、财富管理等全方位的信托规划，为委托人妥善管理与处置财产，满足个人及家庭在不同时期的理财需求。

（5）规划遗产，造福子孙

在个人信托中，很大一块是对身后的遗产进行管理，这不仅可以避免遗产继承的纷争，而且可以减少后人因缺少财产管理能力所造成的财产缩水的不良后果，照顾到更多代的子孙。

总之，法律中没有对个人信托目的的内容做出具体的规定，只要信托目的是合法的，即在法律允许的范围内确定信托目的，在法律许可的范围内管理、运用信托财产都可设立信托。

2）受托人职责的多重性

受托人职责的多重性根源于信托目的的多样性。受托人在接受信托财产后，不但要对财产进行管理、运用，确保其保值或增值，还常常担当起对受益人本身的责任，如对未成年人和丧失行为能力的人进行监护，照顾他们的生活起居，承担养育责任。所以在个人信托业务中，受托人承担的不仅仅是对信托财产的责任，还承担着照顾受益人身心健康的责任。

3）信托财产管理的专业性

委托人通过签订信托契约，将财产权转移给受托人。由于受托人是专业的信托公司，拥有强大的理财和投资技术力量，能够发挥专长，借助其专业人才的管理、经营能力，促使信托财产创造最大的效益，为委托人创造出更大的价值。

4）可以做到合法节税

信托财产经过规划，可实现合法节省赠与税及遗产税。现在，我国的个人财产移转大都采取赠与或遗产继承的方式，到目前为止赠与税或遗产税还没有颁布实行，而对照国外相关的法律，两者税率均高达50%。因此，税赋将成为移转财产所面临的主要问题，而个人信托在降低财产移转的成本方面会起到合法节税的作用。

5）可以使财产得到妥善存续

人的生命再长，也有终止的时候。因此，如何让财产保持完整性，并使财产权在原所有人生命终止后，仍可依照其意志去执行，让财产权的效益得以持续，就成为财产规划的重心。《信托法》明确规定，信托关系并不因委托人或受托人死亡、破产或丧失行为能力而消灭，因此信托法律关系的建立为委托人提供了一种使信托财产可以继续经营的方式。

3.1.3 个人信托的成立步骤

为了更好地利用信托来实现理财及其他目的，个人信托的设立及执行一般要经过以下基本步骤：

1）确定信托目的

信托目的是个人设定信托的基本出发点，也是检验受托人是否完成信托事务的标志，所以在设立信托时首先必须明确信托目的。个人信托的目的是多种多样的，如希望实现维护财产完整、财产的增值、隐匿财产、退休安养、照顾未成年子女、管理不动产等。

2）确定需交付信托的财产

信托财产是信托关系的中心，信托财产不能确定的信托是无效信托。在个人信托中也必须明确信托财产。当然，个人信托的财产形式也可以多种多样，包括金钱、有价证券、不动产等。

3）确定受益人

受益人是按照信托合同享有信托利益的当事人，信托受益权包括本金及孳生的收益两部分，可以有三种分配收益的情形：

①自益信托，受益人就是委托人本身；

②他益信托，由委托人指定本人以外的他人享受全部利益；

③部分自益、部分他益，如可以指定他人享受信托财产运用产生的利益，而财产本身却仍归委托人所有。

4）选择受托人

受托人包括个人或机构，在我国多为信托公司。在选择受托人时，要考虑其合法性、资信状况、资产实力、专业人才配置、分支设置、经营业绩等，特别要考虑其是否拥有阵容强大的理财规划团队，以便为自己的财产做最有效的配置与规划，提高财产的运用效果。

5）签订信托合同

确定了信托目的、信托财产、信托受益人，也挑选了值得信赖的受托人，接下来就要通过有效的沟通，签订信托合同。

6）移转信托财产

信托财产法律上的所有权只有移转给受托人，信托才能发生效力，受托人才能运用自己的身份有效地管理与处分财产。

7）受托人履行职务

《信托法》规定受托人要履行诚实、信用、谨慎、有效管理信托财产的义务，要恪尽职守、妥善管理，认真执行信托合同，如有违约，应承担相应的赔偿责任。

8）完成信托目的，交付财产

当信托期满或者实现了信托目的之后，受托人要按照规定尽快收回信托财产并转交给合同约定的财产持有者。

3.2 生前信托

3.2.1 生前信托的含义与设立目的

1）生前信托的含义

生前信托是指委托人与受托人签订信托契约，委托后者办理委托人在世时的各项事务。在这种信托关系中，既然称"生前"，委托人必须是自然人，法人团体是不区分"生前"和"身后"的。生前信托的形式是多种多样的，包括货币资金信托、债权信托、权利信托与实物财产信托等。

与不同的信托形式相适应，生前信托的业务处理方式也各不相同，但不管是哪种信托，基本上都是以信托契约为依据办理信托业务。生前信托订立的契约，在委托人在世时即具有信托法律效力，此类信托的特点是生前签约、生前有效。在信托契约中双方明确地规定了各当事人的权利、义务及相互关系。

2）设立生前信托的目的

（1）财产管理

一些委托人由于缺乏金融知识，或者时间、精力有限，无法亲自管理财产、料理相关事务，在这种情况下，可以通过设立生前信托，将有关事务委托给受托人去办理，从而大大减轻委托人亲自管理财产的负担。

同步案例 3-1   **信托的财产管理目的**

张医生开私人诊所，收入很高。但他无管理财产的经验，以前曾做过一些投资却连连亏损。另外，由于他医术高明，病人源源不断，因此，他觉得没有足够的时间去理财。张医生的收入一部分用于缴税，另一部分存入银行，剩下的钱他做了这样一些设想：他希望在60岁退休时，有足够的钱周游世界，也希望供女儿上最昂贵的私立学校。于是，他与某银行签订协议，用他的财产设立一个信托，由该银行作为受托人，为他管理财产，对财产进行投资并缴纳必要的税金以及处理账务。

张先生所设立的信托就是个人生前信托。生前信托的一个重要运用就是（财产）管理信托，委托人委托受托人掌握信托财产的目的在于保护财产的完整，维护财产的现状，使之不受损失，并收取该项财产的收益和支付必要的费用。张医生通过设立财产管理信托，就可以避免由于自己不懂投资理财专业知识乱投资所带来的损失，而且还可以大大减轻管理财产的负担，使自己能够专心于诊治病人，同时获取更多的收益。

资料来源：作者根据相关资料整理所得。

（2）财产处理

委托人想把自己拥有的财产转换成另外的形式或者希望对原有的财产进行分配，比如出售原来的财产、向受益人交付财产等。在这些活动中，往往会涉及许多专业问题，如财产价值的评估、出售方式的选择、出售时机的确定及购买方的搜寻等，同时，往往还要涉及相关税收或其他法律问题。在这种情况下，如果采用信托方式，就可以将这些问题统统交给信托机构去处理，大大节省了委托人自己的时间和精力。

（3）财产保全

财产保全是指委托人通过信托来保护自己的财产。由于信托财产具有独立性，独立于委托人的其他财产，也独立于受托人的固有财产。财产被信托出去以后，由受托人持有，并由受益人享受信托收益，委托人便不再对信托财产拥有处置权，委托人在信托期间所形成的债务便不会影响到信托财产，从而保全了这部分财产。同时，受益人对信托财产的权利是由委托人确定的，受益人只能享受在合同中规定的权利，这样也能达到保全信托财产的目的。

另外，信托还可以通过隐匿财产来保全财产。当委托人将财产交付信托时，就必须将信托财产过户到信托机构的名下。大多数法律都没有关于信托信息公开披露的规定，而且信托契约无须到任何政府机构登记，也不公开供公众查询，因此受益人的个人财产数据及利益均绝对保密，直至信托终止为止。然而，这只是一种名义上的所有权移转，实际控制权仍在委托人身上，这也可以起到保全财产的作用。

（4）财产增值

信托业务的受托人往往具有较丰富的金融知识与投资经验，委托人把财产信托给有丰富理财经验的受托人，由受托人经营，借助这些专业人员的管理与经营能力，实现有效管理财产、增加收益、增值财产的目的。通过个人生前信托业务，既减轻了委托人的负担、解决了委托人的困难，又能提高财产的收益。

同步案例 3-2　　　　　　　　**信托的财产增值目的**

小赵，28岁，在一家外企工作，刚刚结婚，其个人的财富达数十万元。朋友们都向小赵打探他的理财秘诀，小赵告诉朋友们，由于他工作非常忙，根本没有时间和精力规划自己的财产，只是将大部分资金存放在银行里，但是两年前他听说市里一家信托公司推出了外汇理财信托计划，小赵非常感兴趣，在咨询了有关专家后，决定将自己的外汇存款投入信托理财，没想到两年后，小赵获得了可观的收益。朋友们听了小赵的理财秘诀，都纷纷准备投资信托这种理财工具。

在本案例中，由于受托人是专业的信托公司，拥有专业的人员、专业的经营管理能力，可以由专业人员根据每个人的信托财产及信托理财的目的，按照合同内容提供包含投资、保险、节税、退休计划、财富管理等全方位的信托规划，这样可以促使信托财产创造最大的效益，是成功职业人士管理财产的重要工具。

资料来源：作者根据相关资料整理所得。

（5）税收规划

目前，各国（如美国、加拿大、英国等）对于亲属之间的财产赠与继承都有较全面的税收制度，许多国家的税法规定的税率也较高，有的甚至达到50%，而且，此税必须在财产移转前付清。这样，税赋就成为移转财产所面临的主要问题。如何降低移转成本，将成为个人财产规划的一个重点。

通过信托方式来进行财产规划，可实现合法节省赠与税及遗产税的目的。因为信托财产具有独立性，它在信托关系的存续期间是独立于委托人的固有财产，因此通过受托人将信托财产的经营收益交给下一代人使用，这样，通过设立信托转移的信托财产不受信托人死亡的影响，并可在合法的前提下，保证受益人的利益，减少税款的缴纳，一举两得。

另外，通过设立信托对财产进行规划还可减轻甚至豁免所得税、资本利得税与财产税等税务负担。

3.2.2　生前信托的受托人选择

受托人将直接关系到信托财产的运用效果。因此，委托人能否选择一个可靠的受托人是十分关键的。生前信托的委托人在选择受托人时一般要考虑以下几个方面的因素：

1）高度的信赖关系

信任是信托的基础，信托关系的成立，除订立合同外还要移转委托人的财产至受托人的名下，因此，委托人是否相信受托人，愿意把财产移转给受托人进行管理与处分，在很大程度上取决于委托人对受托人的信赖程度。生前信托的委托人要找一个自己信任的受托人建立信托关系，高度的信赖关系就成为信托能否设立的一个重要基础。

2）信用风险

信托合同签订后，委托人须移转信托财产至受托人名下进行管理与处分。而受托人的信用风险大小，即他能否严格按照信托合同对财产进行管理，不仅关系着信托财产的安全与否，而且也影响信托关系能不能继续下去。因此，在生前信托中，如果以个人为受托人，信用风险除要考虑受托人的品质、过去的信用情况外，还要考虑其未来环境变化对受托人产生的影响。如果是以法人作为受托人，也要考虑其过去是否发生过信托产品的违约事件。

3）永续经营

生前信托的合同存续期视委托人的需求而定。由于个人的管理受到生命有限的约束，有时无法完全达到委托人的目的，而法人则具有永续经营的特点，只要不发生破产，就可以一直经营下去，所以在生前信托中法人受托具有更大的优势。

4）管理能力

管理能力的强弱，将直接影响信托财产运用的绩效。受托人具有良好的专业管理能力，不仅能保持信托财产的完整性，更能达到财富增值的效果。因此，委托人在设立生前信托时必须对受托人的专业水平、管理人才队伍及过去的经营业绩进行比较，以便挑选管理能力强的受托人。

3.2.3　生前信托的受益人

生前信托的受益人由委托人指定，也可以将委托人自身作为受益人。有时，在信托之初委托人是受益人，一定时期以后则指定第三者作为受益人。

1）委托人自身为受益人

委托人自身受益的情况有：

①财产所有人因健康原因，不能自理财务，将财产移交信托机构经营，自己享用其收益。

②财产所有人年老引退，不愿自理财务，将财产移交信托机构经营，自己享用其收益。

③财产所有人长期在外，无暇经营自己的产业，将产业移交信托机构代为经营，将收益归自己所有。

④财产所有人因时间、精力及经验有限，需要借用专业受托人的知识、经验和技能来管理财产。

2）委托人指定第三者为受益人

委托人指定第三者为受益人的情况，主要是对家属、亲属或社会公众而言，常见的有：

①家长将部分财产移交信托机构，委托其代为支付子女的教育费、生活费、医疗保健费、婚嫁费等。

②子女将资金交与信托机构，委托其定期送交老年父母或其赡养的其他亲属，作为生活补助费、医疗保健费。

③财产所有人将其部分财产委托给信托机构，为其家属的其他特别需要经营生利，比如家属中的某人购建住房之用。

3）先为自身受益，后为第三者受益

生前信托在执行过程中，由于时间差别，会引起受益人的变动，即委托人在生前是自身受益，委托人自身为受益人，信托期间原委托人去世，则由其指定的第三者受益，此时第三者为受益人。

3.2.4　特定赠与信托

特定赠与信托是日本所特有的一种个人信托业务。它是根据 1975 年日本施行的《继承税法》创立的"对特定残废者免征赠与税制度"而开办的一种福利信托。该信托以保障重度身心残废者生活上的稳定为目的，以特别残废者为受益人，由个人将金钱和有价证券委托给信托银行，进行长期、安全的管理和运用，并根据受益人生活和医疗上的需要，定期以现金支付给受益人。

1）特定赠与信托的当事人

（1）委托人

任何个人均可以成为该信托的委托人，主要是亲属、抚养义务人以及急公好义者，但法人不得成为该信托的委托人。

（2）受托人

受托人在日本仅限于信托公司或兼营信托业务的银行。受托人必须妥善地运用信托财产，以确保取得稳定收益并定期地、切实地根据实际需要进行支付。

（3）受益人

特别的重度残疾人按规定是指下列人员，他们可成为受益人：重度的精神衰弱者、一级或二级身体残废者、原子弹炸伤者、常年卧床不起并需要复杂护理者中的重度者、年龄在 65 岁以上的重度残疾者以及符合有关规定的重度战伤病者。

2）特定赠与信托的财产

特定赠与信托的财产必须是能够产生收益并易变卖的财产，故限定如下财产为其信托财产：金钱、有价证券、金钱债权、树木及其生长的土地、能继续得到相当代价的租出不动产、供特别残废者（受益人）居住用的不动产。在日本，信托财产在 3 000 万日元限度内的免征赠与税。

➤➤➤

同步案例 3-3　　　　　　　　　　　**特定赠与信托**

刘先生在日本留学、工作多年，前不久其母逝世，他从日本赶回国内料理母亲的后事。除此之外，还有一件重要的事情就是解决刘先生身患残疾的妹妹日后的生活问题。

回国之前，刘先生已经了解到在日本有一种特定赠与信托方式，于是他来到本地的信托公司，向信托公司的专业人员请教有关特定赠与信托的情况。通过信托公司的介绍，刘先生了解到通过设立特定赠与信托，他可以把赠与妹妹的财产委托给信托公司，这样该笔财产就属于信托财产，受到法律的保护，在运用和处理信托财产时，信托公司会严格按照信托合同的规定，保护委托人和受益人的权益不受损害，这样既可以保证支付妹妹的生活费、护理费等，不耽误他在日本的工作，还可以防止这笔钱被他人挪用。这样一来，刘先生放心了，他的问题可以通过特定赠与信托来解决。

特定赠与信托是为补贴残疾者的生活费和医疗费或其他赠与用途而开办的。它由赠与者（委托人）将所赠与的财产或金钱委托给信托投资公司（受托人）代为管理和运用，残疾人作为受益人享受信托财产带来的收益。信托收益由信托公司按照委托人在信托合同中规定的支付方式执行。特定赠与信托不仅能让残疾人拥有稳定可靠的生活来源，减轻家人的负担，还可以避免该笔赠与被他人挪用或遭诈骗，确保信托目的的实现。

资料来源：作者根据相关资料整理编写。

3.3　身后信托

个人身后信托业务的开展与遗产有关，是围绕遗产的继承和分配设立的。身后信托是指信托机构与委托人在生前订立信托契约，受托办理委托人去世后的各种事务；或者由死者的亲属和司法机关为委托人，与信托机构订立信托契约，受托办理死者身后的各种事务。这些均是身后信托业务。这种信托契约多数订立于委托人生前，但其信托生效却在委托人去世之后，这是身后信托的第一要素。此外，身后信托的受益人必为第三者。信托机构开展的个人身后信托业务主要有以下几种：遗嘱执行信托、遗产管理信托、监护信托、人寿保险信托。

3.3.1　遗嘱执行信托

1）遗嘱执行信托的含义

遗嘱执行信托是指由受托人作为遗嘱执行人，按照遗嘱人的遗嘱，处理其身后事务和处分身后遗产的一种信托方式。它属于身后信托业务，是委托人（立遗嘱人）去世后才发生效力的信托业务。在此种信托关系中，立遗嘱人为委托人，遗嘱执行人是受托人，遗嘱中指定的未成年人、禁治产人、继承人及其配偶或其直系血亲、其他受遗赠的法人团体和非法定继承人，都可成为受益人。立遗嘱人作为委托人，其目的在于对其身后事务和遗产的处理能充分体现遗嘱中规定的意旨，受托人的任务在于满足受益人的权益，使遗嘱中体现的意旨完全实现。遗嘱执行上的事务分为债权的收取、债务的清偿、遗赠物的交付、遗产的分割四大类。遗嘱执行人一般由遗嘱人指定，遗嘱执行人根据遗嘱，依照法律办理清理遗产等事务。若遗嘱人没有指定，则可以由法院指定。目前，世界各国大都由信托机构承担遗嘱执行事务。

2）遗嘱执行人的职责

（1）鉴定遗嘱，设立信托

信托机构接受指定，同意作为遗嘱执行信托的受托人后，首先，要对遗嘱进行鉴定。对遗嘱的鉴定一般要由法庭实施，主要鉴别遗嘱的真实性和合法性。其次，要验证遗嘱人是否死亡。在本地医院死亡的，可直接由医院的死亡证明来证实；若是失踪等情况，则需进行推断证明。若遗嘱真实有效，遗嘱人确已死亡，法庭就可以正式任命信托机构为遗嘱执行人，设立遗嘱执行信托。

（2）清理遗产和债权债务

首先，要清理遗嘱人的财产，确定遗嘱人对财产的所有权。其次，要清理遗嘱人的债权。信托机构要调查遗嘱人是否办理了某些保险，如果有保险，则应通知保险公司，领取赔款，同时还要调查遗嘱人是否还有其他债权，如有，应及时收取。如有欠款，必须慎重地按当地习惯和法律进行，确保受益人的权益。最后，要清理遗嘱人的债务。信托机构在接受遗嘱执行人的正式任命后，就要马上公开告之遗嘱人的债权人，要求债权人在指定的期限内出示其对遗嘱人的债权凭证，经过核实确定债权人的合法权利，若超过期限，债权将被视作无效。告知的方式多为在当地报纸上发布通知。

在清理清楚遗嘱人的财产后，信托机构要对遗嘱人的财产进行估价。一般来说，清理遗产的数量比较容易，而遗产价格的认定比较麻烦，通常根据财产的不同形式，采用不同的估价方法，对有价证券等金融资产的估价，可以按照遗嘱人去世时的市场价格，再加上遗嘱执行期间的应得收益，如股息、利息等来确定。对实物财产（如房屋、土地、汽车、首饰、艺术品等）的估价，有时信托机构自己难以胜任，还要聘请估价专家来进行估价。

（3）编制财产目录

信托机构对财产进行清理和估价后，接着就要编制正式的财产目录单，详细记录财产的种类、数量和价值。在编制财产目录的同时，信托机构要对财产中的贵重物品妥善保管，如在此期间，财产遭受损失，信托机构要负责赔偿。但这种对遗产的暂时管理，重在保护，不在经营和运用。

（4）安排预算支出计划

信托机构在遗嘱执行中会有一系列的支出，如医疗费用、税款、债务、葬礼费用、信托机构的管理费等。为此，必须制订一个详细的预算计划，列明支付的金额、时间，同时，信托机构还要为上述费用的支付安排相应的资金来源，并逐项列出。安排资金来源时，如果现金不足，可以出售其他遗产；若还有不足，就要依据法律的规定，安排相应的关系人支付。

（5）支付税款、清偿债务

信托机构支付的税款是指与遗嘱人的财产有关的税款，一般来说，这些税款主要有所得税、遗产税和继承税等，信托机构在不违反税法的前提下，应尽可能地减少应付的税款，维护受益人的利益。

（6）交付遗赠、分割遗产

交付遗赠、分割遗产是信托机构作为遗嘱执行人的最后一项职责。信托机构在进行这项工作时，要按照遗嘱的规定执行，并保证被遗赠人和继承人获得相应的财产所有权。财产所有权转移后，信托机构要将有关单据交给相应的人员和部门，如律师、法院等，得到认可后，即可宣告此项信托业务的完结。

3）信托机构在遗嘱执行上具有的优势和便利

①信托机构是独立法人，在遗嘱执行中可以排除各种干扰，做到公平、客观。

②信托机构社会关系面广，对债权债务的清理较为方便。

③信托机构拥有专职技术人员，对遗产的分割处理有丰富的经验。

④信托机构较个人受托执行遗嘱更具安全性。

⑤信托机构不像个人受托人会因事务繁忙而中断或拖延遗嘱的执行，而且信托机构都有固定的办公时间，便于各方联系。

信托机构经营遗嘱执行信托业务必须依法办事，一切工作以遗嘱为依据，以法律为准绳。执行遗嘱信托的成立与终止，都有明确的规定，便于社会监督和法律监督。我国以信托方式处理遗产的事项尚未普遍采用，这与我国的社会习惯和传统有关，也与社会大众个人和家庭财富积累的数量有关。于社会大众而言，如果采用信托方式处理身后事务，则信托标的资金数额显示偏低，成本相对偏高。

同步案例 3-4   戴安娜王妃的遗嘱执行信托

戴安娜王妃在世时优雅美丽，然而在她短暂的一生中，我们也看到了她作为母亲的温暖一面：她成功运用了遗嘱执行信托，及早将自己名下的全部财产交付给信托基金管理，即使最后猝然离世，也能通过信托把她的财产留给自己的两个孩子。

1993年，戴安娜王妃立下遗嘱，自己一旦去世，要求将她1/4的财产平分给自己的17名教子，而另外3/4的财产则留给自己的两个孩子威廉和哈里，但必须要等到他们25周岁时才能予以继承。1997年12月，戴安娜遗嘱执行人向高等法院申请了遗嘱修改令，为了保护戴安娜的两个孩子，修改了部分条款的细节，将他们支取各自650万英镑信托基金的年龄提高到30岁，到年满25岁时能支配全部投资收益，而在25岁之前只能支取一小部分，并且要获得遗产受托人的许可。戴安娜1997年猝然离世后，留下了2 100多万英镑的巨额遗产，在扣除掉850万英镑的遗产税后，还有1 296.6万英镑的净额。经过遗产受托人多年的成功运作，信托基金收益估计已达1 000万英镑。

通过设立遗嘱执行信托，戴安娜王妃按照自己的意愿处置了自己的遗产。同时，她的巨额财富在遗产受托人的运作下仍保持大幅增加，她的两个孩子最终收到的遗产比她刚去世时翻了一番。

评论：

戴安娜去世后，交付信托机构的遗产经过专业的运作，实现了资产的大幅增值，并保证受益人每年都有丰厚回报。国际经济形势的诡谲多变没有给她的遗产造成多少负面影响，这首先归功于她的远见卓识和家族信托的魅力，才能使母爱不仅荫蔽两个儿子，还惠及儿媳和后人。遗嘱执行信托的安排可以避免财富缔造者们去世后，家庭悲剧、亲情离散、企业分崩离析等不幸的频繁上演，保障子女的生活和教育等，避免子女败家。

资料来源：作者根据相关资料整理所得。

3.3.2　遗产管理信托

1）遗产管理信托的含义

遗产管理信托是指信托机构作为受托人以管理遗嘱人的遗产为目的而进行的一种信托形式。它与遗嘱执行信托的操作有相同的地方，也有区别。遗嘱执行信托重在遗产处理，而遗产管理信托则侧重于遗产的管理，是为弥补遗嘱执行信托的不足而产生的，也可以说是遗嘱执行信托的补充和延续。

2）遗产管理信托设立的两种情况

（1）"继承已定"后的遗产的受托管理

其主要包括以下几个方面：

①继承人继承遗产后，不能立即接管分得的财产。如继承人不在本地，不能接管当地分得的遗产；又如继承人长期患病，不能接管遗产并自理，只得办理遗产管理信托。

②继承人继承遗产后，因本人事务繁忙或经验不足，不能立即接管遗产，委托信托机构代为管理。

③继承人继承遗产后，因心情抑郁悲痛，不愿立即接管遗产，亦可由信托机构办理管理遗产信托。

（2）"继承未定"前的遗产的受托管理

其主要包括以下几个方面：

①有的遗产委托人生前没有立遗嘱，无法体现遗嘱人对继承的具体意思表示，虽然根据法律顺序可以进行财产分析，但因各方意见分歧，经久未决，继承未定。但遗产不能无人管理，只能委托信托机构办理遗产管理信托。

②有的遗产分割继承有遗嘱可据，但继承人一时找不到，继承无法落实。而遗产不能无人照管，只得委托信托机构办理遗产管理信托。

③有的遗产既无遗嘱可据，按法定程序又一时找不到继承人，同样可以委托信托

机构，办理遗产管理信托。

3）遗产管理信托受托人的职能

遗产管理信托受托人的主要职责是编制遗产清册，处置遗产，公告继承人、债权人和受遗赠人，偿还债务和交付遗赠物，或对继承人的遗产实行理财的工作。此项信托的目的只是妥善管理遗产，并在信托终止前将遗产交还继承人。在上述信托关系成立时，原遗嘱执行信托时的委托人、各种继承人都可以是委托人，所有继承人都是受益人。

4）遗产管理信托的基本程序

遗产管理信托的程序根据其设立的情况不同而有所区别，在继承未定时，遗产管理信托的基本程序是：

①接受并妥善管理，信托机构在接受委托后，要妥善保管遗产并按照信托契约的要求，对遗产进行管理经营。

②发出公告。由于继承未定，要根据不同情况采取不同的方式公告继承人、债权人和被遗赠人，要求他们在规定的时间内提供有效证件，以便确定其合法身份。

③偿还债务，交付遗赠物。

④移交遗产。继承人确定后，信托机构就可按照遗嘱的规定或与有关人士商榷后向继承人和被遗赠人办理遗产移交手续。遗产移交完毕，得到继承人、有关人员或法院的认可后，遗产管理信托便可以结束。

知识链接3-1

隔代信托

继承已定的遗产管理信托与一般的财产管理信托没有什么区别，信托机构的职责就是在信托期间，按照契约规定妥善管理遗产，结束时交付遗产。

3.3.3 监护信托

1）监护信托的含义

监护是指依法对某人的人身、财产以及其他一切合法权益加以监督和保护的一种法律行为。监护信托是利用信托方式由信托机构对未成年人或禁治产人的人身和财产以及其他一切合法权益给予监督、保护、照顾和管理。这种信托的创设在于保护委托人遗嘱的利益。在此种信托关系中，受托人称为监护人或保护人，受益人则称为受监护人或受保护人，委托人可以是受监护人的父母或亲友，也可以是法院指派的，还可以是受监护人自己。监护信托最大的特点是，既对人进行保护，又对物进行管理，但对人的责任重于对物的责任。

监护信托确立的形式可以是遗嘱，未成年人和禁治产人的父母或亲属可以在遗嘱中指定信托机构为监护人，也可以是法院的裁决书。这是由于无行为能力人的父母没有留下遗嘱，监护人无法确立或应当是监护人的人不愿或因故不能承担监护人的职责，只能由法院来指定监护人，或者监护人因某种特殊原因想尽监护人的职责，但无能力和条件，也可通过签订信托契约，即委托人同信托机构签订信托契约，委托信托机构代行监护人的职责，从而确立监护信托关系。

除非另有约定，否则受监护人达到法定年龄、受监护人死亡或身心康复，信托机构作为监护人均应结束监护信托。监护信托结束时，信托机构应将信托财产及有关事务转交给有关人士。如果信托的成立是由法院裁定的，信托机构在将信托财产转交后，还应出具财产转移证明，由法院注销监护关系。

2）信托机构在监护信托中的职责

在监护信托中，信托机构的主要职责有两个方面：

（1）承担对未成年人的养护责任，承担对禁治产人的护理责任

这是监护信托中监护人的首要职责，也是监护信托区别于其他信托的关键之处。

①未成年人监护信托。未成年人是指按法律规定不足"法定年龄"而无民事行为能力的人。信托机构受托办理未成年人的监护事宜，即未成年人监护信托。此种信托关系成立后，信托机构既是受托人，又是监护人；未成年人既是受益人，又是受监护人。

②禁治产人监护信托。禁治产人监护信托是指为不能亲自独立掌握和处理自己财产的无民事行为能力的人（如精神病患者）所设定的信托。对禁治产人不能随意指定，以防止他人随意剥夺某人的财产所有权或管理权、使用权和收益权。禁治产人的确定一般由亲属向法院请求鉴定，由法院宣告才能确认。这种信托关系成立后，信托机构既是受托人，又是监护人；禁治产人既是受益人，又是受监护人。

信托机构通常对于具体的养育、护理工作难以自己承担，所以往往要采用支付费用的方式，另行委托有关机构或人员来处理，如由信托机构从信托财产及其收益中，出资把未成年人送入全托的幼儿园、学校或把禁治产人送入养老院等。

（2）对未成年人或禁治产人的财产进行管理

对未成年人或禁治产人的财产进行管理，首先要保证其财产的安全，以保障他们应有的经济利益，同时应尽可能妥善管理信托财产，使其不断增值。在对财产进行管理经营时，应将安全性放在首位，不能将未成年人或禁治产人的财产用于风险性投资，信托机构更不能利用未成年人或禁治产人的财产为自己谋取利益。在监护期间，信托机构负责从信托财产中向未成年人或禁治产人提供生活费用、教育费用和护理费用等，以保护未成年人健康成长，促使病人早日康复。

对信托财产的管理运用，是信托机构的职责，同时也是更好地履行第一项职责的条件。信托机构要定期向委托人或法院提交关于信托财产运用的会计资料和报告。监护结束时，信托机构将财产转交给有关人士。信托机构可以获得正常的信托报酬，但不得从被监护人的财产中获取非法利益。

在财产管理上，未成年人监护信托和禁治产人监护信托的区别在于前者重在对受监护人的培养教育，后者重在依据受监护人的财产状况，看护并治疗受监护人的病症。

3.3.4　人寿保险信托

1）人寿保险信托的含义

人寿保险信托是人寿保险的投保人，在生前以人寿保险信托契约或遗嘱形式委托信托机构代领保险金并交给受益人，或对保险金进行管理、运用，并定期支付给受益人的一种信托业务。办理人寿保险信托，必须以保险机构举办人寿保险业务为前提条

件，如果没有人寿保险的存在，人寿保险信托也就无从产生。

人寿保险契约（即保单）与人寿保险信托契约的不同之处在于，前者是一种债权证书，对保险公司而言是一种付款契约，是保险金给付的重要单证；后者是管理财产的契约，契约中只明确委托人、受托人、受益人之间的权利和义务关系。

在人寿保险信托关系中，人寿保险的投保人为委托人，投保者的遗属为受益人，信托机构是受托人。委托人以遗嘱或信托契约的形式同信托机构约定，委托人将保单交给信托机构保管，由信托机构负责向保险公司领取保险金和代办保险费的缴纳等事项。在保险到期或发生保险事故时，由信托机构代领保险金，交付受益人，或者代受益人对领到的保险金先进行管理、运用，然后再按照信托契约的规定把领到的保险金及收益一并交付受益人。由于信托机构办理此项业务时，从委托人处得到的信托财产是保险单据，因此，这项业务属于信托机构办理的金钱债权信托。

成立人寿保险信托，必须以投保人为委托人，并将保单移交给信托机构，即保险契约中的受益人应更换为信托机构，只有这样，在被保险人死亡后，信托机构才能代原受益人领取保险金，否则保险公司可以拒付。

2）人寿保险信托的功能

人寿保险信托的功能主要是财务管理、融通资金和保全保险金。

（1）财务管理

财务管理是指金融信托机构接受保单所有者的委托，为其管理、处理保单或保险金。

（2）融通资金

融通资金则在于信托投资公司作为信用中介为市场需求筹措资金，将保险金用于贷款和投资上。合同规定或委托人指定的受益人享有其收益（不同于银行的利息），同时，在受托人严格按照信托合同规定运用保险金时，受益人或委托人承担相应损失。

（3）财产保全

作为理财手段，人寿保险信托还是财产保全的一种方式。信托设立之后受益人对设立信托的财产可依法占有、支配、处置。对有效保单设立信托可以对保险金的所有权进行合法保全，以维持对受益人承诺，这种做法是国外遗嘱和债权信托中较常采用的方式。寿险信托设立可以通过信托公司为委托人照顾未成年子女和应尽赡养义务的长辈。另外，委托方还可在信托合同中列明信托财产管理办法，限制信托保险金的支出流向，以尽可能保障受益人的利益。

知识链接3-2

人寿保险与
信托相结合的
几种形式

3）人寿保险信托的种类

根据信托机构在人寿保险信托中的作用，人寿保险信托可以分为以下几种：

（1）保管服务型人寿保险信托

这种形式的人寿保险信托是指信托机构从投保人处得到保单，在保险期内代为保管，当被保险人出现意外时，由信托机构向保险公司索赔，并从保险公司领取保险金，然后将保险金支付给保险受益人。它又称为被动或消极人寿保险信托，因为信托机构的职责非常单纯，仅仅负责保管保单，领取保险金并加以分配，交给受益人，不承担任何积极意义的职责。

（2）保管运用型人寿保险信托

它是指信托机构不仅负责保管保单，领取保险金，并且管理、运用保险金的信托形式，它又被称为不代付保费或不附基金的人寿保险信托。在信托过程中，信托机构将运用保险金获得的收益交付给受益人，信托结束时，再将保险本金交付给受益人。

（3）代付保费型人寿保险信托

它是指委托人不仅将保单交给信托机构保管，而且同时向信托机构交付一定金额的财产，由信托机构管理运用，用管理运用所获得的收益支付保险费的信托形式。在信托过程中，信托机构以财产运用的收益，代委托人按时缴纳保险费。发生保险事故后，信托机构负责领取保险金，并将保险金连同原来的资金一起管理运用，将收益支付给受益人。信托到期时，信托机构将保险本金连同原来的资金一同交付给受益人。

（4）扩大累积型人寿保险信托

它是指委托人在向信托机构转交保单的同时，还向信托机构转移一定的财产，其中除去缴纳的保险费外，其余部分由信托机构管理运用的信托形式。在信托过程中，若委托人去世，信托机构负责向保险公司领取保险金，连同上述超过保费部分的资金共同管理运用，将收益交付给受益人的信托期满时，信托机构将全部资金交付给受益人。

同步案例 3-5　　　　　　　人寿保险信托的好处

高先生常年在全国各地跑生意，他担心天有不测风云，于是购买了 100 万元的人寿保险，指定 6 岁的儿子为保险受益人，这样就可以确保万一哪天自己发生不幸，孩子的生活、教育费用可以得到保障。但是高先生担心他身故后孩子太小，不懂得如何管理这一大笔资金，又害怕这笔理赔金被孩子的监护人恶意侵占，于是在有关专家的指点下，高先生委托信托公司设立了人寿保险信托，他的儿子为受益人，指示保险公司将理赔金汇入受益人的信托账户，由信托公司按信托契约内容运用、分配给受益人。分配时机及金额条件可设定如下：受益人未满 12 岁（就读小学期间）每年领取 1 万元，12 岁至 18 岁（中学期间）每年领取 1.5 万元，18 岁至 24 岁每年领取 2.5 万元。信托期满，信托财产全部返还受益人。

资料来源：作者根据相关资料整理所得。

目前保险的观念已逐渐普及，为大家所接受，但在对风险重视程度不断加强的同时，人们往往忽略了一点，那就是参加保险虽然可以规避、分散保险事故发生的客观风险，但是无法避免因人为因素而造成的受益人不能真正享有保险金利益的风险。在出现以下几种情况时，采用人寿保险与信托相结合的方式，具有很强的适用性：

①如果受益人是未成年人、心智障碍者，或是浪费成习惯的人，就会出现无法妥善管理、支配保险金，或者挥霍掉保险金的情况，不能达到投保人的投保意愿。投保人如果将寿险的保险金成立信托，并于信托中限定受益人仅能将信托财产用于教育费、生活费、医疗费等支出，将可避免保险金遭他人不当挪用，并使受益人最大程度地享受到保险金的利益。

②在保险金额较大的情况下，投保人可以通过人寿保险信托，依照自己的规划，把保险金分配给各个受益人或是其下一代子孙，既可避免多个受益人之间因利益冲突发生纠纷，同时也可以确保各个受益人都可以享受到信托财产的利益。

③信托具有保护受托财产不受委托者破产风险影响的机能。因此，当身为企业经营者的投保人面临巨额债务风险时，基于信托财产的独立性，投保人的债权人无权对人寿保险信托财产强制执行，从而确保受益人应享有的权益不受影响。

本章小结

个人信托业务是以个人为服务对象的信托业务，即委托人（指自然人）基于财产规划的目的，将其财产权转移给受托人（信托机构），使受托人按照信托契约为受益人的利益或特定目的，对信托财产进行管理或处分的行为。

个人信托业务的特点：信托目的的多样性；受托人职责的多重性；信托财产管理的专业性；可以做到合法节税；可以使财产得到妥善存续。

生前信托是指委托人与受托人签订信托契约，委托后者办理委托人在世时的各项事务。生前信托的形式是多种多样的，包括货币资金信托、债权信托、权利信托与实物财产信托等。

设立生前信托的目的：财产管理，财产处理，财产保全，财产增值，税收规划。特定赠与信托以资助重度身心残废者生活上的稳定为目的，以特别残废者为受益人，由个人将金钱和有价证券委托给信托银行，进行长期、安全的管理和运用，并根据受益人生活和医疗上的需要，定期以现金支付给受益人。

遗嘱执行信托是指由受托人作为遗嘱执行人，按照遗嘱人的遗嘱，处理其身后事务和处分身后遗产的一种信托方式。它属于身后信托业务，是委托人（立遗嘱人）去世后才发生效力的信托业务。

遗产管理信托是指信托机构作为受托人以管理遗嘱人的遗产为目的而进行的一种信托形式。它与遗嘱执行信托的操作有相同的地方，也有区别。遗嘱执行信托重在遗产处理，而遗产管理信托则侧重于遗产的管理，是为弥补遗嘱执行信托的不足而产生的，也可以说是遗嘱执行信托的补充和延续。

监护信托是利用信托方式由信托机构对未成年人或禁治产人的人身和财产以及其他一切合法权益给予监督、保护、照顾和管理。这种信托的创设在于保护委托人遗属的利益。

人寿保险信托是人寿保险的投保人，在生前以人寿保险信托契约或遗嘱形式委托信托机构代领保险金并交给受益人，或对保险金进行管理、运用，并定期支付给受益人的一种信托业务。办理人寿保险信托，必须以保险机构举办人寿保险业务为前提条件，如果没有人寿保险的存在，人寿保险信托也就无从产生。

重点概念

个人信托业务　生前信托　特定赠与信托　身后信托　遗嘱执行信托　遗产管理信托　监护信托　人寿保险信托

复习思考题

一、填空题

1.遗嘱信托是根据个人遗嘱而设立并在遗嘱人（　　）发生效力的信托业务。

2.（　　）信托重在遗产处理，而（　　）则侧重于遗产的管理。

3.监护信托是利用信托方式由信托机构对（　　）或（　　）的人身和财产以及其他一切合法权益给予监督、保护、照顾和管理。

4.在人寿保险信托关系中，人寿保险的投保人为（　　），投保者的遗属为（　　），信托机构是（　　）。

二、单项选择题

1.生前信托的委托人必须是（　　）。

A.法人　　　　　　　B.社会机构　　　　C.自然人　　　　　D.社会组织

2.以资助重度身心残废者生活上的稳定为目的，以特别残废者为受益人，由个人将金钱和有价证券委托给信托机构做长期、安全的管理和运用，并根据受益人生活和医疗上的需要，定期以现金支付给受益人，这种信托叫（　　）。

A.财产监护信托　　　　　　　　　　B.财产处理信托

C.特定赠与信托　　　　　　　　　　D.人寿保险信托

3.特定赠与信托的受益人可以是（　　）。

A.儿童　　　　　　　B.法人　　　　　　C.重度残疾人　　　D.老人

三、多项选择题

1.个人信托业务的特点有（　　）。

A.信托目的的多样性　　　　　　　　B.受托人职责的多重性

C.信托财产管理的专业性　　　　　　D.合法节税

E.使财产得到妥善存续

2.设立生前信托的目的是（　　）。

A.财产管理　　　　　　B.财产处理　　　　　　C.财产保全

D.财产增值　　　　　　E.税收筹划

3.特定赠与信托的财产可以是（　　　）。

A.金钱

B.有价证券

C.金钱债权

D.树木及其生长的土地

4.保管代理业务中保管的物品主要有（　　　）。

A.重要物品　　　　　B.贵重物品　　　　C.有价证券　　　　D.机器设备

四、判断题

1.一般来说，遗嘱执行信托比遗产管理信托的期限长。（　　　）

2.特定赠与信托的财产必须是能够产生收益并易变现的财产。（　　　）

3.监护信托最重要的责任是保护信托财产。（　　　）

五、简答题

1.简述个人信托业务的特点。

2.简述个人信托业务的成立步骤。

3.简述生前信托和身后信托的区别。

4.委托人设立生前信托的目的有哪些？

5.信托机构在遗嘱执行上具有的优势和便利有哪些？

6.信托机构在监护信托中的职责是什么？

7.人寿保险信托有哪些功能和特点？

六、案例分析题

[案例一]　　　　　　个人信托的财产增值目的

由于我国的银行存款利率不能突破国家规定的上限，因此，存款的收益率相对较低。对于希望实现较多收益的投资者来说，存款无法满足其需求，而信托提供了一个可供选择的途径。

张先生，36岁，在一家外企工作，还没有成家，通过10年的职场打拼，积累了几百万美元的外汇财富。由于工作非常忙，张先生没有时间和精力打理自己的财产，只是将大部分外汇资金存入了银行，结果收益很低。后来听说一家信托公司推出了外汇理财信托计划，张先生非常感兴趣，在咨询了有关信息后，他决定将自己的外汇存款投入外汇信托理财产品。3年下来，张先生获得了十分可观的收益。

问题：

（1）结合案例谈谈个人信托业务的功能有哪些。

（2）结合我国的具体国情谈谈应如何普及个人信托业务。

[案例二]　　　　　　人寿保险信托应用案例

王女士是一位单亲妈妈，有一个6岁的女儿，名叫小玉。两年前王女士听从了做保险的朋友的劝告，向保险公司投保50万元的保险，并指定小玉为保险金受益人，以防万一哪天自己发生不幸，可以使孩子的生活费与教育费得到保障。

由于王女士要兼顾事业及家庭，因此工作非常辛苦。近来，她感到身体不适，经常觉得十分疲劳，后经医院诊断确认为癌症晚期，她生存的时间不会太久。王女士开始担心了：孩子目前还小，若自己真的走了，小玉未来的生活谁来照顾？

有一天，在某信托公司工作的赵先生来探望王女士，在听了王女士的诉说后，向她介绍了保险金信托，建议她运用这一工具解决难题。于是，赵先生帮王女士、小玉与一家信托机构签订保险金信托合同，并向保险公司办理信托声明：王女士身故后保险金受益人小玉的保险金划入"信托机构保险金信托专户"，并在信托合同中指定保险金的管理和运用方式，约定保险事故发生后，小玉每月可领取一定金额作为生活费，其余由信托公司代为管理与投资，直到小玉21岁信托期满，再领取全部金额，作为创业、结婚费用或作其他之用。

问题：

（1）结合案例谈谈设立人寿保险信托的目的。

（2）结合案例谈谈人寿保险信托的作用。

第4章
公司信托业务

学习目标

通过本章的学习，你应该能够：

1. 掌握公司信托的概念、特点和种类；

2. 熟知抵押公司债信托的含义、特点、种类和办理抵押公司债信托的基本程序；

3. 明晰商务管理信托的含义、特点、成立要件以及商务管理信托的程序；

4. 理解动产和不动产信托的含义、特点、种类和操作程序；

5. 掌握养老金信托、财产积累信托、员工持股信托、储蓄计划信托、利润分享信托等雇员受益信托业务；

6. 了解公司代理业务的类型与公司代理业务的一般程序。

引例　　　　　　　　　**利用商务管理信托维护中小股东的权益**

　　S公司由母公司控股30%，另外向社会发行了70%的股份，但这些股权十分分散。母公司经常利用控股股东的地位做出一些损害中小股东利益的决策，许多中小股东对此甚为不满，但又无可奈何。后来他们听说可以利用商务管理信托维护自己的权益，于是找到了Z信托公司，要求设立以S公司一些中小股东的股票表决权为对象的信托。Z信托公司为其设计了方案，并进行了公示，于是许多觉得自身利益受到侵害的中小股东纷纷加入该计划，累计汇集了45%的股权，这样在股东大会上便可以与S公司的母公司抗衡了。

　　资料来源：作者根据相关资料整理所得。

　　分析：在股份公司，尤其是上市公司以公募方式发行股票的情况下，一般股权是比较分散的，这会带来一系列的问题，影响到股东对公司的控制力与参与热情，产生所谓的"理性冷漠"。其一，股东分布于全国甚至世界各地，一些小股东不愿花费过多的时间和费用参加股东大会；其二，大量的中小股东因为势单力薄，往往仅有名义上的发言权，即使参加股东大会，其股权也无足轻重；其三，一些能够获得部分决策权的中等股东由于业务素质、技术条件的限制往往也提不出什么有影响的决策，使得股东大会为少数大股东和董事会所操纵。这些原因导致了股东大会对公司重大事务的决策权大打折扣，也缺乏对董事会的监督制约作用。

利用商务管理信托就可以解决股东分散、股权分散所造成的一系列问题。通过商务管理信托可以将为数众多的中小股东的表决权集中起来，将他们的共同意愿统一起来表达，使得他们作为个人在股东大会上原本微弱的可以忽略不计的声音变得举足轻重，有利于维护上市公司中小股东的利益。

从以上案例可见，商务管理信托对于改善我国公司的法人治理结构，解决国有股独大、所有权虚置、经营机制不合理等问题具有重要的现实意义。本章将介绍包括商务管理信托在内的各种公司信托的有关内容。

4.1　公司信托概述

4.1.1　公司信托的概念

1）公司信托的含义

公司信托也称"法人信托""团体信托"，是指由公司、社团等法人委托信托机构办理的各种信托业务。这里所说的"法人"是和自然人相对的一个概念，是指根据法定程序成立的、具有民事权利能力和民事行为能力并能够独立承担经济责任的社会组织。一般的经营企业、机关团体、慈善机构都可称为"法人"。

根据《中华人民共和国民法典》第三章第五十七条~第六十一条的规定，法人具有以下特征：

①法人是具有民事权利能力和民事行为能力，依法独立享有民事权利和承担民事义务的组织。

②法人应当依法成立。法人应当有自己的名称、组织机构、住所、财产或者经费。法人成立的具体条件和程序，依照法律、行政法规的规定。设立法人，法律、行政法规规定须经有关机关批准的，依照其规定。

③法人的民事权利能力和民事行为能力，从法人成立时产生，到法人终止时消灭。

④法人以其全部财产独立承担民事责任。

⑤依照法律或者法人章程的规定，代表法人从事民事活动的负责人，为法人的法定代表人。法定代表人以法人名义从事的民事活动，其法律后果由法人承受。法人章程或者法人权力机构对法定代表人代表权的限制，不得对抗善意相对人。

2）公司信托的发展基础

公司信托业务的产生和发展是建立在多种从事以营利为目的的企业或其他非营利性组织等法人机构有了较大发展的基础之上的。在这种业务中，委托人是公司、社团等法人，而受托人只能是信托机构，任何个人都没有受理法人信托的资格。公司信托的建立必须先向公司申请，公司依据自身业务和经营状况，认为确需信托机构提供服务的，可以选择一家经营良好、实力雄厚的信托机构作为受托人。信托机构受理信托后，双方要签订公司信托合同。随着法人机构的不断发展，公司信托业务种类也越来越多。目前，公司信托业务的成交数额在整个信托业务中的比重已超过发展较早的个人信托。

4.1.2　公司信托业务的特点

公司信托业务是信托机构重要的业务形式。与个人信托相比，公司信托具有以下特点：

1）公司信托与个人信托最基本的区别表现在委托人的不同

公司信托的委托人是公司、社团等法人组织，而个人信托的委托人只能是自然人。

2）公司信托的信托财产一般数额较大

因为法人的资金实力要远远超过个人，因此，在信托业务中涉及的信托财产也较大，而个人信托业务中的信托财产的数额有限。

3）公司信托与个人信托的受托人存在差异

公司信托业务只能由信托机构承办。因为公司信托业务所涉及的信托财产一般数额巨大，而个人由于资金实力和经营管理能力有限，无法对公司信托财产进行有效的管理，所以公司信托业务只能由信托机构承办。但个人信托的受托人可以是信托机构，也可以是个人。个人作为受托人只能接受个人的委托，且不得超过 3 人。

4）公司信托业务的受托人对信托财产的运用更为谨慎

因为公司信托关系到企业的生产或者企业职工的直接利益，而且数额巨大，一旦决策失误，影响要比个人信托大得多，因此，信托机构在运用信托财产时需十分谨慎。

5）公司信托与社会经济发展有密切关系

由于公司信托与企业的经营活动一般存在较大的联系，在经济繁荣时，企业经营效果普遍较好，公司信托业务也会增多；而一旦经济萧条，企业普遍经营不佳，公司信托业务也相应缩减。

4.1.3　公司信托业务的种类

随着法人机构的不断发展，公司信托业务的种类也越来越多，公司信托业务在整个信托业务中占据了相当大的比重。目前，公司信托的业务种类繁多，主要分为以下几类：

1）关于公司创设、改组、合并、撤销和清算的信托

当企业面临经营管理的巨大变动，如面临被收购兼并的危机时，信托机构协助其筹集资金，管理与此相关的具体事务，使企业在特殊情况下维持经营稳定。

2）关于筹融资的信托

公司债信托是信托机构为协助公司或企业发行债券提供发行便利和担保事务而开办的信托业务。信托机构承办以有价证券为对象的信托业务，实际上充当了债权人和债务人双方的代理人。信托机构既是发行公司的代理人，受托代办有关发行债券的具体事务，为发行单位提供种种服务和便利，同时，它也是投资者的代理人，参与对发行公司筹资建设项目的审查和监督，为投资者保管抵押物品，保证投资者的合法权益。

3）关于企业营运的信托

这是一种在海外很普遍的信托业务，一般是没有后裔的富豪设立信托基金，在其去世后仍能够使企业长期按照委托人的意愿经营。它可以避免家族财产纷争，防止继承人将财产转移或散尽。这种业务当今已扩展到有后裔的富豪，这些富豪虽然有子女后裔，但对子女管理和运作产业的能力持怀疑态度，便使用这种信托方式管理其身后的产业。

4）关于处理债务的信托

当一个债务人对许多债权人负有债务，在其出现支付困难而又想避免"破产程序"时，可采用这种信托方式以达到清偿债务的目的。

5）关于财产的信托

财产信托是指信托机构接受委托人的有形财产并进行管理和运用的一种信托业务。由于信托的标的物是有形的动产和不动产等，因此，财产信托又称实物信托或物品信托。

6）关于权利的信托

这种信托方式中，受托人管理的是委托人的无形资产，诸如发明专利权、著作权、设计使用的商标权等权利。设定权利信托的目的是保护投资人的权利不受侵犯，并使这种权利商品化。在信托结束时，受托人交给受益人的是由这种权利带来的经济利益。

7）关于公司员工受益的信托

雇员受益信托是指以公司作为委托人，委托信托机构代为处理有关为雇员提供各项利益事务的信托业务。这种信托方式是公司为员工提供的信托，即公司定期从员工的工资或公司利润中扣除一定比例的资金，交给信托机构，委托后者加以管理和运用，约定信托是为了本公司员工的利益。

本章介绍的这些信托中，应用最广的主要有证券发行信托、商务管理信托、动产信托、不动产信托、雇员受益信托。

4.2 证券发行信托

证券发行信托是信托机构向证券的发行人提供有关证券发行事务的信托。抵押公司债是证券发行信托的一种主要形式。因此，本节主要介绍抵押公司债信托业务的要点。

4.2.1 抵押公司债信托的含义

1）抵押公司债

企业筹资主要有三种途径：一是发行公司股票；二是举债；三是内部融资。如果企业所需资金巨大，借用时间长，可以用举债的方式筹措资金，其中一个重要的做法便是发行公司债券。

公司债券按有无担保以及担保方式的不同可以分为信用债券（或信用公司债）、担保债券（或担保公司债）与抵押债券（或抵押公司债）。

①信用公司债，也称无担保债券，是不提供资产作为担保，而以发行企业的信誉作为担保的债券。

②担保债券，也称担保公司债，是由第三者（一般是政府、金融机构、母公司或信誉良好的企业）对发行的债券提供还本付息的担保。

③抵押公司债，是以一定的财产作为抵押而发行的债券。为了减少投资者的风险，保障投资者的利益，目前市场上较多使用的是抵押公司债，如果公司不能按期还本付息，投资者可拍卖抵押品，兑现手中持有的债券。

2）抵押公司债信托的含义

抵押公司债信托是一种特殊的信托，是指信托机构接受债券发行公司的委托，代替债券持有者行使抵押权或其他权利的信托业务，是信托机构协助企业发行债券，提供发行便利和担保事务而设立的一种信托形式。它是公司信托业务的主要组成部分，在美国和日本，公司债信托一般就是指抵押公司债信托。

3）发行抵押公司债信托的意义

（1）为债券发行公司提供了举债便利

公司在发债之前，都必须使社会了解其经营及财务状况，以得到社会的信任，单家公司的实力是有限的，而借助信托机构的信誉就能提高公众对债券的信任度，证明该企业债券发行的合法性和可靠性。另外，发债企业可以利用信托机构的销售渠道推销更多的债券，扩大发行量，使发行者享受节税的好处，实现财务杠杆效应。再者，信托机构又可代办发行、还本付息等烦琐事务，节约公司人员的时间和精力。

（2）抵押公司债信托有利于保护债权人的利益

由信托机构作为债券发行受托人，债券还本付息的保障性增强。另外，信托机构也可以为债券发行提供保证、代理还本付息事宜等服务，为广大的投资者提供有保障的理财工具。在抵押公司债信托业务中，债权人即投资者对所抵押的信托财产有相应的抵押权，即在发行企业不能按时还本付息时，可以要求将抵押物拍卖。由于公司债发行的总金额原则上不超过抵押物的价值，因此在信托机构拍卖抵押物后，可以基本保障债券的偿还，这样投资人的风险就大大降低了。

4.2.2 抵押公司债信托的特点

1）发行抵押公司债信托以物上抵押权为信托财产

一般信托的信托标的物是可以转让或处分的财产权，范围极其广泛，凡可以转让或处分的财产权都可以作为信托财产。而抵押公司债信托的标的物仅以物上抵押权为限，而且发债公司提供的抵押担保品在范围上一般都有严格的限制。

2）发行抵押公司债信托实现了担保权人与债权人的分离

发行抵押公司债信托的抵押权归信托公司受托人所有，分散于社会中的各债权人只掌握着与其持券额相应的债权，其抵押权已转移到信托公司名下，债权和抵押权发生了分离，债权人为购券人或持券人，抵押权人为信托公司。而对于一般信托而言，若委托人移交受托人的信托财产是带抵押的公司债，那么受托人在信托成立时同时取得了法律上的债券债权和债券担保权，即公司债债权人和担保权人或抵押权人统一为受托人。

3）发行抵押公司债信托中的受托人一般不具有财产的所有权

一般信托中，委托人将信托财产交与受托人，受托人就拥有了财产的所有权，而发行抵押公司债信托则不同。一般情况下设立抵押权的担保品的所有权并不转移给受托人，受托人也不得处理这些起抵押担保作用的财产，只有在发债公司违约不偿付债券本息时，受托人才具有这方面的权利。

4）发行抵押公司债信托的受益人在设立信托时一般无法特别指定

一般信托通常在设立信托之际，委托人就特别指明了具体的受益人，且受益人均存在。而发行抵押公司债信托在设立之际，委托人无法指明具体的受益人，因为抵押公司债是依据委托人（发债公司）与受托人（信托公司）之间所订立的信托契约而发行的，在时间上信托的设立必然先于公司债的发行，所以不能事先确定具体的债权人，只能笼统地指明债权人为受益人。

5）发行抵押公司债信托是他益信托和私益信托

发行抵押公司债信托中的委托人（发债公司）并非为自己，而是为他人（全体公司债债权人）的利益而设立信托，所以它属于他益信托。同时，发行抵押公司债信托也不是为增加社会公共利益而设定的，所以它属于私益信托。

6）发行抵押公司债信托的受托人负有双重信托职责，办理两类信托业务

发行抵押公司债信托中的受托人同时对发债公司和公司债债权人负有双重信托职责，对债权人负有保管抵押品、保存并实行抵押权的职责；而一般信托中，受托人只代表受益人的利益。同时，在一般情况下，受托人承办的同一人同时委托的业务，要么是信托类业务，要么是代理类业务；而发行抵押债的公司通常总是同时把发行公司债信托业务和代理发行公司债业务委托或交由同一信托公司承办。

4.2.3　抵押公司债信托的基本程序

办理抵押公司债信托的基本程序如图4-1所示。

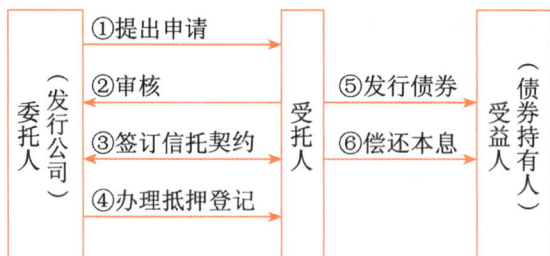

图4-1　抵押公司债信托的基本程序

第一步，发行公司向自己认可的信托机构提出申请，并按照信托机构的要求，提供必要的财务报表和材料，以便信托机构进行核实。抵押公司债信托的建立首先要由委托人即发行公司提出申请。发行公司可以根据自身的业务情况和经营特点，选择一家经营作风好、实力雄厚的信托机构作为受托人，委托后者代为办理发行债券事务。信托机构接到申请后，要求发行人提供必要的财务报表，如近几年的资产负债表、利

润表、现金流量表等,以便信托机构进行核实。

第二步,信托机构在接到申请后,必须对发行公司和发行公司债券的情况进行审核。由于信托机构要为委托人及受益人提供一系列的服务,因此,在接受信托之前也必须对发行情况进行认真核实。这一环节主要审核以下三方面的内容:

①公司的经营及资信状况。发行公司的经营及资信状况将直接关系到未来债券的还本付息,因此,信托机构要审核发行公司的职责执行情况、资信状况、管理经验、经营效益、未来的现金流动情况等,以判断债券发行的风险。

②审核债券发行情况。由于抵押公司债信托的基础是债券,因此信托机构要审核发行公司的债券发行是否符合有关法律及国家规定,是否经过相关部门的审批。信托机构也要对债券总额和面值、利率、偿还方法、偿还期限、发行价格以及已募公司债的偿还情况等进行认真考察和研究。

③核实抵押财产。信托机构要对抵押物品的真实情况进行认真审核,包括抵押品的种类、形态、现状、价值等。

第三步,信托机构在对债券发行的有关情况认真审核后,认为可以接受这项信托业务,方可与发行公司签订抵押公司债信托契约。信托机构和发行公司经过相互选择后,确定采用这一信托方式的,双方就要进行信托契约有关条款的磋商。抵押公司债信托契约的主要内容有:

①一般性条款。这些条款与其他的信托契约相似,在契约的开头一般都是有关日期、双方名称、签字、盖章、债券所有人以及受托人关于证实自己已取得了抵押品一定权利的证明等内容。

②抵押物品条款。这一条款是抵押公司债信托契约中十分关键的条款,它规定了抵押物品应转让给受托人代为保管。此处应详细列明抵押物品的种类、数量、价值和存放地点等。

③债券证实条款。发行公司的特定人员签发一个移交指示,证明信托机构取得了抵押品的一定权利。

④其他条款。其包括其他一些相关的债券及抵押品的处理事项的规定。双方在契约上签字后,信托关系正式成立。

第四步,在签订信托契约后,发行公司应立即办理有关抵押品的所有权转移手续,信托机构只有在完全掌握了公司债券的抵押物品之后,才能充分行使受托人之责。由于信托财产是发行公司债券所抵押物品的抵押权,因此债券发行人需要将抵押财产按照信托契约的规定转到受托人的名下,使其能够在发行公司违约时马上对抵押财产进行处理。

第五步,发行公司债券。信托机构在办理完抵押品的相关手续后,可以协助发债企业发行债券。抵押公司债信托发行一般采用公募形式,即由信托机构或承销银团先将公司债券承销下来,再公开向社会公众销售并募集债款。在这一过程中,委托人要尽快交付债券,即将已证实的债券尽快从印钞公司提取,交给承销团。承销团通过包销、助销和代销三种方式向社会销售债券。信托机构也可以在销售中起辅助作用。

第六步，发行公司偿还利息并到期支付本金。债务人授权受托人执行债券的利息支付和本金交付工作。受托人应严格按照信托合同与债务人的指示在规定的时间向债券持有者支付本息。当本息结清后，信托宣告结束。

一旦债务人出现违约，信托机构就要行使抵押财产的抵押权，召开债权人大会，商讨债务处理的对策，并负责对财产进行拍卖，用所得款项来偿还债权人的本息。

4.2.4　抵押公司债的种类

1）开放抵押型公司债和闭锁抵押型公司债

根据抵押方式的不同，抵押公司债可分为开放抵押型公司债和闭锁抵押型公司债。开放抵押型公司债是指发行公司与信托机构在缔结信托契约时，先确定公司债的发行总额，并设定以同一资产为抵押的公司债信托，发行公司有权在原定公司债总额的限定内，分数次发行附有同一顺序抵押权的公司债。闭锁抵押型公司债是指在发行抵押公司债时，发行公司按信托契约所定的公司债总额一次性发行完毕，该信托所提供的抵押只能作该公司债抵押之用，日后不得以同一抵押发行其他公司债。

2）以实物财产作抵押的公司债和以有价证券作抵押的公司债

根据抵押担保品的不同，抵押公司债可分为以实物财产作抵押的公司债和以有价证券作抵押的公司债。以实物财产作抵押的公司债是指以不动产即房地产的产权，或者大型机械设备、交通工具等实物财产作抵押，由信托机构发行的公司债。以有价证券作抵押的公司债是指以有价证券作抵押，通过信托机构发行的公司债。这里的有价证券是指其他公司的债券、股票，特别是政府债券。政府债券由于信誉高、风险低、流动性好，成为信托机构承办有价证券抵押公司债发行的首选抵押物。

3）第一顺序担保权公司债券、第二顺序担保权公司债券和第三顺序担保权公司债券

根据债券物上担保权的顺序不同，抵押公司债可分为第一顺序担保权公司债券、第二顺序担保权公司债券和第三顺序担保权公司债券。第一顺序担保权公司债券是指在债券的清偿顺序中，债权人拥有首先获得支付的权利。第二顺序担保权公司债券、第三顺序担保权公司债券又称为次级顺序担保权公司债券，它们对债务的清偿处理在第一担保权公司债券之后。

4）可随时收回的债券、设立偿债基金的债券、可转换债券、定息债券与分红债券

根据公司债券的还本付息方式的不同，抵押公司债可分为：

（1）可随时收回的债券

该债券虽明文规定了借债期限，但是发行债券的公司有权根据其自身的经济实力以及市场筹资成本的变化提前清偿债务、赎回债券。

（2）设立偿债基金的债券

由发行公司按规定每年从经营盈余中提取一定比例的偿债基金，并逐年积累，待

债务到期时一次性支付。

（3）可转换债券

这是一种可以按一定条件转换成公司股票的债券。债券持有人有权按照自己的判断在适当的时机将债券转换成股票。如果债券持有人预计该公司的股票收益率可能上升并超过债券收益率，就可以按规定的条件将债券转换成股票；如果预计该公司的股票收益率低于债券收益率，债券持有人可以一直持有债券获取稳定的债券利息收益。

（4）定息债券与分红债券

定息债券是指按规定给付固定利息的一种债券。分红债券也有固定的利息，但是这种债券在企业盈利大幅增加时可使投资者享受额外的好处，即投资者除了获得固定债券利息外，还可以按比例参与红利分配。这对投资者来说无疑是很有吸引力的。

知识链接4-1

信托资产
证券化模式

4.3　商务管理信托

4.3.1　商务管理信托概述

1）商务管理信托的含义

商务管理信托也称表决权信托，是由公司全体或多数股东将其所持股票的商务管理信托给信托机构，由后者在信托期间行使表决权的信托。

收益权和表决权在正常情况下都是由股东本人来行使的，但有时由于股东精力有限或者出于其他原因，股东可以推举某个信托公司为受托人，将其所有股票过户给信托公司，交由其保管，并代为行使表决权。信托机构一般要签发"商务管理信托证书"，并与原股东订立协议，声明原股东对公司仍享有除投票权以外的其他应有的股东权利。

2）设立商务管理信托的目的

（1）保护小股东利益

在股份公司中，单个股东参与公司经营管理的能力依赖于其所占有的股份，股份比重的高低决定了单个股东对公司经营管理决策的影响力的大小。大股东所占股份多，很有可能会利用其决策权侵占股份公司利益，从而损害小股东的利益。通过表决权信托，小股东的股份得到集中，信托投资公司代表小股东选派董事或代表，从而有效地控制了大股东的不当行为，保护了小股东的利益。

（2）改善公司组织管理

一般来说，许多股东对管理并不在行，他们投资企业的主要目的是获得收益。因此，为了更好地实现对公司的有效经营，可以将股东的投票权利与享受股息的权利分割开来，将公司的管理权集中于熟悉商情、善于行政管理的人手中。

（3）保证公司经营方针、作风的连贯性

股份公司的经营管理人员由股东大会选举产生的董事会招聘，都有一定的任期，任期满后进行改选，特别是在股东频繁变换的情况下，对公司的经营就缺乏控制，导

致公司的管理层人员经常变动。而决策人员的变动，必然会影响公司的经营方针和管理方法，不利于公司长远规划的顺利实施。如果把选举权委托给信托机构，则可以减少股东的变动，有利于企业的持续发展。

（4）防止其他企业对本企业的控制

现代企业竞争激烈，随时都会面临被收购或兼并的威胁，特别是中小企业。如果引进商务管理信托，将多数股东的权利集中给信托机构代为行使，就可以防止竞争者在市场上大量收购公司的股权而获得本公司的控股权。

（5）协助企业重整

在股份公司经营不善面临倒闭风险时，更需要有专业人才和可靠的经营人员来改进经营管理，振兴业务。这时可以利用商务管理信托集中股权，为公司走出困境赢得一段宝贵的时间，从而改善经营，缓解危机。

（6）保障投资者的权益

信托机构在商务管理信托中要以股东权益的最大化作为基本目标，尽职地为股东实现企业的合理经营，使财富增值，这样可以使股东获得更多的收益。

3）商务管理信托的表决权范围

表决权信托合同生效后，受托人因持有作为信托财产的股份可以向上市公司主张股东所拥有的全部权利，具体的权利范围为：

①依照其持有的股份份额对股东大会的各项决议事项行使表决权。

②依照法律、上市公司章程的规定推荐董事、监事以及其他管理人员，参加或者委派代理人参加股东会议。

③对上市公司的经营行为进行监督，提出建议或者质疑。

④依照法律、上市公司章程的规定获得有关信息。

但是受托人不得行使下列权利：

①转让、赠与或质押其所持有的信托财产。

②上市公司终止或者清算时，受托人按其所持有的股份份额参加公司剩余财产的分配。

③未经委托人书面特别授权而对上市公司的合并、分立、解散和清算等事项进行表决。

4.3.2　商务管理信托的特点

1）收益权和表决权相分离

商务管理信托将股东的收益权和表决权分离，这是商务管理信托区别于其他信托的最为重要的地方。公司全体或多数股东推举信托公司为受托人，将其持有的股票过户转移至受托人名下。在信托期内，所有权与受益权归原股东，经营权或表决权则由信托机构代为行使。

2）信托机构能够独立行使表决权

在商务管理信托中，信托机构完全取得股东的表决权，以自己的名义参加股东大会并行使投票表决权。受托人的行为只要不违背委托人的意愿和信托目的以及法律的规定，便可以"自由"行使投票权，委托人和受益人不得随意干涉受托人的活动。

3）商务管理信托具有不可撤销性

由于商务管理信托的委托人是分散的，各人的意思表示可能会有不同。为了维护信托关系的稳定，一旦信托成立，在表决权信托期间，除非全体当事人同意，否则不允许一方当事人任意撤销。信托目的实现后，委托人才可依信托协议要求返还股票，并收回对公司的表决权。但委托人即原股东持有的信托机构签发的"股份表决权信托收据"在信托期间可以像股票一样自由流通转让。

4.3.3　商务管理信托的程序

商务管理信托通常应遵循的程序如图 4-2 所示。

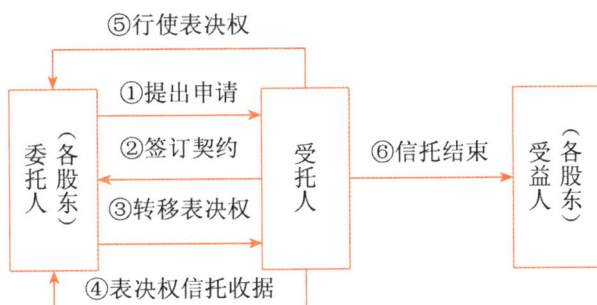

图 4-2　商务管理信托（表决权信托）流程

1）由分散的股东联合向信托机构提出申请

无论在何种情况下，这种信托的特点在于分散的股东一起向信托机构提出申请，因为他们为了同一个目的，那就是集体行使表决权，是一种联合行动。一般信托的设立，委托人可以是单独一个法人或者自然人，但股票表决权信托的委托人至少是两个人。

2）签订表决权信托契约

由表决权受托人与有关股东，有时甚至包括所属的公司，共同缔结一个表决权信托契约，该信托契约必须包括以下一些重要内容：

①表明此信托的目的是当事人与公司的利益，采取联合行动而设立，并且载明所有股票持有者的姓名。

②规定股份转移给表决权受托人的条款，交付信托的股份需列入受托人名下。

③规定受托人的权限与责任，以及"股份表决权信托收据"持有人的权限。

④规定受托人的辞任、继任事项以及表决权信托的修正办法。

⑤规定表决权信托的期限与终止事项。

3）股东将股票表决权转移给受托人

委托人必须转移股票在法律上的权利，且将股票交付给受托人，将转移情况登记在股东名册上，并注明"表决权信托"字样。

4）受托人将"股份表决权信托收据"交付原股东

受托人将"股份表决权信托收据"交付原股东，此时即可认为，表决权信托关系已经合法成立。"股份表决权信托收据"的持有者可享有股东所享有的除表决权之外的其他一切权利，通常这种凭证以原股东的名义登记，并且可以与股票一样进行流通转让。

5）受托人根据信托契约赋予的权限行使表决权，执行信托合同

表决权信托的受托人行使其表决权时，必须遵照信托契约赋予的权限办理，如需对某些特定行为进行表决，应首先征得原股东同意，明确受托人可以行使哪些权利，不能行使哪些权利，要根据各国的法律及表决权信托契约的规定来办理。一般来说，受托人行使表决权，不能对被委托的股份表决权有任何不利的影响，不能对公司股份的增加、重组等事项进行表决；不能对资产的出售、公司的解散等损害股东利益的事项进行表决。

6）表决权信托结束

表决权信托的期限因信托的具体目的不同而有所不同，如在企业改组时的信托，一般规定企业改组完成，债务得到清偿，信托关系即可结束。

目前，商务管理信托对于改善我国公司法人治理结构，解决国有股独大、所有权虚置、经营机制不合理等问题都具有重要的现实意义。

4.3.4 商务管理信托的成立要件

商务管理信托的成立一般要符合三个要件，即采取书面形式、不能超期和进行登记与公示。

1）采取书面形式

由于商务管理信托涉及公司股东的权益，较为重要，而信托的内容比较复杂，要求有确定性，所以一般法律规定必须采取书面形式加以确立。

2）不能超期

商务管理信托的期限一般不超过10年。期限届满时，商务管理信托合同自然终止，但是可以办理延长手续，由当事人在约定的商务管理信托期限届满时续订合同，每次延长期限为10年。

当然，所有同意延期的股东必须在合同书上签字，以表明其同意延长。延期合同的效力只对签字人产生作用，而反对延期的人有权在原定的商务管理信托期限届满之日收回其股份。

3）进行登记与公示

根据规定，股东将股票交给受托人时要在公司股东名册上登记此事，并注明"商务管理信托"字样。受托人在签发"商务管理信托证书"后要出具一份商务管理信托的受益人名单，连同信托协议副本送交上市公司备案。

商务管理信托的登记与公示具有重大的意义：

第一，登记与公示为商务管理信托的变动提供法律基础，只有在登记时才发生商务管理信托变动的后果。

第二，为持续不断的权利交易提供客观公正的保障。公示所提供的信息具有普遍信服的公信力，以一种公开的方式让人们知道在该股份上有商务管理信托的存在，从而消除在该股份交易中的风险。

4.4 动产信托

4.4.1 动产信托概述

1）动产信托的含义

动产信托是由设备的所有者或制造商作为委托人，与作为受托人的信托机构签订信托协议，将设备信托给信托机构，并同时将设备的所有权转移给受托人，由受托人将设备出租或以分期付款的方式出售给资金紧张的设备使用单位的一种信托。设备信托是一种以管理和处分动产为目的的信托，在本质上起到了融资的作用。

2）动产信托的标的物

动产信托的标的物，通常是价格昂贵、资金需要量大的产品。在现实信托领域中的动产信托的标的物，主要包括大型机器、设备等，如铁路车辆、轮船、大型计算机、炼钢厂的主要设备等。通过动产信托，不论对于这类产品的生产者、销售者（通常是动产信托的委托者），还是产品的用户，都有许多好处，能为产品的生产和设备的购买企业提供长期的资金融通。

3）动产信托的意义

动产信托的意义可以从设备生产商和用户两个角度进行分析。

从设备生产商角度看，运用动产信托的优点包括：

①扩大销售。在客户资金不足的情况下，动产信托可以采用分期付款的方式扩大客户对动产设备的需求，让企业能更多地销售产品。

②降低成本。在动产信托业务中，信托公司可以代委托人办理延期收款等事务，大大减轻厂家自己销售的负担。

③及时收回资金。企业可以通过在市场上出售"信托受益权证书"，尽早收回动产的款项。

从用户的角度看，运用动产信托的优点包括：

①减少一次性投资。在动产信托中，用户可以通过支付租金或分期付款的形式取得设备的使用权，甚至所有权，大大缓解因自有资金不足而无法购买设备的困难。

②还款方式灵活。用户可以选择多种方式，如以交纳租金或以分期付款的形式来偿还货款，还款期限也较长，一般可达5~10年。

③增加收益。利用动产信托，能节省通过借款和发行债券筹资而取得设备的利息成本，从而达到同样的效果。这是因为有些国家规定，用户分期付款的利息和费用可以作亏损处理，可以免税。另外，用户也能利用设备投产后的收益、折旧费用等资金来源有计划地偿还货款。

4.4.2 动产信托的种类

1）根据所运用的信托财产的不同划分

动产信托的信托财产主要是大型的机器与设备，所以根据所运用的信托财产的不同，动产信托可以分为运输设备信托和机械设备信托。

（1）运输设备信托

运输设备是动产信托中运用较多的财产。运输设备信托可分为车辆信托、船舶信托、飞机信托等。在运输设备信托中，首先由信托机构从运输设备制造商处接收运输设备作为信托财产，然后租给运输设备用户并收取一定的租金。用户缴纳租金的期限一般是在10年以上，并且在租金付清后，运输设备就归其所有，所以说，动产信托实际上是一种销售合同。在运输设备信托中运用最早的是铁路车辆信托，其目的是铁路公司利用信托形式来购买车辆，一般的做法是铁路公司在10~15年内分期付款交纳租金，到期时车辆归铁路公司所有。后来造船企业通过船舶信托的方式来销售船舶，及时收回资金。目前船舶信托已成为动产信托最主要的业务。

（2）机械设备信托

机械设备信托中的机械设备一般仅限于能够独立运用（不允许其零部件和其他设备组装在一起），并具有相关的价值，不易变质的设备，主要包括建筑机械、机床、医疗器械和计算机等可以独立使用、单位价值相对较高的设备，其中计算机信托成为动产信托中的第二大种类。

2）根据信托机构在动产信托中是否为信托当事人提供融资划分

依照这一标准，动产信托可以分为服务性动产信托和融资性动产信托两种。

（1）服务性动产信托

在服务性动产信托中，信托机构只对财产进行管理、维护等，不垫付资金，只收取手续费。

（2）融资性动产信托

在融资性动产信托中，信托机构在促成设备、物质的销售或转让的同时，还为委托人或购买方提供融资，在实际业务中，动产信托大多既有融资性又有服务性。

3）根据对动产的不同处理方法划分

按照对动产的不同处理方法，动产信托可分为管理型动产信托、处理型动产信托和管理处理型动产信托三种，这也是动产信托最基本的分类方式。

（1）管理型动产信托

管理型动产信托是指委托人将动产的所有权转移给信托机构，由信托机构按信托文件的约定对动产进行出租，并在出租过程中实施管理，所获收入扣除信托费用后作为信托收益支付给受益人的动产信托形式。管理型动产信托的信托事务处理行为是设备的出租及租赁管理，因此管理型动产信托又称出租型动产信托或出租型设备信托。在管理型动产信托中，受托人与设备租用方之间的关系与传统的设备租赁相同，租用方使用设备，支付租金，到期返还设备，只是管理型动产信托比传统设备租赁业务中多了一项信托业务，受托人是按信托文件进行设备处理，并将信托收益支付给受益人。

（2）处理型动产信托

处理型动产信托是指信托机构接受设备所有者的委托，以分期付款等方式将设备出售给用户的一种动产信托形式。处理型动产信托与管理型动产信托的区别在于：一是两种信托事务处理行为不同，处理型动产信托是出售设备，及时收回货款，而管理型动产信托是出租设备；二是设备转让方式不同，处理型动产信托的设备所有权一开始就直接转移到使用者手中，而管理型动产信托的设备所有权则转移到信托机构。

（3）管理处理型动产信托

管理处理型动产信托是动产信托的最基本类型，它是指委托人将动产交由信托机构，信托机构将动产以租赁的方式经营，信托终了时由设备使用者购入的一种动产信托形式。管理处理型动产信托实际上是管理型动产信托和处理型动产信托的综合，信托机构不仅负责动产设备的出租及管理，又要负责动产设备的出售。在整个信托期间，动产设备的使用者只有设备的使用权，设备的所有权一直属于信托机构，只有在信托期终了，由设备使用者购入设备后才取得所有权，但此时一旦设备购买行为发生，管理处理型动产信托也基本结束，信托机构只剩下信托收益的支付问题了。

根据融资方式不同，管理处理型动产信托又可分为两种方式：

①出让信托受益权证书方式。信托受益权证书是一种由信托机构根据设备厂商转移的信托财产开立的有价证券，持有者可以在金融市场上转让，到期可凭此证书要求信托机构偿还本金并支付利息。

在出让信托受益权证书方式的动产信托中，信托机构在接受委托人的动产设备后，签发信托受益权证书给厂商，后者通过在市场上将信托受益权证书出售给社会投资者从而收回货款。

②发行信托证券方式。信托证券是由信托机构向社会投资者发行的一种有价证券，筹措的资金用于支付生产厂商的货款。

在发行信托证券方式的动产信托中，信托机构直接向社会公众发行信托证券筹集资金，先支付生产厂商的货款，再通过定期收回租金的方式向社会投资者支付证券的本息。与出让信托受益权证书方式相比较，这种方式可以免去生产厂商在市场上寻找社会投资者的麻烦，可以更快地保证货款的回笼。

4.4.3 动产信托的操作程序

这里主要介绍管理型动产信托、处理型动产信托和管理处理型动产信托三种不同方式的动产信托的操作程序，重点介绍管理处理型动产信托的操作程序，因为在动产信托事务领域，管理处理型动产信托是最具有普遍意义的。

1）管理型动产信托的操作程序

管理型动产信托主要是由信托机构帮助生产企业完成设备的出租。其操作程序如图4-3所示。

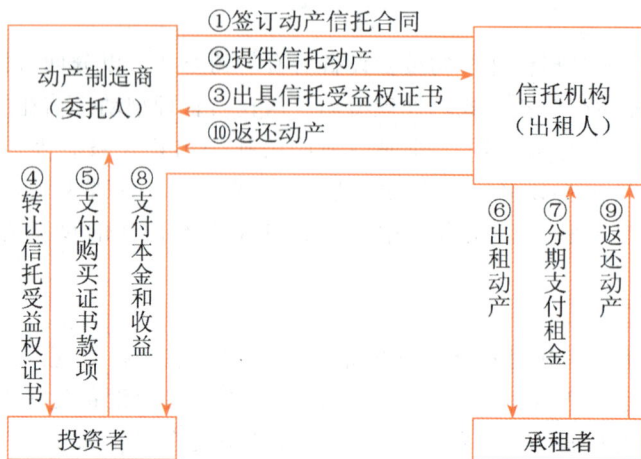

图4-3　管理型动产信托的操作程序

2）处理型动产信托的操作程序

处理型动产信托主要是由信托机构帮助生产企业完成设备的出售。其操作程序如图4-4所示。

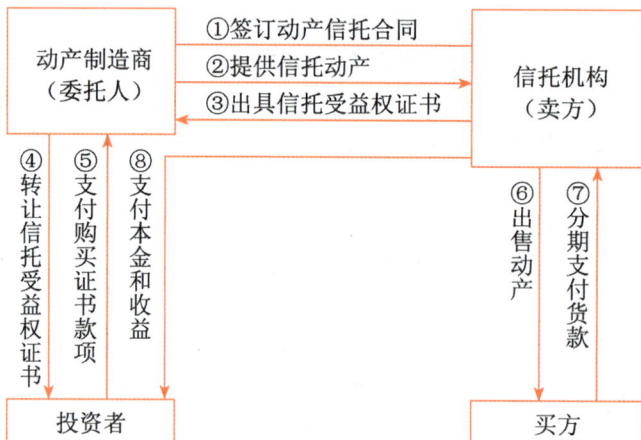

图4-4　处理型动产信托的操作程序

3）管理处理型动产信托的操作程序

（1）出让"信托受益权证书"的动产信托的操作程序

出让"信托受益权证书"的动产信托的操作程序如图4-5所示。

（2）发行"信托证券"的动产信托的操作程序

发行"信托证券"的动产信托的操作程序如图4-6所示。

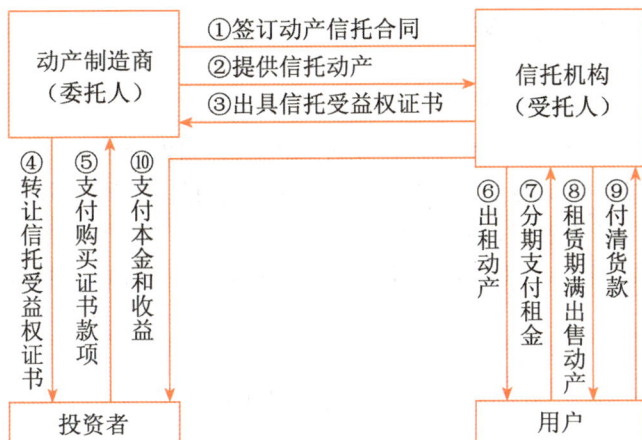

图4-5 出让"信托受益权证书"的动产信托的操作程序

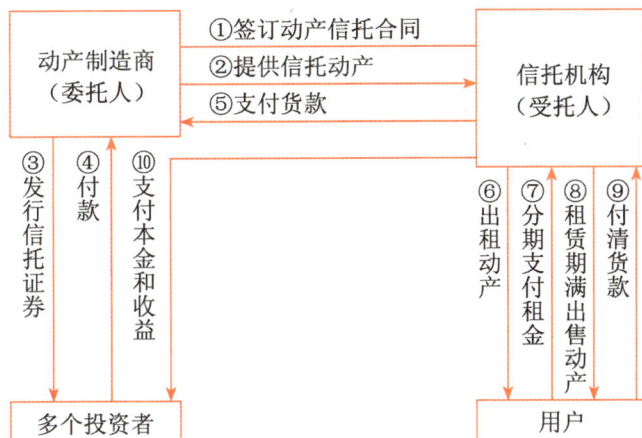

图4-6 发行"信托证券"的动产信托的操作程序

4.5 不动产信托

4.5.1 不动产信托概述

1）不动产信托的含义

不动产信托，就是不动产所有权人（委托人），为受益人的利益或特定目的，将所有权转移给受托人，使其依信托合同来管理运用不动产的一种法律关系。它是以不动产，如建筑物、土地（不含耕地）等作为信托财产，由受托人按照信托合同，将不动产通过开发、管理、经营及处分等程序，提高不动产的附加价值，并最终将受托成果归还给受益人的信托业务。

在不动产信托中，通常受托人代为管理和处理的业务是多种多样的，如不动产的买卖、租赁、保险，有价证券或不动产的登记、过户、纳税，房屋水电费的代付，法律手续的代办等；此外，还可受理土地的丈量，建筑物的设计和绘图，建筑工程的承包，不动产的鉴定、评价等业务。在不动产信托中，委托人转移的财产，其初始状况为实物形态的不动产，但在信托终了时，信托财产可能会以货币、证券等形式出现，具体情况以信托合同的约定为准。

2）不动产信托的意义

（1）免除了不动产业主因专业知识不足而遭受经济损失的风险

不动产的管理和处分，需要有一定的专业知识，如识图、用图的知识，土地面积量算知识，土地经济评价与土地估价等知识。如果委托人（即业主）本人亲自管理和处分，由于认识水平的限制，极易蒙受损失。通过不动产信托方式，可以利用信托机构专业人才的丰富经验，以及信托机构的规模和信誉，免除上述风险并收到较好的效益。

（2）为改良不动产提供了资金的方便

如果业主对部分土地需要开发利用，即在其土地上新建或增建建筑物，但是受资金缺乏的困扰，就可将其原有土地或土地使用权以抵押的方式作为担保物，发行不动产债券，为不动产改良提供资金。

（3）提供信用保证，实现不动产的销售

在不动产的销售过程中，如果买方资金不足或卖方对买方的信用不够了解，就会阻碍交易。如果将财产所有权转移给受托人，并从受托人处获得融资或信用担保，就能最终实现不动产的销售。

4.5.2　不动产信托的特点

1）为小额投资者提供机会

为了筹措资金，不动产投资信托机构可出售不动产投资信托受益权证书，这种证书就相当于一种有价证券。小额投资者通过购买这种证书，可实现其投资不动产的愿望。

2）由专家进行管理

不动产信托可以发挥具有丰富经验和知识的专家的管理能力，而委托手续费仅占不动产投资信托总费用的很小一部分，大部分收益都会到达直接投资者手中。

3）流动性

不动产信托的受益权证书是可以流通的，在各种交易所里都可以进行交易，这是不动产投资信托的最大优点。不动产投资信托使不动产投资证券化，从而使不动产投资的流动性大大增强。

4）投资资产的多样化

大多数不动产投资信托机构的投资方针是实现投资资产的多样化，包括资产种类的多样化和区域分布的多样化。这就使信托机构有可能以某些地区或种类的不动产价格的上扬所带来的收益补偿其他地区或种类的不动产价格的下跌所带来的损失。不动产信托投资资产的多样化使得不动产投资信托不易遭受经济上的打击，减少了投资者的风险。

5）可能享受税收上的特别优惠

美国联邦税法规定，在满足严格限定的某些条件的情况下，对不动产投资信托机构不征税，而只在信托机构分配收益给各个投资者时，对投资者征收个人所得税。

4.5.3　不动产信托的种类

不动产信托的分类方法很多，而且中外分类的标准也有很大差异。

1）房屋信托和土地信托

根据信托财产的不同类型，不动产信托可分为房屋信托和土地信托。

（1）房屋信托

房屋信托，也称房地产信托，是建筑业者将自己承包建造的房产委托给信托机构，领取信托受益权证书。房屋使用者从信托机构那里租借房屋，并按期向信托机构交付租赁费。在房屋的总价款全部支付完后，房屋信托便告终结，房屋所有权即转移给使用者。这种信托方式多在生产厂家欲扩大生产规模，而不具有承担厂房和职工住宅建设资金力量时所采用。房屋信托的业务种类较多，如委托房屋买卖信托、委托房屋租赁信托、委托房屋估价信托、房屋投资信托、房屋开发信托等。

（2）土地信托

土地信托是在日本发展起来的一种土地开发信托，是针对地价不断上涨、遗产继承税增加而采取的一种有效措施。土地信托即土地所有者为了有效利用土地，获取收益，将土地委托给信托机构，由信托机构按信托契约的规定，筹集资金建造房屋，并对所建房屋进行管理与经营的一种方式。土地信托的目的在于有效利用土地，土地所有者并没有放弃土地所有权，而是通过信托机构的管理获取更多收益。大部分的土地信托年限为30~50年。

根据信托机构在土地信托中的作用和具体操作方式的不同，可将土地信托分为发行"分割证书"的土地信托和"分块出售"的土地信托两种。

2）融资性不动产信托和服务性不动产信托

根据信托部门是否提供融资服务，不动产信托可分为融资性不动产信托和服务性不动产信托。

（1）融资性不动产信托

融资性不动产信托是指信托投资机构受托将委托方的不动产转让或出售给购买方时，为购买方垫付款项，购买方可以分期付款定期归还给信托投资机构。信托投资机构为了保证垫付款项的收回，一般可要求购买方按照按期付款的期限及金额向其开户行申请开具相同期限与金额的银行承兑票据或要求购买方提供担保。

（2）服务性不动产信托

服务性不动产信托是指信托投资机构为不动产购销双方在转让、出售过程中代为办理有关手续和监督付款，提供中介信用保证，而不是提供融资性服务。此时信托公司监督购销双方在交易中按照合同规定交货付款。

3）传统的不动产信托和开发性不动产信托

国外的不动产信托分为传统的不动产信托和开发性不动产信托。

（1）传统的不动产信托

传统的不动产信托主要包括第二次世界大战以前发展起来的宅地分块出售、不动产管理以及第二次世界大战后发展起来的中介业务、公寓分宅出售、合作业务、鉴定业务、海外不动产业务等。

以上传统业务又可分为管理信托和处分信托。管理信托是指代收地租或房租一类的信托。这种信托有时还要承担交付固定资产税、房屋火灾保险费以及修缮房屋等工作。处分信托是指出卖土地或建筑物等的不动产信托。

（2）开发性不动产信托

开发性不动产信托是发达国家出现的不动产信托的新形式，它是指涉及土地开发环节或房地产开发环节的不动产信托，表现为不动产流动性信托、不动产投资信托、土地信托等。不动产流动性信托实际上是通过资产证券化手段开展的不动产信托业务，而不动产投资信托实际上是一种集合资金信托业务。

我国信托业界所称的房地产信托或不动产信托，大多数情况下指的是信托资金运用于房地产开发的资金信托业务，主要分为委托类业务、代理业务、租赁业务、兼营业务等。

4.5.4　不动产信托的操作流程

本书主要介绍发行"分割证书"的土地信托和"分块出售"的土地信托这两种主要的不动产信托的操作流程。

1）发行"分割证书"的土地信托的操作流程

发行"分割证书"的土地信托是指委托人将土地委托给信托机构，由信托机构掌握土地的产权（或使用权），然后发行土地的"分割证书"，购买者成为该块地产的共同所有人。由于土地产权（或使用权）分散于"分割证书"持有人手中，土地又未向土地管理机关办理分割和分户，此时仅是将原整块地产过户给信托机构，由信托机构代各"分割证书"持有人掌握，而原业主出让部分土地的产权（或使用权）从信托机构取得资金后，与信托机构签订长期租赁契约，以租用的方式在分割出去的土地上建设房屋，其操作流程如图4-7所示。

①委托人即土地的所有者要与信托机构签订土地信托合同。信托机构和委托人对信托的条件、具体做法（如发行的"分割证书"是否收回；如果收回，方式怎样）等内容必须在充分协商后才能签订信托合同，以保证信托合同的顺利实施。

②信托机构在与土地所有者签订土地信托协议后，要进行土地权利的转移登记和信托登记。

③信托机构获取土地后，要向土地委托人签发信托证书，用以证明土地所有者取得了土地信托的受益权。

④信托机构根据信托协议发行土地的"分割证书"，并向社会投资者销售。投资者作为第二位的受益人，对土地的"分割证书"在仔细分析的基础上，会像投资于其他有价证券一样进行操作，目的是赚取利润。

⑤信托机构在发行土地"分割证书"的同时，会收回卖出"分割证书"的资金。

⑥信托机构把发行土地"分割证书"收回的资金返还土地的所有者，同时，委托人会采用租用的办法，租回部分土地进行开发建设或者土地的所有者在条件许可的情况下留出一部分土地用于在收回发行"分割证书"的资金后进行开发。

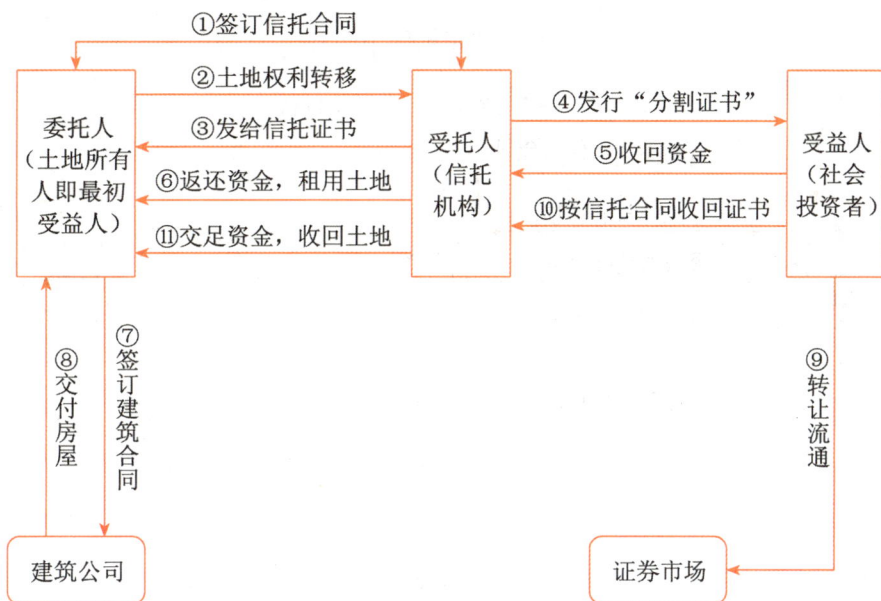

图4-7　发行"分割证书"的土地信托的操作流程

⑦土地的所有者在有了可开发的土地与资金后要寻找合适的建筑公司，谈妥条件后同建筑公司签订建筑合同，并交纳部分建筑费。

⑧建筑公司根据建筑合同把建设好的房屋在土地的所有者交足建设费用后交付给委托人。

⑨社会投资者在购买了土地的"分割证书"以后，可以把它投入证券市场或直接在社会上转让流通。这是在发行不能收回的"分割证书"的情况下进行的。如果信托机构发行的是可收回的"分割证书"，那么就要按照信托的约定由信托机构收回。

⑩信托机构利用土地所有者交回的资金，依照信托合同的规定收回土地的"分割证书"，投资者得到其应得的租息收入。

⑪土地所有者在交足资金后，完全收回土地的产权（或使用权）。

信托机构经办的这种发行"分割证书"的土地信托，既能满足土地所有者因缺乏资金但又想自己开发的要求，又能保障土地"分割证书"持有者的利益。

2）"分块出售"的土地信托的操作流程

"分块出售"的土地信托是指委托人将土地交给信托机构经营，在房屋建成之后，信托机构将土地与建筑物一并出售，从分块出售的价款中扣除建筑成本、借款利息以及出售时发生的各项费用及信托报酬，将剩余收益作为信托红利交给受益人的一种做法。其操作流程如图4-8所示。

①信托机构要与委托人即土地所有人签订基本土地信托合同。首先，受托人对将信托的土地进行详细调查，包括土地及周围的地域环境、城市规划法及建筑法的有关限制条件、租赁业市场状况、土地的最有效利用方式等在调查的基础上按照委托人的

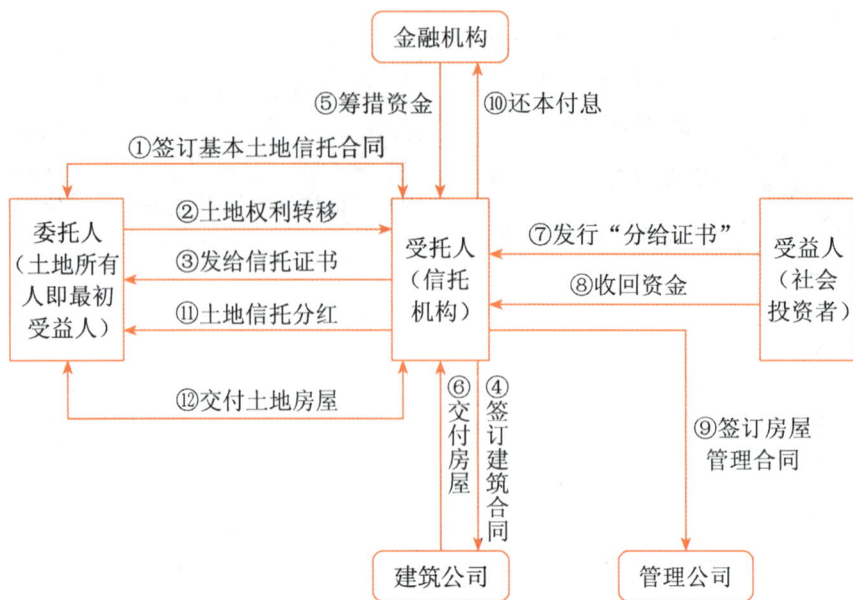

图4-8　"分块出售"的土地信托的操作流程

意图，做好计划。受托人一般要与委托人签订土地信托的基本协定，但也有的直接签订土地信托合同。

②信托机构与委托人签订正式的土地信托合同。受托人就土地信托的内容及受托条件等与土地所有者进行充分的协商，在最终取得一致意见后，与土地所有者签订土地信托合同，接受土地的信托，进行土地所有权的转移登记和信托登记。

③信托机构获取信托土地后，向土地受托人签发土地"信托受益权证书"，土地受益人同时取得信托受益权，成为信托受益人，土地信托受益权可以让渡，它的让渡价格以不动产的价格为基准。按照《信托法》的规定，受托人必须按信托意图对信托财产进行善意管理，如果受托人尽了善意管理的义务，信托的最终风险要由受益人承担。事实上，对于精通不动产业务的信托机构，通过对租赁业的市场调查，进行预测、计划并严谨地实施，信托财产发生损失的情况很少。另外，由于采用租赁方式，在经营不发生亏损的范围内，定期获得的租金收入可以保障受益人获得稳定的信托收益。

④信托机构选定一家建筑公司，签订建筑承包合同。

⑤信托机构从金融机构借入资金，用于建造房屋。

⑥信托机构向建筑公司支付建筑费用，待建筑物完工后，建筑公司向信托机构交付房屋，同时还需办理建筑物的所有权保存登记和信托登记。

⑦信托机构向社会告知房屋的出租和出售事宜，募集房屋的使用人。如果是采用租赁方式，信托机构还必须与承租人签订租赁契约，发行"分给证书"，要求承租人缴纳押金、居住保证金。

⑧如果是出售建筑物，则与购买人签订买卖合同，及时收回资金。

⑨受托人与管理公司签订关于建筑物维护和管理的合同，对建筑物进行管理。

⑩信托机构用租赁收取的租金或出售得到的款项，支付税金、利息、火灾保险费、管理费等之后，偿还金融机构的借款本金和利息。

⑪信托机构在支付各种费用偿还银行借款之后，在信托契约规定的决算日进行决算，扣除信托酬金，剩余的作为信托红利交给土地所有人。

⑫受托人在信托终了时，在得到受益人的认可后，把信托财产以现有状态交给受益人。同时受托人与承租人的租赁合同与管理公司的管理合同可以一并转移给受益人。最后要取消土地、建筑物的信托登记，把所有权登记到受益人名下。

知识链接 4-2
信托贷款财产抵押契约

4.6　雇员受益信托

4.6.1　雇员受益信托概述

1）雇员受益信托的含义

雇员受益信托是指公司为雇员提供各种利益的信托，公司定期从雇员的工资及公司利润中扣除一定比例的资金，委托给信托机构加以管理和运用，实现的信托收益由公司雇员享受。雇主设立这种信托旨在通过这些真正有益于职工的行为来达到调动员工的积极性、使员工更好地为雇主服务的目的。

2）雇员受益信托的目的

雇员受益信托最早出现在美国，在市场经济快速发展、市场竞争日益激烈的形势下，企业为了吸引优秀人才，激发雇员的积极性，提高劳动生产率，从而引进了雇员受益信托。之后，各国制定了相关的制度与法令，并改革了相应的税法，通过雇员受益信托可以享受税收的优惠，这些都成为促进雇员受益信托迅速发展的直接动力。

雇员受益信托的直接目的是雇员利益，改善职工的福利，最终增加公司收益。具体来说，它对各方都有很大的益处。

（1）雇员受益信托对企业的益处

①提高员工的福利，如通过养老金信托等为退休员工提供生活上的保障；

②享受税收优惠；

③员工可以一起分享利益，促进和谐的劳资关系的建立；

④让员工无后顾之忧，可安心上班，激发雇员的积极性；

⑤留住优秀雇员，提高员工的凝聚力，减少人才流失。

（2）雇员受益信托对员工的益处

①享受企业福利，提高薪水的相对水平；

②每月从员工工资中提出一定比例的资金，对员工产生一种自我约束的功能；

③员工通过养老金信托，增加退休时的可用资金，安享退休生活；

④资金由信托机构集中管理运用，降低交易费，分散投资并降低风险；

⑤可以享受信托机构提供的全方位金融服务。

3）雇员受益信托的种类

雇员受益信托可根据设立的目的不同分为养老金信托、财产积累信托、自我雇佣者退休信托、员工持股信托（职工持股计划）、储蓄计划信托、利润分享信托等。下面我们将分别给予详细介绍。

4.6.2　养老金信托

1）养老金信托的含义

养老金信托又称退休金制度、年金信托，是指信托机构接受委托人定期支付的养老基金，负责基金财产的管理运用，并在雇员退休后定期向其支付退休金的一种信托业务。养老金信托以养老金制度的建立为基础。养老金制度是关于如何积累并分享退休金的一种制度，即由职工个人、企业、政府或者三方共同定期积累一定数目的资金，等养老金制度参加者年老退休后，向其支付。可以为每个雇员单独设立养老基金，也可以把所有雇员当作一个整体来设立养老基金。

在养老金信托中，员工享有的利益取决于职业养老金计划的类型。通常，职业养老金计划分为两种：一种是收入关联计划；另一种是货币购买计划。收入关联计划也称为最终薪金计划、利益确定计划，它按照受益人退休或离开企业时在企业工作时间的长短计算应得的养老金利益。这种计划一般有最低年数限制。货币购买计划是根据员工和企业交纳的分摊款，以及养老基金的投资报酬，来决定企业员工能够获得的利益。

为了保障职工在退休之后能获得稳定的生活来源，各国都建立了养老金制度。例如，美国现行的养老保险制度是一种多支柱的养老保险体系，包括政府社会保障养老金、公共部门养老金与雇主养老金、个人退休账户养老金等几个部分；日本的养老保障体系——"国民年金保险"制度——主要由基础年金与雇员年金（又分为"厚生年金"和"共济年金"）组成。目前，欧美、日本等国家社保体系的主要支柱并不是基本的社会养老保险，而是企业年金制度。不同国家的企业年金运作模式存在很大差异，有的国家实行自愿参加，有的国家实行强制参加，有的国家采用保险模式，有的国家采用信托模式。表4-1给出了一些典型国家和地区的企业年金组织运营模式。

表4-1　　　　　典型国家和地区的企业年金组织运营模式

国家和地区	性质	组织运营模式
英国	自愿性	以信托为主、保险为辅
美国	自愿性	以信托为主、保险为辅
澳大利亚	强制性	信托型
德国	自愿性	以内部管理型为主，向信托模式转变
法国	强制性	代际调剂型，集中管理
中国香港	强制性	强制性公积金必须是信托模式，职业退休金计划可以是信托和保险两种模式

从表4-1中可以看出，养老金信托方式是主要的运作模式。在这一模式下，雇员所在的公司根据养老金制度制订出养老金计划，定期地从雇员的工资或公司利润中提取一定比例的资金，信托给事先选定的信托机构来加以管理和运用，以实现养老金投资的不断增值。

2）养老金信托的当事人

（1）养老金信托的委托人

养老金信托的委托人一般是雇员所在的企业。许多国家给予企业养老金计划全面的税收优惠，客观上促进了其本国企业为职工举办养老信托的积极性。比如，有的国家规定，企业缴纳的养老金部分是当年免税的，即企业可以从它的当年利润中抵减支付给信托机构的养老金部分，从而减少企业纳税的绝对水平；如果企业缴纳的养老金数额较大，还会降低企业的纳税等级，使适用的税率下降，也能减少企业的纳税总额。在养老金信托中如果有部分资金是职工缴纳的，那么职工缴纳部分也可享受税收优惠，不计入当年的纳税范围，而是在职工退休后领取退休金时才对这部分收益支付所得税。另外，养老基金的投资收益也可以免缴公司所得税。据统计，美国每年为企业参加养老基金提供的税收优惠额高达500亿美元，英国每年的养老基金税收优惠额为150亿英镑。企业委托信托机构办理养老金信托，可以有效地运用资金，并节约成本。

（2）养老金信托的受托人

养老金信托的受托人多为信托机构。作为受托人，它们主要办理信托财产的运用与投资管理，承担税款的缴纳和账务的处理以及加入者的事务管理及养老金的发放管理。

许多国家（如美国、英国、荷兰等）的政府对养老基金的投资规定受托人要遵循"审慎管理原则"，以确保养老金的安全。美国1974年颁布的《雇员退休收入保障法》正式对私人养老金计划的管理进行了规定，要求受托人严格履行"审慎管理原则"，同时对受托人的职责及禁止行为做出了规定。对养老金资金信托的要求有：在退休计划的基金运作中必须满足多种要求，以计划参加者和受益人的利益为唯一宗旨，以保证其安全性。

（3）养老金信托的受益人

养老金信托的受益人是雇员，一般在其退休之后，便可按月领取相应的养老金，以满足自己的生活所需。

3）养老金信托的业务程序

（1）设立养老金信托

养老金信托的基础是养老金制度，因此，企业必须加入养老金计划，制定完整的养老金运作章程，明确企业和职工的权利与义务。企业的养老金计划也要上报政府有关部门，以享受税收优惠。有了章程之后，企业要求职工参加养老金制度。之后，企业就要选择一家信托机构作为受托人，并与其签订养老金信托契约。养老金信托一般不规定具体年限，只要企业存在，信托就可以延续下去。当然，不同企业的信托资金要分开核算。

（2）缴纳养老基金

企业与信托机构签订信托契约之后，必须定期向信托机构缴纳一定的资金作为养老基金的来源。养老基金的资金来源一般包括三个方面：职工个人、企业和政府。在一些福利国家中，公共年金的比例较高，而且公共年金中政府贡献的比例也很高，但由于社会福利支出越来越成为国家财政的负担，因此，企业与个人养老金信托占比上升。企业养老金雇主负担的费用比重一般远高于雇员，而不是雇主和雇员等比例负担。例如，在德国企业养老保险缴费雇主支付的部分平均占89%，美国为87%，英国、加拿大以及荷兰为70%~75%，瑞士为58%，日本的企业养老保险完全由雇主缴费。

企业养老金信托的资金来源比较灵活，企业可以从职工的工资或奖金收入中扣除相应部分代为缴纳，其资金缴纳比例可以是固定的，也可以是变化的，即根据企业各年的不同盈利状况确定应缴纳的资金。由于企业养老金信托的缴费往往可以享受税收优惠，为防止人为避税，有些国家规定了这种缴费率的上限，一般都限制在15%左右。例如，英国规定企业养老金雇主、雇员的总缴费率不能超过17%，瑞典规定的缴费率上限为13%。

（3）运用养老金信托资产

设立养老金信托的企业与信托机构签订信托契约后，就必须将养老金财产交付给信托机构。受托人根据信托契约的具体规定对信托财产进行管理与运用。

养老金信托基金的运用必须坚持两个根本原则：一是投资的安全性；二是高回报率。因此，如何在确保安全的前提下获取高额回报，是养老金信托基金投资者一直关注的焦点。

对于信托基金的投资，各国政府的管制做法有所不同。例如，美国、英国、荷兰等国家的政府只对养老基金的投资作原则上的规定，即要遵循"审慎管理原则"，并且自身投资不能超过一定比例（美国为10%，英国、荷兰为5%），但对养老基金具体的资产结构不作规定。有一些国家对养老基金的投资有严格的限制，如日本规定，养老基金资产中股票或外国资产不能超过30%，对某一家公司的投资不能超过10%，债券投资至少为50%。

（4）支付养老金

参加养老金信托的职工在退休以后可以按信托契约的规定向信托机构领取退休金。信托机构在向受益人支付养老金时，支付方式取决于信托契约的规定，可以一次性支付，也可以每年按一固定金额支付。

当然，参加养老金信托的职工要享受信托利益一般需要满足一定的条件，如美国规定职工必须至少在一家企业连续工作5~10年后才有资格在退休之后享有收益权，

但是如果工作未满规定的年限就离开原企业，那么就丧失了对养老金的收益权。养老金信托的操作流程如图4-9所示。

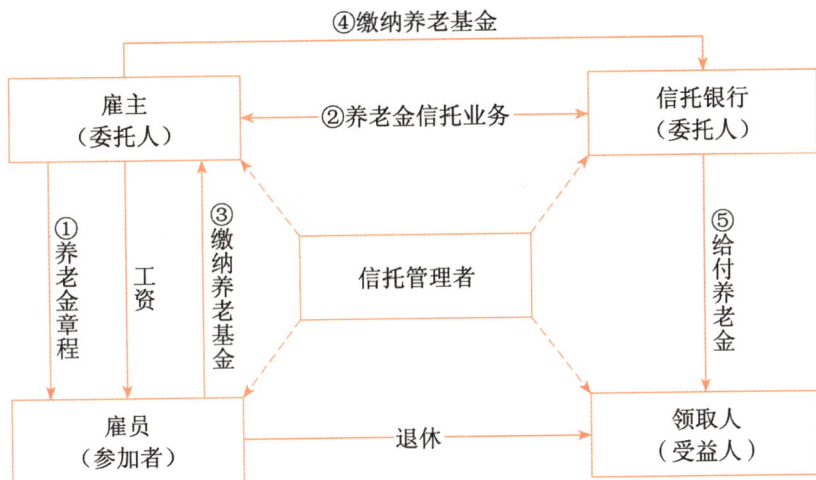

图4-9　养老金信托的操作流程

4.6.3　财产积累信托

　　财产积累信托是法人信托的一种，它是指把职工的财产积累储蓄委托给信托机构管理运用，以便将来能形成一项财产（如住房）的一种指定金钱信托业务。一些国家在经济取得高速发展的同时，国民的收入没有同步增加，个人的财产积累有一定难度，这又反过来制约了社会总需求，使国内需求疲软。因此，许多国家开始以立法形式鼓励国民积累财产，如日本政府于1971年制定了《促进职工财产积累法》，确定财产积累制度是以国家和雇主援助职工增加储蓄及房产为目的，具体包括：职工财产积累制度；职工财产积累养老金制度；职工财产积累奖金制度；职工财产积累补助金制度；职工财产积累基金制度。财产积累信托的操作流程如图4-10所示。

知识链接4-3

中国的企业
年金制度

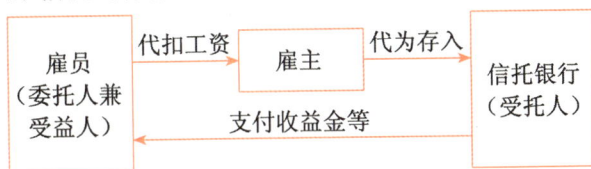

图4-10　财产积累信托的操作流程

4.6.4　自我雇佣者退休信托

　　自我雇佣者也就是公司的资产所有者，虽然公司的税后利润都归其所有，但当公司经营不善时，其所有者在晚年也可能得不到必要的生活保障，因此他们也存在着积累养老金的问题。20世纪60年代初期，美国、日本等都通过了《自我雇佣者税收养老金法案》，允许资产所有者为自己设立利润分享计划。当然，设立这一计划是有条件的，必须受三方面的约束：一是公司内所有全日制雇员都享有雇员受益信托，其中对"全日制"的定义是年工作量超过1 000小时；二是自我雇佣者退休信托交金融信托机构管理，与公司的雇员受益信托分账管理；三是该信托年出资额不得超出其所得总额的15%。

4.6.5　员工持股信托

1）员工持股信托的含义

员工持股信托是指将员工买入的本公司股票委托给信托机构管理和运用,待员工退休后再享受信托收益的一种信托安排。交给信托机构的信托资金一部分来自员工的工资,另一部分由企业以奖金形式资助员工购买本公司的股票。企业员工持股信托的观念与定期小额信托较为类似,其不同之处是企业员工持股信托的投资标的为所服务的公司的股票,且员工可额外享受公司所提供的奖励金。但是员工一旦加入职工持股大会,除退休、离职或出现经职工持股大会同意的事项外,不得将所购入的股票领回。员工持股信托是以员工持股制度为基础的。员工持股制度是鼓励员工用工资和奖金定期地买进本公司的股票,并且设立职工持股大会,具体管理所有员工购入的股票,待员工退休或者离开本企业时才能获取投资收益的一种制度。

2）员工持股信托的形式

（1）金外信托方式的员工持股信托

金外信托方式的员工持股信托是信托机构接受职工的资金和公司对职工的奖金,买进本公司的股票并代其进行管理,并于信托终了时将股份直接交还给职工。在该类信托中,信托金包括职工的出资与奖金,委托人是公司的职工,但委托人不直接将信托金交付给受托人,而是由职工持股大会作为委托人的代理人,代交代收信托金,代理信托契约的签订事务。信托机构作为受托人,购进公司股票,并遵照委托人的意志行使股票表决权。信托收益包括股票股利和运用收益两部分,受托人在获得股利和运用收益时将它加到本金中。

（2）管理有价证券信托方式的员工持股信托

与金外信托方式的员工持股信托不同,管理有价证券信托方式的员工持股信托是由委托人本人利用出资和奖金购入本公司的股票后再将股票信托给受托人进行管理,在信托终了时由信托机构将股票交还于职工。

3）开办员工持股信托的意义

随着企业的快速发展,企业间竞相争取熟练员工的竞争日趋激烈,开办员工持股信托制度,不仅增加了企业的竞争力,还可以减少外界对公司股价的炒作,稳定企业的经营方针,增加企业经营管理的效益,所以它对企业及员工都具有积极的作用。其具体为:

（1）奖励员工储蓄,做好理财规划

员工每个月从薪资所得中提存一小部分资金,交付受托人购买自己所服务公司的股票,作为员工长期性的理财计划/形式,不但可达到储蓄的目的,也可获取投资收益,为员工提供一个踏实的理财规划。

（2）培养热爱公司的精神,对公司的发展有利

通过取得、持有自己服务公司的股票,员工对于公司的经营会更加关心,同时可以提高员工的劳动生产率。

（3）降低人员流动率,减少对新人的培训成本

人力资源是企业经营最主要的资源,熟练的员工更是企业赖以生存、成长的主力

军。企业实施员工持股信托制度，使员工福利得到更稳定的保障，使员工能安心工作，降低员工流动率，进而节省对新人的培训成本。

（4）确保友好安定的股东层，以维护企业的稳定经营

员工成为公司的股东后，与其他一般股东相比，更有助于公司经营权的稳定。员工持股方式可减少外力介入，维持企业既定的经营方针。

4）员工持股信托的操作流程

（1）金外信托方式的员工持股信托操作流程

金外信托方式的员工持股信托通过公司职工成立职工持股大会，充当职工的代理人。加入职工持股大会的职工与职工持股大会签订代理委托契约，职工按契约约定的金额出资。职工持股大会代理职工与信托机构签订信托契约，并将职工出资加上公司发给职工的奖金，一并交存给信托机构，形成购股储存金。由信托机构受托买进股票，代职工对公司行使表决权，代公司向职工支付收益金。当职工自愿解约或停止持股信托时，其已购的股票和未购剩余金，要归还给职工本人。金外信托方式的员工持股信托的操作流程如图4-11所示。

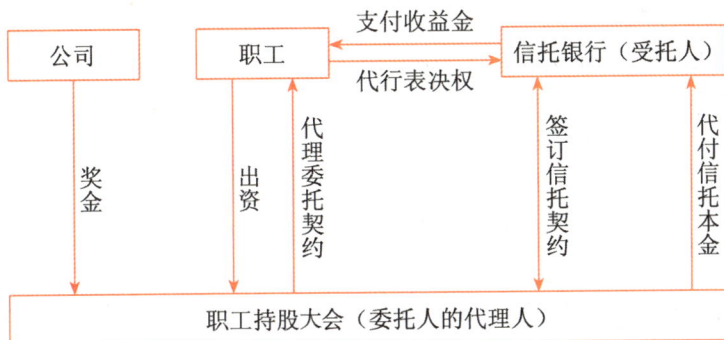

图4-11 金外信托方式的员工持股信托的操作流程

（2）管理有价证券信托方式的员工持股信托操作流程

管理有价证券信托方式的员工持股信托是由委托人本人即职工用工资和奖金购入本公司的股票后，再将股票委托给信托机构进行管理，在信托终了时，信托机构将股票交给受益人。管理有价证券信托方式的员工持股信托的操作流程如图4-12所示。

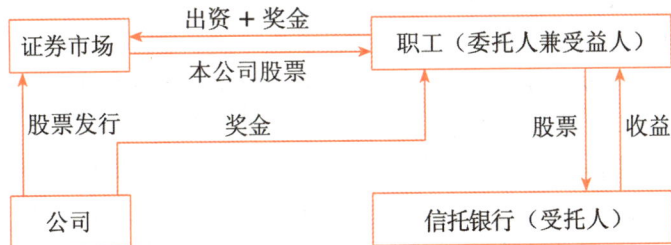

图4-12 管理有价证券信托方式的员工持股信托的操作流程

4.6.6 储蓄计划信托

储蓄计划信托是公司将养老金计划和储蓄计划结合在一起而设立的一种信托。委

托者是公司，信托财产来自职工的储蓄和公司的捐款两部分（一般来说，后者的数额要远远小于前者）。职工的储蓄数量不像养老金信托有强制性规定，公司捐款部分也不固定，数额一般为职工储蓄额的25%~100%。这两部分款项由公司支付，一并交与金融信托机构管理和运用，在职工退休时支付收益。该信托的目的是向公司职工提供更多的退休收入。如果职工死亡，所有收益将一次性支付完毕。与养老金信托相比，这种信托最大的好处是具有灵活性，它允许职工撤资。一旦职工撤资，公司的捐款也将撤回，职工在金融信托机构中的个人账户也将不复存在。

4.6.7　利润分享信托

利润分享信托是为职工将来分享公司利润而设立的一种信托。公司作为该信托的委托人，每年将净利润的一定比例委托给金融信托机构管理和运用，并由其在一定时期后将信托本金及收益支付给公司的职工。这一信托的主要特点是：

①信托本金和收益是不确定的。公司每年的净利润是变动的，所以根据净利润的一定比例提取的资金数额是变化的，因而信托本金不确定，信托收益也就随之变动。

②信托本金和收益与职工的年龄和工龄无关，职工出资额只按年补偿额的比例在雇员账户间进行分配。

③职工可以较灵活地支取款项，即职工在退休、死亡、致残、辞职、被解雇等任何时候都可要求支用信托本金和收益。

④法律对该信托当事人的资格要求较为灵活。

本章小结

公司信托也称"法人信托""团体信托"，是指由公司、社团等法人委托信托机构办理的各种信托业务。

与个人信托相比，公司信托具有以下特点：公司信托与个人信托最基本的区别表现在委托人的不同；公司信托业务只能由信托机构承办；公司信托业务的受托人对信托财产的运用更为谨慎；公司信托与社会经济发展有密切关系。

抵押公司债信托是一种特殊的信托，是指信托机构接受债券发行公司的委托，代替债券持有者行使抵押权或其他权利的信托业务，是信托机构协助企业发行债券，提供发行便利和担保事务而设立的一种信托形式。

商务管理信托也称表决权信托，是由公司全体或多数股东将其所持股票的商务管理信托给信托机构，由后者在信托期间行使表决权的信托形式。

商务管理信托既具有一般信托的特点，也有其自身的特殊性：收益权和表决权相分离；信托机构能够独立行使表决权；商务管理信托具有不可撤销性。

动产信托是由设备的所有者或制造商作为委托人，与作为受托人的信托机构签订信托协议，将设备信托给信托机构，并同时将设备的所有权转移给受托人，由受托人将设备出租或以分期付款的方式出售给资金紧张的设备使用单位的一种信托形式。

不动产信托就是不动产所有权人（委托人），为受益人的利益或特定目的，将所有权转移给受托人，使其依信托合同来管理运用不动产的一种法律关系。

雇员受益信托是指公司为雇员提供各种利益的信托，公司定期从雇员的工资及公司利润中扣除一定比例的资金，委托给信托机构加以管理和运用，实现的信托收益由公司雇员享受。

养老金信托又称退休金制度、年金信托，是指信托机构接受委托人定期支付的养老基金，负责基金财产的管理运用，并在雇员退休后定期向其支付退休金的一种信托业务。养老金信托以养老金制度的建立为基础。

财产积累信托是法人信托的一种，它是指把职工的财产积累储蓄委托给信托机构管理运用，以便将来能形成一项财产（如住房）的一种指定金钱信托业务。

员工持股信托是指将员工买入的本公司股票委托给信托机构管理和运用，待员工退休后再享受信托收益的一种信托安排。

储蓄计划信托是公司将养老金计划和储蓄计划结合在一起而设立的一种信托形式。

利润分享信托是为职工将来分享公司利润而设立的一种信托。公司作为该信托的委托人，每年将净利润的一定比例委托给金融信托机构管理和运用，并由其在一定时期后将信托本金及收益支付给公司的职工。

重点概念

公司信托业务　抵押公司债信托　商务管理信托　动产信托　不动产信托　雇员受益信托　养老金信托　财产积累信托　员工持股信托　利润分享信托

复习思考题

一、填空题

1.（　　）是以一定的财产作为抵押而发行的债券。

2.商务管理信托也称（　　），是由公司或多数股东将其所持有股票的商务管理信托给信托机构，由后者在信托期间行使（　　）的信托。

3.雇员受益信托是指公司为雇员提供各种利益的信托，公司定期从雇员的（　　）及公司（　　）中扣除一定比例的资金，委托给信托机构加以管理和运用，实现的收益由公司雇员享受。

4.养老金信托的委托人一般是（　　），受托人多为（　　），受益人是（　　）。

5.商务管理信托将股东的（　　）与（　　）分离，这是商务管理信托区别于其他信托的最为重要的地方。

二、单项选择题

1.商务管理信托的原股东享有除（　　）以外的其他应有的股东权益。

A.所有权　　　　　　B.使用权　　　　　　C.投票权　　　　　　D.收益权

2.商务管理信托的期限一般不超过（　　）年。

A.3　　　　　　　　B.5　　　　　　　　C.10　　　　　　　D.15

3.雇员受益信托最早出现在（　　）。

A.英国　　　　　　　B.美国　　　　　　C.日本　　　　　　D.德国

4.在（　　）动产信托中，信托机构只对财产进行管理、维护等，不垫付资金，只收取手续费。

A.服务性　　　　　　B.融资性　　　　　C.管理型　　　　　D.处理型

三、多项选择题

1.根据公司债券的还本付息方式的不同，抵押公司债可分为（　　）。

A.可随时收回的债券　　　　　　　　B.设立偿债基金的债券

C.可转换债券　　　　　　　　　　　D.定期债券和分红债券

2.商务管理信托的特点有（　　）。

A.收益权和表决权相分离　　　　　　B.信托机构独立行使表决权

C.具有不可撤销性　　　　　　　　　D.可任意撤销性

3.商务管理信托的成立一般要符合（　　）条件。

A.书面形式　　　　　　B.不能超期　　　　C.登记　　　　　D.公示

四、判断题

1.商务管理信托的受托人可以转让其所持有的信托财产。　　　　（　　）

2.利润分享信托的本金是确定的，收益是不确定的。　　　　　　（　　）

3.管理型动产信托主要是信托机构帮助生产企业完成设备的出租。（　　）

4.抵押公司债信托发行一般采用公募形式。　　　　　　　　　　（　　）

五、简答题

1.简述公司信托业务的特点。

2.简述抵押公司债信托的基本流程。

3.简述商务管理信托的特点。

4.简述商务管理信托的程序。

5.简述动产信托的特点以及动产信托的功能。

6.简述不动产信托的特点及不动产信托的操作程序。

7.开办雇员受益信托的目的有哪些？

8.开办员工持股信托有哪些意义？

六、案例分析题

[案例一]　　　　　　　　**湘计海盾的职工持股计划**

2003 年，湖南省信托投资有限责任公司（简称湖南信托）受托湘计算机（000748）对其控股子公司长沙湘计海盾科技有限公司（简称湘计海盾）进行职工持股计划，在国内上市公司中开创了以信托方式实施职工持股计划的先河。

湘计海盾成立于 2001 年 6 月，由原湘计算机军品所改制而成，其中湘计算机投资 500 万元，拥有其 98% 的股权，另外 2% 的股权由长沙长远电子信息技术有限公司（简称长沙长远）持有，而湘计算机又持有长沙长远 90% 的股权。

职工持股计划中规定，采用职工持股信托后，职工将持有湘计海盾 15% 的股权，其中湘计算机将转让 13% 的股权，长沙长远将全部转让 2% 的股权。公司现任高管人员、中层干部、开发部项目组长、母公司劳模、核心技术骨干人员以及对公司做出突出贡献的职工具有购买资格（100 余人的湘计海盾当时仅有 20 人左右持有公司股权）。

持股职工个人出资，委托湘计算机与湖南信托签订股权收购资金信托合同（以下简称信托合同）及相关协议，通过其购买、持有并管理湘计海盾部分股权，持股职工作为信托受益人按比例分享信托财产收益、承担信托财产亏损。

湖南信托将代表持股的 20 多名职工成为湘计海盾的第二大股东，持有 15% 的股权。而湖南信托同时持有湘计算机 4 372 万股股票，占 15.82%，是其第二大股东。

湖南信托与湘计海盾的职工持股计划正式开创了员工持股信托这一先河，有效地维护了职工利益。

资料来源：作者根据相关资料整理所得。

问题：

（1）结合案例谈谈员工持股信托的功能和意义有哪些。

（2）结合我国的具体国情谈谈应如何更好地开展员工持股信托业务。

[案例二]　　　　　　　　　奥美的 MBO 之旅

粤美的（000527）是国内第一家进行 MBO 的上市公司。2000 年 5 月，顺德市美托投资管理公司（下称"美托投资"）向粤美的控股股东收购 3 518 万股股票，约占当时公司发行在外股本总额的 6%，开始了 MBO 之旅。截至 2002 年上半年，美托投资已持有粤美的 10 761 万股股票，占 22.19%，稳居第一大股东之位。

美托投资由美的集团管理层和工会于 2000 年年初共同出资组建，注册资本为 1 037 万元。粤美的公司管理层有 20 多人在美托投资持有股份，约占美托投资总股本的 78%（其中，法人代表何享健为第一大股东，持股 25%；美的集团执行董事陈大江持股 10.3%，为第二大股东）。剩下 22% 的股份为工会持有，主要用于将来符合条件的人员新持或增持。

备注：MBO 即管理者收购，是目标公司的管理者或经理层利用借贷所融资本购买本公司的股权，从而改变本公司所有者结构、控制权结构和资产结构，进而达到重组本公司目的并获得预期收益的一种收购行为。在 MBO 中，企业管理人员通过外部融资机构帮助收购所服务企业的股权，从而完成从单纯的企业管理人员到股东的转变。

资料来源：作者根据相关资料整理所得。

问题：请思考案例中的美托投资公司的性质及作用。

第5章

公益信托业务

学习目标

通过本章的学习，你应该能够：

1. 掌握公益信托的含义、目的、意义和特征；
2. 熟知公益信托的当事人，公益信托与私益信托和公益法人的区别；
3. 明晰公益信托的种类和公益信托的业务流程；
4. 了解我国和美国的公益信托。

▶▶▶

引例　　　　　　　　　　**公益信托应用案例**

黄先生为一名高收入者，他是一家大型广告公司的董事。由于黄先生出生于贫困家庭，求学过程十分艰难，所以他深知生活不易。在事业有成后，他希望可以帮助更多生活条件艰苦的学生完成学业，以回馈社会。于是他在公司董事会上呼吁，通过了一项决议，将今后连续5年的公司盈余每年拨出5%作为学生奖学金，照顾有心向学但有经济困难的学子。但他考虑到设立财团法人程序繁杂，且资金运用方式设有限制，后经人介绍，决定成立一个公益信托，由信誉良好的信托公司担任受托人，再依据本身之意愿拟定信托契约，并寻找一位适当的监察人，以确保信托财产的运用。必要时可设立咨询委员会，其成员可由公司董事会或相关专业人士担任，由咨询委员会提供适当意见，如关于捐助范围和资助对象等。

资料来源：作者根据相关资料整理所得。

分析：黄先生资助贫困学生的美好愿望通过公益信托能更好地实现。公益信托经主管机关核准成立后，公司即可将捐助的财产交付公益信托，信托机构作为受托人，依信托契约的宗旨，充分运用信托财产，实现财产的有效管理。这一量身定做的公益信托架构，在主管机关及监察人的监督下，加上有咨询委员会适时提供专业意见，将更符合黄先生的意愿，达成捐助给有需要之人的目的。同时，符合条件的公益信托不仅无须缴纳赠与税，更能减免所得税，因此也可大大减轻税负。所以，成立公益信托是新金融时代公司与个人参与社会公益事业的最佳渠道之一。

5.1　公益信托

5.1.1　公益信托概述

1）公益信托的含义

公益信托，国内法学界也称之为慈善信托，是指出于公共利益的目的，为使全体社会公众或者一定范围内的社会公众受益而设立的信托。具体来说，就是为了救济贫困、救助灾民、扶助残疾人，发展教育、科技、文化、艺术、体育、医疗卫生事业，发展环境保护事业、维护生态平衡，以及发展其他社会公益事业而依法设立的信托。公益信托通常由委托人提供一定的财产并将其作为信托财产委托受托人管理，信托机构作为受托人将信托财产用于信托文件规定的公益目的。在英美等国家，公益信托运用很广泛，在社会生活中，特别是在发展社会公益事业方面，发挥了非常重要的作用。英美许多著名大学、博物馆、美术馆、艺术馆和各种基金会都设有公益信托。

公益信托的名称是批准后专用的，不得随意运用公益信托的名义从事活动。因为用公益信托的名义进行活动具有很多便利条件，容易得到社会公众的理解、信任和支持，如果对公益信托的名称不加以控制，社会上的不法之徒就会以公益信托的名义，欺世盗名，牟取私利。

2）公益信托的目的

总体来说，公益信托的目的是公共利益，但究竟什么是公益，没有一个一成不变的、普遍的、客观的标准，因此有关法律对此有明确规定。我国《信托法》第六十条规定"为了下列公共利益目的之一而设立的信托，属于公益信托：救济贫困；救助灾民；扶助残疾人；发展教育、科技、文化、艺术、体育事业；发展医疗卫生事业；发展环境保护事业，维护生态环境；发展其他社会公益事业。"日本《信托法》规定，"公益信托的目的是祭祀、宗教、慈善、学术、技艺和其他公益。对未列举的信托，如确属以公益为目的，仍承认其为公益信托。另外比较公益法人的设立目的之限制，对于诸如同学会、同爱好会成员等，以相互亲睦、联络和交换意见为主要目的者，以及仅以特定团体的成员或特定职业者作为对象，以福利、相互救济为主要目的者不得设立公益信托，依此，养老金信托和财产积累信托等信托业务均不属于公益信托。"

3）公益信托的意义

公益信托具有深远的意义，主要表现在以下几个方面：

①能够节约人力、物力，提高办事效率，保证公益事业的持久稳健发展，促进社会进步。

②通过信托机构的专业化管理，保证公益信托财产的安全，并获得稳定的收益。

③信托机构的介入将更有利于公益信托接受公众的监督。

公益信托在发达国家发展很快，在我国也有很大的发展空间，但还缺乏充分发展的法律空间、政策空间和市场环境。

4）公益信托的特征

（1）信托目的必须具有公益性

公益信托以公共利益为目的，其信托目的必须实质上有利于社会公众的利益，而且信托目的必须完全是公益目的，信托目的不止一项的，每一项都必须是公益目的。假如一项信托的多项信托目的中，既有公益目的，也有非公益目的，不能确定哪些财产用于公益目的，该信托包括非公益因素，就不能构成公益信托。

（2）必须是完全为了公共利益

我国《信托法》要求公益信托必须完全为了公共利益，而信托目的的公益性不一定能确保信托完全具有公共利益。例如，某人设立一项信托，信托目的是教育自己的子女。虽然信托目的是发展教育，但只有委托人的子女受益，不具有公共利益，因而不能成为有效的公益信托。成立公益信托，必须使整个社会或者其中的相当一部分人受益，受益人范围是明确的，但具体受益对象并不确定。如果一项信托的受益人是特定的，它就是一项私益信托。例如，委托人以5万元设立一项教育信托，如果信托目的是资助某个地区有残疾的学生上大学，即使每年只能资助一两位残疾学生，它也是一项公益信托；但如果信托目的是资助委托人或者其亲属的子女，即使每年的受益人是多个，也是一项私益信托。

（3）受益人不特定

公益信托的受益人必须是不特定的，是按照委托人规定的条件，在委托人指定的范围内，由受托人选择确定，不是委托人在信托文件中指定的。这是公益信托与私益信托的一个重要区别。当然，在受益人不特定的情况下，委托人可以规定或者限定受益人的人数，甚至受益人享受的信托利益的数量。受益人不特定是指最终受益人即最终享受信托利益的人不特定。例如，某人将一笔款项设立一项公益信托，将款项作为一笔教育基金，目的是奖励本地区的优秀学生，虽然受益人范围是明确的，即本地区的学生，但最终实际享受信托利益的学生是不特定的，实际获得奖励的学生就是最终受益人。2016年3月16日，第十二届全国人民代表大会第四次会议审议并通过了《中华人民共和国慈善法》（以下简称《慈善法》），并于2016年9月1日起施行。虽然慈善信托在国内还属于起步阶段，但是在世界各国已经普遍开展。日本是信托融入东方社会价值观最深入的国家，我国《信托法》的起草工作也从日本信托业的发展中多有借鉴。

同步案例 5-1　　　　　　　　日本的公益信托

1993年以后，日本银行的信托子公司及地方金融机构开始承办公益信托业务，日本公益信托制度呈现出很强的生命力。1998年，日本实施《特定非营利活动促进法》，之后的10年间，日本以社会福利、城市环保等为目的的公益信托在逐步增加。个人及企业对于公益活动的意识发生了转变，企业的宏观经营战略中对公益性的考虑和追求也变得越来越重要。2006年日本颁布新的《信托法》，旧《信托法》中的公益信托部分被移植到新的独立的公益信托法律规范之中，从而开启公益信托规范发展的新时期。

近年来，日本各大公司广设各类公益信托，其中以奖学金、鼓励学术研究、整治自然及都市环境、与国际交流为主。同时，利用公益信托从事促进社会发展、改善社区环境的事例也日益增多。据日本信托协会统计，截至 2015 年 3 月末，日本公益信托数量达到 484 件，金额达 644 亿日元。

资料来源：作者根据相关资料整理所得。

分析：在日本，公益信托是指个人或企业等把自己的财产委托给信托银行，由信托银行按照一定的公益目的管理和运用受托财产、为公众利益服务的制度。

日本的公益信托主要有以下特征：

①其业务仅限于扶助捐赠，由信托银行负责向主管政府部门申请批准，不需法人登记。

②公益信托可以拆分信托财产，将其灵活地运用于公益活动，因此小规模的资金也能在适当的时机为公益活动发挥作用。

③信托银行作为善意的管理人，负有日本《信托法》规定的注意、忠实、分别管理的义务，并有责任针对信托事务或财产状况每年进行一次公告，因此能够确保其管理的信托财产的严肃性。此外，公益信托财产与信托银行的固有财产及其他信托财产分账管理，因此能够保持公益信托财产的独立性，从而保证了信托财产的安全。

④通过设定信托管理人来保护不特定多数受益人的利益。

⑤公益信托的名称中可载入财产捐赠企业或个人的名称，以永远赞颂其善意。

⑥在税收方面日本对公益信托还有许多优惠。

5.1.2　公益信托的当事人

公益信托的当事人包括委托人、受托人、受益人、信托管理人和经营委员会。

1）委托人

公益信托的委托人可以是个人，也可以是企业单位，凡是有志于社会公益事业的个人、家庭、社会组织都有权作为公益信托的委托人，设立公益信托。因此公益信托是一种个人和法人通用性质的信托业务。

2）受托人

个人和法人均可成为受托人，但实际上，多是由信托机构（信托银行）作为公益信托的受托人。受托人除完成诸如信托财产的管理、日常的经营等一般私益信托共有的事务外，还有其特有的一些事务，如编制事业计划、收支预算和决算，募集赞助人，提供资助，与信托管理人、经营委员会、主管部门联络，编制信托事务和财务状况的公告。

3）受益人

公益信托的受益人根据公益信托契约中规定的具体目的确定，但是信托契约只能规定受益人的范围，不确定具体的受益人。如奖学金信托的受益人只限于成绩优秀的学生，助学金信托的受益人只限于家庭经济困难的学生，但具体由谁获得奖学金、助学金，事先并不知道，只能在一段时期后才可获知。因此公益信托的受益人是一种"既定未定"的情况，既定的是受益人的范围，未定的是具体的受益人。公益信托的受益人只能笼统地说是将来的、不特定的、多数的社会大众。例外的情况也是有的，即存在指定的受益人，但必须有充分的理由证明其为公益信托——多半是以国家、地方公共团体、公共法人等作为受益人。

4）信托管理人

鉴于公益信托没有特定的受益人去监督受托人活动，为防止受托人滥用权力、侵犯公益财产，不同国家都以不同的方式建立了公益信托受益人代表制度，由其代表公益信托的受益人行使有关监督包括诉讼的权利。信托管理人一般是由委托人在信托契约中事先确定的，有时也可由主管部门根据利害关系人的请求直接选任。

5）经营委员会

经营委员会相当于公益法人的理事会或评议委员会，是由与公益信托目的有关的各领域的有学识、有经验的人士组成的。经营委员会负责公益信托目的的把关，即主要负责向受托人提出最适合受益人的意见。对经营委员会的名称、职务、委员人数等，要根据公益信托的具体情况在信托契约中加以规定。经营委员会和信托管理人一样，原则上都不得取得报酬。

5.1.3　公益信托与私益信托、公益法人的区别

1）公益信托与私益信托的区别

（1）目的不同

私益信托是完全为委托人自己或其指定的受益人的利益而设立的，而公益信托是为公共利益而设立的。

（2）设立不同

私益信托的设立是以信托行为（契约或遗嘱）为依据，而公益信托的设立除了信托行为之外还必须取得有关公益事业管理机构的许可。因此，公益信托设立时，受托人应向有关公益事业管理机构申请许可承办公益信托。

（3）监督不同

一般来说，私益信托受法院监督，而公益信托主要接受社会公众和行政机关的监督。

（4）终止不同

私益信托可以因中途解除契约而终止，信托终止若因解除合同者，则信托财产归属受益人所有；若有其他原因，对信托行为新规定的信托财产无归属权利者，其信托财产应归属委托人或其继承人。而公益信托一般不得中途解除合同，信托终止时，若信托财产无权利归属人，经有关公益事业管理机构批准，受托人可以按照其信托宗旨，将信托财产用于类似的目的，使信托继续下去，但不能归属委托人或其继承人（我国《信托法》第七十二条）。

（5）存续期不同

私益信托通常有一定的存续期，基于公共政策方面的考虑，通常要求私益信托的

存续期不得超过规定的年限。公益信托本身就是为了公共利益，可以无限期地存续，即使信托目的已经实现，也适用近似原则，将剩余的信托财产用于类似的公益目的。

2）公益信托与公益法人的区别

公益法人和公益信托的目的都可以是公益事业，但二者又有很大的区别：

①公益法人必须进行注册登记取得法人资格，而公益信托的设立不需注册登记，不是法人。

②公益法人要设置专职董事和职员以及办事场所，费用开销较大，公益信托则与之相反。

③公益法人是以永久性为前提设立的，公益信托则没有永存的必要。

④公益法人受《中华人民共和国民法典》（以下简称《民法典》）的限制，而公益信托主要受信托法的限制。

5.1.4   公益信托的种类

美国是目前公益信托比较发达的国家，按照其具体的受益对象的不同，美国的公益信托可以分为公共基金信托、公共机构信托、慈善剩余信托和公共机构代理等几大类。

1）公共基金信托

这是委托人为了一定范围内公众的利益、实现公共基金的宗旨而设立的信托。所谓公共基金，是由一定范围内所有公众或某一社团的所有成员为某个项目而专设、积累捐款所形成的资金。

公共基金信托可以分为以下两种形式：

（1）社会公众信托

这是指由某一特定范围内的公众为了该范围内的人的利益捐赠的款项形成公共基金，委托信托机构进行管理和运用而设立的一种信托。捐款人作为该信托的委托人，而受益人可以是该特定范围内的所有人。这里所说的"范围"可小到一镇一县，或一州一市，大到一个国家甚至整个世界。受托人不负担调查捐款来源的责任，对捐款的运用具有较高的灵活性，不必拘泥于委托人的特定要求，可根据该信托的宗旨，依据具体情况来对信托财产进行合理的管理和运用。为了保证捐款意图的实现，要设置一个专门委员会（经营委员会）来负责对信托财产（本金和收益）进行合理的分配。

（2）专项基金信托

专项基金是由宗教团体、专业协会、互助会、市民俱乐部或其他类型的社会团体为了本团体自身发展或为某些被指定人谋取利益而设立的一种基金。将基金委托给金融信托机构管理和运用，可以保证捐款的收益性与安全性，并能有效运用资金，实现信托财产的不断增值。专项基金信托也由专门委员会对基金的使用和分配负责把关。

2）公共机构信托

公共机构信托是为了促进公共机构（如学校、医院和慈善组织等）的管理发展而设立的信托。在公共机构信托中，委托人一般就是公共机构（为了某一公共机构的利益捐款的个人也可成为公共机构信托的委托人）。随着社会经济的发展和人们对慈善公益事业的关心，公共机构得到越来越多的捐款，而这些机构本身缺乏经营能力和经验，因此除用于正常开支外的捐款一般都交给信托机构设立公共机构信托，以提高公共机构的运行效率。该信托的受托人也是从事慈善性事业的公共机构。

信托机构在符合公共机构宗旨的前提下，可以灵活地运用信托财产。当然，受托人还必须经常与负责公共机构不同事务的各个部门保持良好的联系。对公共机构信托财产的良好管理和运用，可以提升公共机构的信誉，从而更好地得到社会各界的认可，获得更多的赞助。

3）慈善剩余信托

这是捐款者（委托人）在设立信托时，要求将一定比例的信托收益用来维持自身和家庭生活，而将剩余部分全部转给某个特定的慈善机构用以慈善事业的信托方式。这种信托的设立一般是捐款人拥有大笔财产，只需要其中一小部分就可以满足自身及家庭的生活开支，捐款人希望将剩余部分捐献给慈善事业，但本人无力管理这笔财产，所以就委托一家慈善机构代为管理。在慈善机构和信托部门订立的信托协议中规定，将信托财产经营收益的一定比例交给捐款人，而将剩余收益和本金全部转给指定的慈善机构。慈善剩余信托可以享受免税优惠，例如免征资本利得税和赠与税等。

慈善剩余信托的形式有以下三种：

（1）慈善剩余年金信托

在这种信托中，规定每年信托机构必须将不低于信托设立时信托财产5%的收益以年金形式支付给年金受益人，其余部分用于慈善目的。年金受益人是捐款者自己或其遗嘱中被指定的人，年金受益人死后信托财产（本金）和剩余收益全部归某一特定的慈善机构。

（2）慈善剩余单一信托

这种信托是慈善剩余年金信托的一个变体，规定受益人（即捐款人）每年可得到相当于一定比例的（不低于6%）按当年市价计算的信托财产的净值。这种信托的目的是保证受益人获得的信托收益不因通货膨胀而减少，从而保障受益人的生活。受益人死后，信托剩余全部归于某一确定了的慈善机构。

（3）共同收入基金信托

这是指慈善机构将其所获的小额捐款集中起来，构成共同收入基金，并将它进行信托，每个小额捐款者生前得到一定比例的收益以维持生活，其死后所有信托剩余转给该慈善机构。其好处在于通过统一的信托管理，避免了对小额捐款单独管理的不便，并可以降低费用。

4）公共机构代理

这是指信托机构为一些公共机构提供的代理业务。有些慈善性公共机构不能或不愿办理全部信托业务，信托机构可以帮它们开展一些代理性的业务，具体包括：

（1）捐款代理

信托机构为慈善性公共机构代办有关捐款的接收与登记，及捐助财产所有权的转移、有价证券的过户等业务。

（2）现金管理代理

信托机构帮助慈善性公共机构对现金及其共同物进行短期投资以获取最大收益。

（3）保管代理

信托机构为慈善性公共机构代为保管贵重物品、有价证券等，负责报告股票信息。

（4）账目代理

信托机构为慈善性公共机构代办由信托财产管理而产生的会计账目。

5.1.5　公益信托的业务流程

1）提出设立公益信托的申请

公益信托是为了一定的公益目的而设立的信托，委托人与受托人均可以提出申请，以简化手续。委托人只有一人或者数人的，可以由委托人直接向公益事业管理机构提出设立公益信托的申请；委托人人数众多或者不特定的，可由受托人提出申请，但委托人要与受托人签订信托契约，约定信托目的与双方的权利、义务。

2）转移信托财产

公益信托设立申请经公益事业管理机构批准后，委托人将信托财产转移给受托人，信托成立。

3）信托财产的管理与运用

受托人根据信托财产保值增值的目的，对信托财产进行管理与运用，并将信托事务处理情况及财产状况的报告经信托监察人认可、公益事业管理机构批准后，予以公告。

4）信托收益的交付

受托人按照信托文件规定将信托财产或收益交给受益人。

5）信托监管

为了保护受益人的利益，公益事业管理机构有义务检查受托人对公益信托事务的处理情况及财产状况。另外，监管的内容还包括：受托人未经公益事业管理机构批准不得辞任；受托人违反信托业务或者无力履行职责的，由公益事业管理机构变更受托人。

6）信托终止

信托期满，公益信托终止，受托人应当及时将终止事由和终止日期报告公益事业管理机构。公益信托终止后，受托人应当做出清算报告。

公益信托流程如图5-1所示。

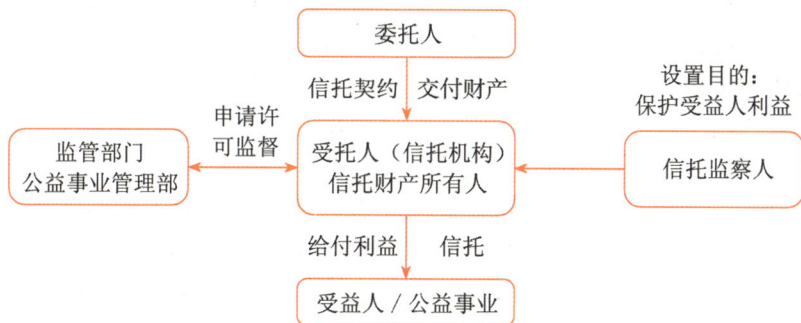

图5-1　公益信托流程图

5.2 我国的公益信托

5.2.1 公共利益

根据《信托法》及《信托投资公司管理办法》中对公益信托的定义，公共利益包括以下几种：

1）救济贫困

救济贫困是各国信托法公认的一项重要公益目的，通过公益信托帮助贫困的人，是维持社会稳定的一个重要手段。一般来说，下列行为都属于救济贫困：

①对贫困者、孤寡老人和其他生活困难的人提供一般性经济资助，或者资助其生活费、医疗费等费用，或者给予物质资助。

②直接收养、照顾孤寡老人、孤儿弃婴等。

③为穷人建立免费施舍食物处、济贫院、护理所等。

2）救助灾民

这是指发生自然灾害或者其他灾害时，直接向灾民提供资金、物质帮助，或者通过其他机构提供经济或物质资助，帮助灾民解决生活、生产困难等救助灾民的行为。

3）扶助残疾人

残疾人是社会中的弱者，由于身体的障碍，生活一般比较困难。帮助残疾人是整个社会的责任，因此通过提供财物设立信托来扶助残疾人属于公益信托。

4）发展教育、科技、文化、艺术、体育事业

发展教育、科技、文化、艺术、体育事业的范围比较广泛，只要提供财物设立信托的目的是发展这些事业，都可以成为公益信托。比如：出资设立学校或者维持现有学校的运行，设立奖学金、帮助贫困学生，设立或资助新学科、新课程等，出资设立或者维护博物馆、美术馆、图书馆，资助公共艺术团体或组织，资助公共体育运动以及资助相关的科学研究等。

同步案例 5-2　　　　　　**促教育、惠民生、扶产业**
——中诚信托通过慈善信托助力临洮县、和政县乡村振兴

新学期伊始，甘肃定西市临洮县龙门镇东二十里铺的 300 多名小学生走进了崭新的教室。2023 年暑假期间，中诚信托有限责任公司（以下简称"中诚信托"）利用慈善信托资金对东二十里铺小学进行维修改造，着力改善农村小学办学条件，让学校师生在秋季开学后就能有一个舒适的学习生活环境。

中诚信托以教育为切入点，抓准教育领域的短板和薄弱环节，通过慈善信托支持临洮县的教学硬件设施改造，助力乡村教育振兴。

2021 年以来，中诚信托与信托保障基金公司通过设立"临洮乡村振兴慈善信托"，资助了临洮县沿川小学、东二十里铺小学以及五爱幼儿园的基础设施维修改造项目，极大地改善了学校的教学生活环境，惠及师生 1 000 余人。

2019 年起，中诚信托在信托保障基金公司的支持下，紧紧围绕和政县"兜牢民生底线、巩固脱贫攻坚成果"的重点工作任务，通过设立慈善信托，发挥股东资源优势，联合人保财险和政支公司，连续 4 年为全县 1.2 万户低收入群众提供防贫救助保险，防止群众因病、因灾、因意外事故返贫，累计保障 25 万余人次，精准赔付 400 余户，切实守住了和政县不发生规模性返贫的底线。

中诚信托发挥慈善信托优势，整合金融资源，创新帮扶模式，持续助力临洮县百合特色产业发展和群众增收致富。

一是创新"慈善信托+贷款帮扶"模式。2018 年 7 月，中诚信托成立"善爱乡村振兴慈善信托"，在财产运用方面进行创新，通过"产业帮扶+精准帮扶"的"双重帮扶"模式，探索出一项以特色产业助力乡村振兴的长效机制。

在"产业帮扶"方面，中诚信托向临洮县有显著帮扶带动效益的企业——临洮雪源金正百合有限责任公司提供低息贷款，支持企业扩大百合收购，持续帮助 13 个村、2 600 多个百合种植户打开销路，带动农民就业，吸纳劳动力 80 余人。在"精准帮扶"方面，中诚信托运用贷款利息，精准资助当地失去劳动能力、患有重病或遭受意外的特殊困难群众 80 多户。

2023 年，中诚信托还创新运用"无还本续贷"政策，简化企业续贷手续，降低企业融资成本，成为持续助力乡村产业振兴、强化乡村普惠金融服务的又一有力举措。

二是创新"慈善信托+特色保险帮扶"模式。中诚信托通过慈善信托与保险公司、期货交易所合作，向临洮县 5 400 余户群众提供猪饲料价格指数保险、生猪价格指数保险、百合干旱天气指数保险，有效对冲了市场价格波动、极端灾害天气对群众生产经营的不利影响，显著提高了群众发展生产增收致富的积极性。

中诚信托将慈善信托作为推进创新发展、践行社会责任、助力共同富裕的重要业务类型，为有意愿、有能力的企业、社会组织和个人参与公益慈善事业提供新路径。未来，中诚信托将继续加大慈善信托业务发展力度，充分发挥慈善信托在三次分配中的特色优势，通过不断创新，释放乘数效益，持续为乡村振兴注入澎湃动能。

资料来源：佚名.促教育、惠民生、扶产业——中诚信托通过慈善信托助力临洮县、和政县乡村振兴［EB/OL］.［2023-11-15］.http://www.xtxh.net/xtxh/industry/48747.htm.经过整理。

5) 发展医疗卫生事业

设立或者维护公益性的医院、诊所，救助某种疾病的患者或者一般性的病人，资助医学研究等。

6）发展环境保护事业，维护生态平衡

《中华人民共和国公益事业捐赠法》已经明确，发展环境保护事业、维护生态平衡属于公益目的；《信托法》再次确认，一般来说，出资或者捐物设立信托，用于防止或清除环境污染，植树造林，采取措施防止沙漠化危害，科学处理工业废料和生活垃圾等致污物，进行环境保护方面的科学研究等。

7）发展其他社会公益事业

由于公益事业的范围随着社会、经济的发展而变化，采用列举的办法确定公益事业的范围，显然难以适应这种变化。为此增加这项规定，以便今后增加相应的公益目的。在一些发达国家，戒毒、戒酒，建立和维护社会公众休闲设施等公共设施，保护动物不受伤害，增强国家的防御力量，发展宗教等，也被看成公益事业。

在我国，为了上述公共利益目的而设立的信托即为公益信托。

知识链接5-1

建元信托成立首个慈善信托　积极探索转型发展

5.2.2　中国开展公益信托的可行性分析

中国信托业自恢复以来一直存在体制上的缺陷，信托业几经沉浮的症结就在于无法可依、无章可循。在中国不断加强法治建设、深化改革、完善市场秩序的特殊时期，终于迎来了《信托法》的出台。《信托法》的实施标志着我国正式确立信托制度。这对于规范和健全我国信托制度，满足社会各方对金融创新和拓展财产管理制度，实现其特定目标的客观需求，具有十分重要的意义，同时也为公益事业的规范、健康发展提供了切实可行的管理方式。

《信托法》对信托财产独立性条款的规定决定了信托是一种能够充分保护投资人利益的财产管理制度。现实经济活动的需要和国外财产管理市场发展的自然选择结果表明，保障投资人的利益是现代财产管理制度的一个基本原则。在信托关系中，一方面，信托财产具有独立的法律地位和破产隔离效应，使信托财产能够免受委托人、受托人、受益人与信托关系之外的第三人之间存在的复杂的债权债务关系的影响，同时受托人管理信托财产时采用分别管理、分别记账的原则，这对于保障委托人的意愿和受益人利益的实现是非常有效的；另一方面，受托人的法定职责，即受托人因违背管理职责致使信托财产受到损失应承担法律责任的规定，也可促使信托财产得到有效的管理和运用。《信托法》确立的信托制度作为一项财产权制度，迥异于现行法律框架内的财产权制度，其特殊性为保障公益事业财产的保值增值和规范管理提供了依据。

1）名实分离的财产权制度

现行《民法典》确立的是一种"名实合一"的财产权制度，谁在名义上拥有权利，谁就在法律上享受其利益。与此不同，信托是一种"名""实"分离的财产权制度，公益事业的信托财产由受托人拥有，但其利益却由受益人享受。信托的这种名实分离的法律规定，使其成为一种优良的财产管理制度，通过受托人的所有权集中和专业管理，可以大大提升公益事业财富的管理效益。

2）自由分割的受益权制度

现行财产权的内容基本上是法定的，无论是财产所有权，还是债权，抑或是知识

产权，其基本权能均由法律规定。但信托制度下受益人的受益权，其内容则由委托人自主设定，公益事业信托财产的利益，委托人可以自由组合其内容，由此信托可以提供深度的财产管理服务，满足多层次的需求。

3）充分独立的信托财产制度

现行财产权的标的物是附属于权利主体的，本身并不具有独立的法律地位，但作为信托标的物的信托财产，则充分独立于信托当事人。信托设立后，信托财产的权利虽然由受托人拥有，但信托财产不属于受托人的固有财产；信托财产的利益虽然由受益人享有，但信托财产也不属于受益人的固有财产。信托财产实质上是一种目的财产，从属于信托目的。因此，信托能够安全地实现委托人的目的。

公益信托的目的是使社会公众受益，发展公益信托有利于发展社会公益事业，提高社会中需要帮助的一部分人的物质和文化生活水平。从一定意义上说，公益信托客观上履行了政府的一些社会职能。因此，各国都鼓励发展公益信托，并制定相应的优惠政策，主要是对公益信托实行优惠的税收政策。例如，根据英国有关规定，公益信托的经营收入通常免征个人所得税、公司所得税；公益信托占用的土地减半征收继承税；公益信托出售捐赠而来的物品免征增值税；单位和个人向公益信托捐献的款项免征继承税等。

国家征税需要支付一定的成本，税收收入中的一个相当大的部分实际上用于社会公益事业。因此，要依靠国家税收发展社会公益事业，必须首先征税，再支出，这样做必须支付一定的征税和管理成本。社会公众愿意通过设立公益信托的方式，直接将资金和物质用于发展社会公益事业，节省了国家的征税成本和相关行政管理费用。因此，对公益事业给予税收优惠，不仅减轻了政府行政管理事务和行政成本的压力，让更多的资金用于真正的社会公益事业，也可以引导社会公众乐于通过信托方式，主动从事社会公益事业。

《信托法》明确设立了"国家鼓励发展公益信托"的条款，这为我们开展公益信托业务创造了良好的政策环境。

《信托法》还规定了公益事业的管理机构对公益信托活动应当给予支持。

2017 年 7 月 26 日，为贯彻落实党中央决策部署，规范慈善信托，保护慈善信托当事人的合法权益，促进慈善事业发展，银监会[①]、民政部联合印发《慈善信托管理办法》（以下简称《办法》），这标志着我国慈善信托规制体系基本建立。此《办法》的出台，进一步激活了慈善信托的发展活力。

《办法》的基本思路：一是坚持鼓励发展，逐步将慈善信托打造成我国慈善事业的重要渠道；二是坚持比较优势，充分发挥信托公司和慈善组织在慈善信托中的积极作用；三是坚持风险为本，确保慈善信托规范化、阳光化运行；四是坚持问题导向，切实解决慈善信托实践中的瓶颈和障碍。

《办法》共 9 章、65 条，涵盖了总则、慈善信托的设立、慈善信托的备案、慈善

---

①现为国家金融监督管理总局。

信托财产的管理和处分、慈善信托的变更和终止、促进措施、监督管理和信息公开、法律责任、附则九个方面的内容。

《办法》第四十四条规定，慈善信托的委托人、受托人和受益人按照国家有关规定享受税收优惠。虽然目前慈善信托的税收优惠尚不明确，但该条作为促进措施之一被提出，表明监管部门鼓励慈善信托发展的态度。未来，税收优惠的明确和出台无疑是慈善信托发展的重要推手。

《办法》第四十六条规定，鼓励地方各级人民政府根据社会经济发展情况，制定和出台促进慈善事业发展的政策和措施。同时，第六十四条规定，省、自治区、直辖市、计划单列市人民政府民政部门和国务院银行业监管机构的省一级派出机构可以按照本办法规定结合当地实际联合制定实施细则，但不得设置或变相设置限制性条件。

5.2.3　我国公益信托存在的问题

中国在社会转型时期，社会各阶层不同程度地承受着转轨带来的冲击和痛苦：地区之间发展不平衡、相对贫困、人口老龄化、健康问题、环保问题、文化遗产保护等，在某种程度上，公益组织正是缓和冲击、缓解痛苦的有效力量。但是目前我国的公益信托还存在着一定的问题，需要不断完善，存在的问题主要表现为：

1）公益组织资金单薄，人为风险大，监管困难

公益组织资金普遍单薄，缺乏抗风险能力；管理人的专业化程度不高，人为风险大；资金分散和管理分散造成监管困难，容易产生暗箱操作而造成损失。

2）公益组织的基金管理不善

这主要表现为：

①基金萎缩，造成公益事业工作、项目经费不足；

②管理不善使公益善款受损，影响公益组织的社会信誉，造成今后筹资和发展困难；

③基金实力不足，无法吸引高素质人才加盟，以老、弱和低学历人员为主的人员结构，制约了公益组织发挥其应有的社会作用，客观上造成社会上对公益组织的误解。

以上状况如果不加以改变，我国公益事业将陷入发展迟滞的怪圈。而其症结在于这些公益组织缺乏基金保值增值的渠道，缺乏能够成功运作基金的专业人才和管理经验。

3）基金保值增值的平均收益状况差，某些公益组织投资亏损严重

根据我国《基金会管理条例》的规定，注册成立的各种基金会的本金、其他各种非营利组织设立的创始基金、用于指定用途的专项基金等统称为公益基金。它们的共同之处在于基金的本金不动用，其组织的工作和活动、项目经费均来源于基金增值利得。据粗略估计，全国非营利机构基金总量超过90亿元人民币，半数以上的公益基金以银行存款或银行存款与债券组合为主要增值渠道，另有20%的公益基金以股票投资或委托管理方式为主要增值渠道。

5.2.4　信托投资公司开展公益信托的优势

公益组织本身不以营利为目的而以实现某种公益目的为使命，这并不表示这些机构不可以获利。事实上，为了实现公益组织的使命，更好地实现其目的，更需要对公益组织的基金善加管理，以用于资助和开展各种活动，让公益组织从旁观者成为市场经济的参与者。信托投资公司以其精干的理财专家队伍、丰富的管理经验、良好的信誉和政策法律环境的有力支持，无疑能够提供最好的供给服务。以公益组织作为委托人，把公益基金作为信托财产委托给信托投资公司，信托投资公司作为受托人，通过管理、运用、处分信托财产，使这部分公益基金获得保值增值，交纳佣金和管理费后，增值部分用于指定的公益目的，实现社会利益和组织利益的双赢。

本章小结

公益信托，国内法学界也称之为慈善信托，是指出于公共利益的目的，为使全体社会公众或者一定范围内的社会公众受益而设立的信托。具体来说，就是为了救济贫困、救助灾民、扶助残疾人，发展教育、科技、文化、艺术、体育、医疗卫生事业，发展环境保护事业、维护生态平衡，以及发展其他社会公益事业而依法设立的信托。

公益信托的当事人包括委托人、受托人、受益人、信托管理人和经营委员会。

公益信托可以分为公共基金信托、公共机构信托、慈善剩余信托和公共机构代理等几大类。

公益信托的业务流程：提出设立公益信托的申请；转移信托财产；信托财产的管理与运用；信托收益的交付；信托监管；信托终止。

重点概念

公益信托　公益法人　公共基金信托　公共机构信托　慈善剩余信托　公共机构代理　公共利益　基金会

复习思考题

一、填空题

1.公益信托，国内法学界也称之为（　　），是指出于（　　）的目的，为使全体社会公众或者一定范围内的社会公众受益而设立的信托。

2.公益信托的受益人根据（　　）中规定的具体目的确定，但是（　　）只能规定受益人的范围，不确定具体的受益人。

二、单项选择题

1.慈善剩余信托中规定每年信托机构必须将不低于信托设立时信托财产的（　　）收益以年金形式支付给年金受益人，其余部分用于慈善目的。

A.3%　　　　　　B.5%　　　　　　C.10%　　　　　　D.15%

2.（　　）可以享受免税优惠。

A.公共基金信托　　B.公共机构信托　　C.慈善剩余信托　　D.公共机构代理

三、多项选择题

1.公益信托的特征主要有（　　）。

A.必须具有公益性　　　　　　　　　B.完全为了公共利益

C.受益对象不确定　　　　　　　　　D.受益对象是固定的

2.公益信托与私益信托的区别主要表现在（　　）。

A.目的不同　　　　　　B.设立不同　　　　　　C.监督不同

D.终止不同　　　　　　E.存续期不同

3.公益信托可以分为（　　）。

A.公共基金信托　　　　　　　　　　B.公共机构信托

C.慈善剩余信托　　　　　　　　　　D.公共机构代理

4.公共基金信托可以分为（　　）。

A.社会公众信托　　　　　　　　　　B.专项基金信托

C.共同收入信托　　　　　　　　　　D.共同管理信托

四、判断题

1.社会公众都可以以公益信托的名义从事慈善事业。　　　　　　　　（　　）

2.公益信托的委托人可以是个人，也可以是企事业单位。　　　　　　（　　）

3.个人不可以成为公益信托的受托人。　　　　　　　　　　　　　　（　　）

4.公益信托的受益人只能笼统地说是将来的、不特定的、多数的社会公众。

（　　）

5.委托人可以随时终止公益信托合同。　　　　　　　　　　　　　　（　　）

6.公益信托的设立必须由委托人直接向公益事业管理机构提出设立公益信托的申请。　　　　　　　　　　　　　　　　　　　　　　　　　　　　（　　）

7.在受益人不特定的情况下，委托人可以规定或者限定公益信托受益人的人数，甚至受益人享受的信托利益的数量。　　　　　　　　　　　　　　　（　　）

五、简答题

1.简述公益信托的目的和意义。

2.公益信托有哪些特征？

3.公益信托与私益信托有哪些区别？

4.公益信托和公益法人有哪些区别？

5.我国的公益信托存在哪些问题？应如何改善？

六、案例分析题

[案例一]   **中华慈善公益信托**

当前，中国公益资金的来源渠道较窄，在一定程度上制约了中国公益事业的发展。而运用公益信托不仅能扩大公益资金来源，也为信托业的健康发展带来了新活力。

2005 年 1 月，国内第一个正式获得民政部和银行业监督管理委员会批准的公益信托产品"中华慈善公益信托"开始发售，信托计划的受托人是中融信托。该信托计划的委托人包括有意慈善公益事业的自然人、法人和其他组织，其第一期计划筹资 2 亿~3 亿元。

该信托计划期限为 2 年，委托人单笔委托金额最低为人民币 200 元，并按人民币 100 元的整数倍增加。信托财产主要以银行存款、资金拆借和信贷资产转让等方式进行组合投资运作，信托收益将全部用于民政部"残疾孤儿手术康复明天计划"。

"残疾孤儿手术康复明天计划"是民政部在全国实施的一项慈善工程。从 2004 年至 2006 年的 3 年期间，总共筹措 6 亿元，用于中国社会福利机构中的从出生至 18 岁具有手术适应症的残疾孤儿（确保 2.8 万名、力争 3 万名）进行手术矫治和康复。

为了保证这次信托的顺利发行，中国政府对此信托给予极大的优惠，它突破了数项信托限制。

一是首次突破了 200 份合同、5 万元的限制。委托人只需 200 元即可购买该信托计划，奉献爱心的低门槛模式也更有利于热爱公益事业的慈善人士参与到其中来。

二是打破了传统意义上的"信托圈地"的地理限制。以往信托产品一般只能在项目所在地或信托公司所在地发行，也就是说发行城市不得超过 2 个。而该产品由北京、上海、哈尔滨等多个城市的商业银行代为发行。

三是该信托计划首次发行信托凭证，打破了现行有关规定中信托公司不得以发行委托投资凭证、代理投资凭证、受益凭证等方式筹集资金的规定。

当然，该信托计划筹集资金将以银行存款、资金拆借和信贷资产转让等银行信贷财产为主加以运用，尽量保证资金安全，但可能降低该信托计划的盈利性。国际意义上的公益信托资金均可投资于货币市场和证券市场，涉及操作的投资品种包括短期国债、政策性金融债、企业债券、有银行担保的可转换债券、银行存款，以及符合要求的、经中央银行及监管部门批准的其他金融工具等。因此，信托监管层有必要在加强公益信托财产风险控制的基础上，逐步放宽对公益信托财产的管理。

问题：

（1）结合案例谈谈我国公益信托的作用和意义有哪些。

（2）结合我国的具体国情谈谈应如何更好地扩大公益资金的来源，使公益信托发挥更好的作用。

[案例二]   **李先生的愿望**

李先生拥有一家大型机械材料公司，好学向上的他一直希望可以帮助更多学生完成学业。于是今年该公司董事会决议，将连续 5 年每年拨出公司盈余的 5%，作为母校高中学生的助学金，以资助有经济困难的学生完成学业。但考虑到设立财团法人须设有主事务所、办理法人登记、聘任专职人员等繁杂程序及支出，且资金运用方式设有限制，希望能另寻他途以回馈社会。

问题：结合所学内容谈谈李先生的愿望应如何实现。

第6章
资金信托业务

学习目标

通过本章的学习，你应该能够：

1. 掌握资金信托业务的概念、类型、特点和资金信托业务的流程；

2. 熟知贷款信托业务的概念、特征、原则、方式和贷款信托的操作程序；

3. 明晰投资信托业务的概念，投资信托与贷款信托的区别，直接投资信托和证券投资信托的内容；

4. 了解房地产资金信托的含义，房地产资金信托的特点、职能和作用以及房地产资金信托的一般运作流程。

▶▶▶

引例　　　　　　　　　**房地产资金信托案例**

（一）案例简介

计划名称：金地格林世界项目集合资金信托计划

信托规模：25 000万元。

信托期限：2年。

预计年收益率：8%。

信托利益分配：信托存续期间，受托人每年以现金方式向受益人支付信托收益一次，信托终止受托人将信托财产划付至受益人的银行账户。

投资领域：房地产。

资金运用方式：上海信托有限公司将募集到的信托资金贷款给上海金地格林房地产有限公司，上海金安经济股份有限公司对本次信托计划的贷款提供不可撤销的本息连带担保责任。

认购起点：单笔信托合同金额应不低于50万元人民币，超过部分按1万元人民币的整数倍增加。

推介期：2023年8月22日—9月22日。

（二）项目简介

上海金地格林房地产开发有限公司于 2003 年 7 月成立，注册资本金 3 亿元人民币。计划开发"金地格林世界"楼盘项目。本项目占地面积约为 408 亩，项目全部完成可建成商品房 45 万平方米，其中商铺约 6.5 万平方米，计划分两期实施，其中一期工程计划开工面积为 20 万平方米，于××××年年初开始正式销售。第二期计划开工面积为 25 万平方米，项目总开发周期约为 4 年。

（三）案例分析

优点：与银行存款、国债以及其他企业债券相比，房地产信托的预期收益率较高。在此案例中上海金安经济股份有限公司对本次信托计划的贷款提供不可撤销的本息连带担保责任，保障了投资人的利益。

缺点：收益越高，常常意味着风险越大。如果房地产项目做得不好，市场定位不准确，将来销售就成问题，投资者的收益就得不到保障。

总结：首先，能为房地产公司提供可靠的融资渠道，促进房地产企业良性发展。其次，房地产资金信托能够丰富资本市场的投资品种，为投资人提供一条稳定获利的投资渠道。最后，房地产资金信托能够拓宽信托投资公司的业务范围，是信托业得以迅速发展的重要契机。

资料来源：作者根据相关资料整理所得。

6.1　资金信托业务概述

6.1.1　资金信托业务的概念

《信托投资公司资金信托管理暂行办法》规定资金信托业务是指委托人基于对信托投资公司的信任，将自己合法拥有的资金委托给信托投资公司，由信托投资公司按委托人的意愿以自己的名义，为受益人的利益或者特定目的管理、运用和处置信托资金的行为。

6.1.2　资金信托的类型

资金信托类型的划分，能够使人们按照不同的特点对资金信托业务进行研究。按照不同的标准，资金信托可以划分为以下不同的类型：

1）根据资金信托委托人的数量和信托是否由信托投资机构主动发起进行划分

依据以上两个特征，资金信托可以分为个别资金信托和集合资金信托。

个别资金信托的委托人为单个人，并且信托的设立是由委托人向信托投资机构主动提出，并通常就资金的运用目的、运用方式提出特定要求，而信托投资机构予以承诺达成信托。

集合资金信托的委托人为两个以上，且一般由信托投资机构选定信托资金运用项目和确定资金运用方式，然后向不特定委托人发出设立信托的要约，委托人予以承诺，信托成立。例如，上海爱建信托推出的"上海外环隧道信托项目"即典型的集合资金信托业务。由信托公司主动推出集合资金信托业务，改变了传统的以财产管理功能为主的业务中信托投资机构处于被动接受信托的局面。信托投资机构为筹集资金主动地创设信托，不仅扩大了客户群体，还使得信托业的长期融资功能得到了充分发挥。

2）根据信托资金的运用方式进行划分

受托人因设立资金信托所取得的资金为信托资金，受托人可以采用贷款、同业拆放、股权和项目投资、购买上市和非上市有价证券等方式运用信托资金。因此，资金信托按照信托资金运用的方式不同可以分为贷款信托、投资信托、融资租赁信托、养老年金信托和形成财产信托。

3）依据资金形态在信托过程中是否发生变化进行划分

作为信托财产的资金，在信托过程中由于信托目的不同，信托资金的形态可能会发生变化，依据此特点，资金信托可以分为不变资金信托和可变资金信托。

不变资金信托是指在设立信托时委托人转移给受托人的信托财产是货币资金，受托人给付受益人的也是货币资金；信托终了时，受托人交还的信托财产仍是货币资金。在信托期间受托人为了实现信托目的，可以变换信托财产的形式，比如用货币资金购买有价证券获利，或进行其他投资，或贷款，但是受托人在给付受益人信托收益时要把其他形态的信托财产还原为货币资金。

可变资金信托是指受托人在承受信托时，接受的信托财产是资金，而在信托终了时，形态已经发生变化，不再是资金形态，受托人直接按照信托资金运用的原状交付给受益者的一种资金信托。如购买了股票就交付股票，购买了土地就把土地交付给受益人。

4）根据受托人和委托人之间权利、义务的大小进行划分

在签订资金信托契约时，委托人根据信托目的和对受托人的信任程度不同，会对自己的委托事项有一定权利的保留，根据受托人从委托人那里得到的授权大小不同，资金信托可以划分为特定资金信托、指定资金信托和非指定资金信托。

特定资金信托是指在该项信托中资金的运用方式和用途由委托人特别指定，受托人只能根据委托人指定的用途运用信托财产，一旦出现财产运用损失，由委托人和受益人负责。

指定资金信托是指委托人只指定资金运用的主要方向，其运用的具体方式则由受托人决定。之所以采用这种信托方式，是因为一般委托人对受托人比较信任，充分相信受托人的能力和品德，认为受托人能够很好地实现自己的信托目的。

非指定资金信托是指委托人对资金的运用方式、运用范围不做任何限定，而是完全由受托人自主决定。对于这种信托形式，政府担心受托人权力过大，容易产生社会不安定因素，一般都进行严格限制。如为了保护受益人利益，日本从法律上对非指定资金信托的资金运用范围进行了严格的限制，规定此项信托资金只能用于购买公债和用于以公债做担保的贷款。

6.1.3　资金信托业务的特点

1）资金信托以货币资金的转移为中心

资金信托关系一旦确立，委托人须将货币资金转移给受托人——信托投资机构；受托人向受益人转移的营运收益或本金一般为货币资金形式。信托资金在运作过程中可以表现为除货币资金以外的形式，如投资于有价证券、动产、不动产、工程项目等，但在信托结束时，信托投资机构一般以货币资金形式支付给受益人。

2）资金信托是三边信用关系

资金信托形成的是一种信托关系，即委托人出于一定目的委托信托投资机构代为营运货币资金，信托投资机构通过向委托人提供管理和营运货币资金的服务，来满足委托人的要求。其基本关系表现为委托人、受托人和受益人的三边信用关系。即使在特殊情况下，如委托人即受益人，其三者关系仍然存在，只是关系人只有两方。这与银行信贷的双边信用关系不同，不仅营运目的由委托人指定，营运方式也受委托人的要求所制约。

3）资金信托中受托人所承担的风险责任有限

由于信托资金的具体运用要遵循委托的意愿，因此受托人不承担资金营运的全部责任，仅对资金营运风险承担有限责任，这与资金的具体运用不受委托意愿制约的银行存款相区别。客户在银行的存款，由于排除了客户对资金运用的影响，因此，银行要承担资金使用过程中的全部风险，负完全的经济责任。

6.1.4　资金信托业务的流程

资金信托业务的流程如下：

①展示信托业务品种，协助委托人根据资金、期限和要求选择信托方式。

②委托人、受托人签订资金信托合同，并足额交付信托资金，受托人开具"资金信托凭证"。

知识链接6-1

资金信托合同

③按照资金信托合同条款的约定，对信托资金进行合理运用、管理和处置。

④信托期满时受托人对所管理资金进行信托收益的核算，编制业务报告，并予以告知或公告。

⑤按资金信托合同的约定进行信托收益的分配。

⑥信托合同终止，交付本金、收益，全部业务资料归档保管。

资金信托业务的流程如图6-1所示。

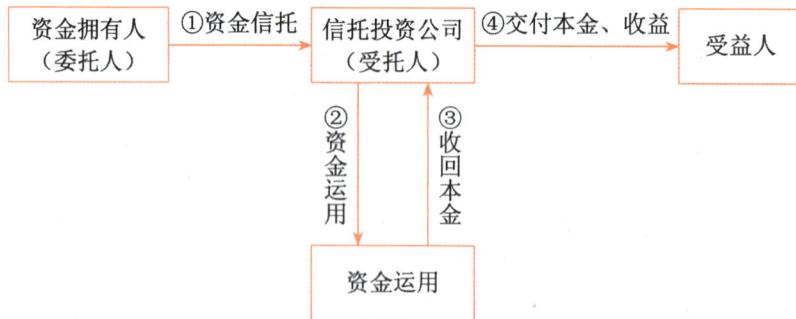

图6-1　资金信托业务的流程

6.2　贷款信托

6.2.1　贷款信托的概念及特征

所谓贷款信托，是指信托投资机构运用自有资金和吸收的信托存款，自主选择、自主发放贷款的一种信托方式。这种贷款的对象、用途、期限、利率等均由信托投资机构根据国家政策自行确定，因而贷款的风险责任也由信托投资机构承担。对于集合资金信托，贷款信托是由一个受托人与多个委托人签订信托合同，作为受托人，信托投资机构主动向委托者募集信托资金，并将得到的款项用于贷款或票据贴现。贷款信托多以自益信托方式出现。历史上，信托公司曾长期从事的委托贷款与贷款信托十分类似，但一般不允许信托投资机构主动创设并集合运用贷款，这就与集合资金贷款信托有明显不同，而与个别资金贷款信托基本类似。但是，各商业银行推出的委托贷款，大多由银行发起设立，并集合运用多个委托人的资金，应当说这种类型的委托贷款已经与典型的集合资金信托业务区别不大。

贷款信托最早为日本信托业依据 1952 年 6 月发布的《贷款信托法》而创设。当时，创设贷款信托的目的是为资源开发和重要产业的发展提供长期资金。贷款信托创设后，日本信托业又于 1971 年设计出可以转让交易的"受益证券"以体现受益权。1981 年，日本信托业又创设了"收益到期领取型"的新品种贷款信托。在日本的信托业务中，贷款信托是最重要的业务品种。

6.2.2　贷款信托的原则

信托投资机构通过灵活机动地发放贷款信托，能及时地为企业解决某些正当合理的、符合国家政策的、银行信贷暂时无力支持的资金需要。信托投资机构发放贷款信托必须坚持以下基本原则：

1）贷款必须按计划发放和使用

该原则包括两方面的含义：

①放款要纳入国家有关经济建设计划和省、自治区、直辖市的中小企业技术改造计划，支持国家经济建设发展重点项目和中小企业技术改造项目的资金需要。

②在规模控制情况下，放款要按中国人民银行的计划发放，即受规模制约。

2）贷款必须有适用、适销的物资做担保

贷款企业必须拥有与贷款金额相适应的并能参加生产周转的适销对路的物资，使资金运行和物资运行紧密结合。

3）贷款必须按期归还

信托投资机构给企业放款时，必须规定贷款使用期限，企业在规定的期限内还款付息，这是为了促进企业有效地组织生产和商品流通，按计划合理使用资金，加速资金周转。

4）区别对待，择优扶持

这一原则是实现前三条原则的手段，即信托投资机构在资金来源额度的控制下，可在符合贷款信托基本条件的对象中择优使用信托资金，以保证信托资金的流动性、

安全性与盈利性，加速资金周转。择优应包括两方面内容：

①政策上择优，即优先支持国家政策扶持、鼓励发展的行业和产品，如现阶段应优先支持能源交通、原材料等行业的资金需要。

②经济上择优，即在政策支持的前提下，优先选择产品销对路、盈利多、信用好的企业给予支持。

6.2.3 贷款信托的方式

贷款信托按其性质可分为固定资金贷款和流动资金贷款。根据现行规定，固定资金贷款必须符合国家的固定资产贷款要求；流动资金贷款一般限于向投资企业发放，对其他企业只可发放临时性周转贷款。信托投资机构根据借款单位不同的资金需要，结合自身内部信贷管理的要求，可以采用不同的贷款方式。通常采用的贷款方式有以下几种：

1）信用贷款信托

信用贷款信托是指借款单位凭借自身所具有的良好信用向信托投资机构申请贷款，信托投资机构审查后认为借款单位具有足够的信用基础，能按期归还贷款本息时发放的贷款信托。

2）保证贷款信托

保证贷款信托是指信托投资机构在发放贷款时，要求借款人提供有相应经济实力的法人为其贷款提供保证的书面证明文件，一旦借款人到期不能归还贷款本息，保证人必须无条件地代借款人还清未能偿还的债务。保证贷款信托可以分散贷款信托的风险，保证贷款信托到期全额收回。

3）抵押贷款信托

抵押贷款信托是指由借款人提供必要的动产、不动产作为抵押品，向信托投资机构申请办理的贷款信托。信托投资机构对那些资金周转困难，又不甚了解其信用状况和生产经营活动的企业常采用这类贷款信托。抵押贷款信托的金额不能超过抵押品的一定比例。贷款期限越长，抵押贷款的比例就越低。贷款到期时，贷款人还清贷款本息后即可从信托投资机构取回抵押品。当借款人到期无力归还全部贷款本息时，信托投资机构有权依法处理抵押品，以补偿未能收到的贷款本息。

4）卖方信贷

卖方信贷是指信托投资机构对卖方企业在国家政策范围内赊销商品而产生资金需要时发放的贷款。如某些企业对常年生产、季节销售的商品采用提前交货、延期收款方式赊销，缺乏继续再生产所需要的周转资金时，可向信托投资机构申请此类贷款，并用收回的货款归还贷款。

5）票据贴现

企业可以持未到期的银行承兑汇票或商业承兑汇票，到经核准的信托投资机构申请贴现，信托投资机构以汇票面额扣除贴现日至汇票到期日的折现利息后的相应金额向企业提供融资。

6.2.4　贷款信托的操作程序

1）单一资金贷款信托的操作程序

单一资金的贷款信托类似于信托投资机构历史上开展过的委托贷款业务，即由委托人提出设立信托申请，并对资金运用方式、运用对象、运用目的提出特定的或者一般性的要求，信托投资机构承诺后达成信托合同，再由信托投资机构根据信托合同的约定运用资金、发放贷款。贷款到期时，信托投资机构依贷款合同向借款单位收回贷款本息，并将增值后的信托资金交付投资者或委托人所指定的受益人，信托关系终止。

单一资金贷款信托的操作程序如图 6-2 所示。

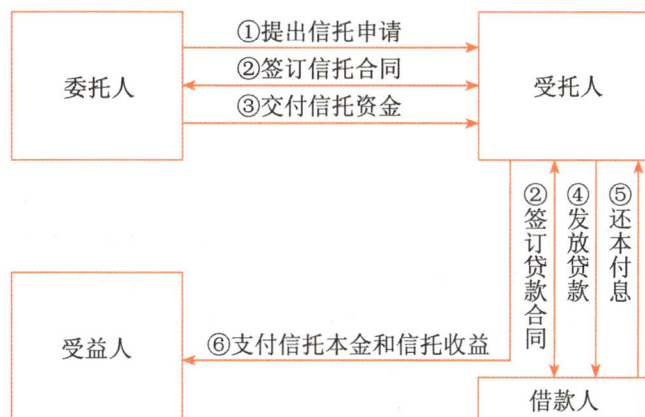

图6-2　单一资金贷款信托的操作程序

2）集合资金贷款信托的操作程序

集合资金方式的贷款信托由信托投资机构主动创设。其操作程序为：

①信托投资机构选定信托项目及贷款对象。

②信托投资机构以信托资金招募说明书的方式，向社会公众投资者和其他机构投资者发出设立信托的要约。

③投资者与信托投资机构达成信托合同，并将信托资金交付信托投资机构。

④信托投资机构依信托合同的约定，运用资金、发放贷款。

⑤信托投资机构管理信托财产（贷款债权），收取利息并在贷款到期时向借款人收回本金。

⑥信托投资机构将利息和本金依信托合同约定，支付给投资者或委托人指定的受益人，信托关系终止。

集合资金贷款信托的操作程序如图 6-3 所示。

以上的论述仅限于一般情况下贷款信托的操作程序。由于创新和发展，信托投资机构可能不断创造出凸显其产品差异性特征的新型贷款信托产品，因而不同的贷款信托产品的操作程序必然会有一定差异。

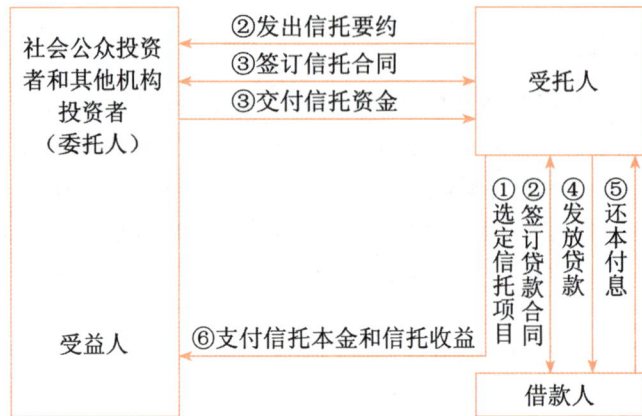

图6-3　集合资金贷款信托的操作程序

6.3　投资信托

6.3.1　投资信托的概念

投资信托是信托投资机构以法人身份将信托资金和自有资金等自主投资于企业项目或有价证券，以谋求预期收益为目的的一种信托方式。这里所说的投资信托不包括委托投资。投资信托是信托投资机构重要的传统业务。按照投资对象的不同，投资信托可分为企业项目投资信托和有价证券投资信托。前者又称为直接投资信托（即信托投资机构直接向企业或项目投资），后者又称为间接投资信托。

6.3.2　投资信托与贷款信托的区别

投资信托与贷款信托是信托投资机构资金运用的两种主要方式，两者有以下区别：

1）信托投资机构在两种业务中所处的地位、身份不同

在贷款信托业务中，贷款人与借款人之间是债权债务关系。信托投资机构是债权人，借款单位是债务人。信托投资机构通过发放贷款信托能增加企业的借入资金，其目的是以融资方式获取利息。信托投资机构一般不能参与企业的经营活动和经营决策，借款单位必须按期偿还贷款信托资金。而在投资信托业务中，信托投资机构是以投资者的身份出现而成为投资企业的股东。通过投放资金于经营项目或企业，可以增加企业的自有资金或项目的自筹资金。在该业务中，信托投资机构有权参与项目或企业的经营处理及重大决策，投资的目的是分享经营利润，而且投资企业一般不退还本金。

2）两种业务的收益分配方式不同

贷款信托是以取得利息为目的。贷款企业支付的利息数量与其经营成果没有直接联系，不论企业是否取得好的效益，贷款本息均依约收取，即只负盈不负亏。投资信托则是以获取收益为目的，而且利润多少与投资企业或项目的经营效益直接相关。投资企业经营效益好、盈利多，信托投资机构可分得的收益就多，这种分配只能在企业或项目取得收益后才能形成，因而投资信托的收益是不固定的。

3）两种业务的风险不同

在贷款信托业务中，信托投资机构只承担放款期间企业经营不良、贷款无法收回的风险。贷款收回后，企业经营的好坏不再影响其收益。而在投资信托业务中，信托投资机构作为企业的投资者自始至终要承担企业经营不善、亏损甚至倒闭的风险。因此，贷款信托业务的风险相对较小，而投资信托业务的风险相对较大。

4）两种业务在国家税收政策上的待遇不同

贷款信托允许税前还贷，即借款企业在缴纳各种税收之前就可清偿贷款本息。而投资信托则只能是税后分红，即投资企业在缴纳完各种税金及附加费后，才能对剩余利润进行分红。

6.3.3　直接投资信托

信托投资机构的直接投资一般分为两种方式：一种是参与合资经营方式，又称"股权式投资"，即信托投资机构作为投资者，同企业或其他经济组织共同投资建设一个项目，组成合资企业，并派代表参与项目的领导和经营管理，每年按资金利润率和投资量的大小，在缴纳完所得税后分得利润或承担亏损责任。合资经营具有共同经营、共负盈亏、共担风险的特点，双方的权益由出资的比例决定。另一种是合作方式，又称为"契约式投资"，即通过协议或合同方式明确投入资金数额、合作期限和收益分配比例。这种方式，信托投资机构不一定参与项目经营管理，但必须对合作企业实行必要的监督和审查，并且拥有否决投资企业重大经营决策的权力。在合作期限内的投资收益按商定的固定收益率收取，到期后或继续投资或出让股权收回所投资金。下面介绍两种重要的直接投资信托类型，即股权投资信托和权益投资信托。

1）股权投资信托

（1）股权投资信托的概念

股权投资信托是以股权投资方式将信托资金运用于实业项目投资的资金信托。股权投资信托也可以根据委托人情况不同分为个别资金投资信托和集合资金投资信托。个别资金投资信托的委托人为一个，通常情况下委托人处于创设信托的主动地位。而集合资金投资信托委托人为多个，通常情况下由作为受托人的信托公司主动发起创设信托。

（2）股权投资信托的操作程序

以集合资金投资信托为例，说明股权投资信托的操作程序。

①信托投资机构在综合考虑项目安全性、流动性、盈利性的基础上，选定投资项目。

②信托投资机构以信托资金招募说明书的方式，向投资者发出信托要约。

③投资者承诺要约，与信托投资机构达成信托合同，并将信托资金交付信托投资机构。

④信托投资机构运用信托资金，将资金投资于信托合同约定的项目，成为项目公司的股东。

⑤信托投资机构以股东身份参与投资项目的管理，确保项目运作按计划实施，确

保信托投资人的利益。

⑥信托投资机构依信托合同约定，定期将投资项目的分红交付受益人。

⑦信托投资机构依信托合同的约定，转让投资项目的股权或采取其他方式启动投资资金退出机制，在信托合同到期时将投资本金及增值收益支付投资人或投资人指定的受益人。若投资项目亏损，投资者将不能获得分红，并可能承担投资本金的部分或全部损失。

2）权益投资信托

（1）权益投资信托的概念

权益投资信托是指将信托资金投资于能够带来收益、权益的资金信托品种，这些权益包括基础设施收费权、公共交通营运权等。权益投资信托一般是集合资金信托。

（2）权益投资信托与股权投资信托的主要区别

二者的区别主要表现在：

①股权投资信托的对象一定是企业，而权益投资的对象是收费权、营运权、项目分红权等能够产生收益的项目或权利。

②股权投资信托通常是没有期限的，而权益投资信托一般是有期限的。

③在股权投资信托中，股权拥有者可以以股东的身份参与企业管理，其权利的来源是《公司法》及相关法律法规和企业章程，不需要通过合同专门约定；而权益投资信托的权利所有者不一定参与管理，即使参与管理也是以权利拥有者的身份行使管理权，其管理权的范围、大小由投资合同规定。

（3）权益投资信托在中国的发展前景

权益投资信托所投资的对象，其收益的产生依赖于政府公共权力的行使，主要是各类公共产品和准公共产品，如城市基础设施交通项目、公共安全、教育等。

可以说，权益投资信托在中国有相当大的市场前景。目前由于政府的财力所限，许多公共产品和准公共产品的供给政策不足。通过信托方式能够有效地筹措资金，以权益投资信托方式将其运用于基础设施等公共产品或准公共产品的生产、供应上，可以有效地弥补政府投资的不足，既使政府有足够的财力进行公共产品的投资，将项目的营运交由信托公司运作，也有利于提高投资和管理的效率。由于有政府的财政支持或政府赋予的收益权，权益投资信托的回报一般有充分的保障。因此，权益投资信托有可能成为投资者追捧的信托品种之一。

6.3.4　证券投资信托

1）证券投资信托的含义

证券投资信托是由特定的人（证券投资专家或由专家组成的机构）接受不特定的多数投资者的委托，集合各投资者的小额资金形成信托基金，投资于安全有利的有价证券，共同分享证券投资收益的一种信托方式。当社会发展到一定阶段，随着金融市场的产生和发展，众多分散的中小投资者不愿将其多余的资金参与国民储蓄，希望将资金投向利润较高的证券投资领域。但一般投资者由于缺乏这方面的专门知识和经营经验，难以有效地分散风险，难以获得理想的收益，而通过证券投资信托方式，正好能够满足这种需求。

2）证券投资信托的特点

证券投资信托大都采用投资基金的形式，而证券投资基金在不同的国家和地区有不同的称谓，美国式基金大都是公司型的，称为"共同基金"或"互助基金"，也称为"投资公司"；英国和我国香港地区大都是契约型的，称为"单位信托基金"；日本、韩国和我国台湾地区称为"证券投资信托基金"；我国大陆地区统称为"××投资基金"。虽然称谓有所不同，但其特点却无本质区别，共同的特点如下：

①聚小成大。投资基金将小额资金通过信托方式汇集起来，能够克服小额资金在金融市场无法有效避免非系统风险的缺陷，能够克服小额投资者缺乏专门知识和经验不足的缺陷。

②专家经营。投资基金是由具有专业知识和丰富投资经验的人员来管理经营的，这些人员不仅有很好的投资能力，而且拥有先进的研究分析手段，有条件获得充分的信息，从而能够更好地利用各种金融工具，抓住有利的投资机会，创造更好的投资收益。

③分散投资。投资基金一般将信托资金分散投资于不同行业或具有不同风险的有价证券，从而可以使投资者拥有单个投资无法实现的有效证券组合，这是投资基金在投资决策方面的一个明显特征。

④降低风险。投资基金采用的是分散投资的策略，这样操作经营的结果，自然能够降低投资的非系统风险，使这种信托方式的投资比单独投资要安全、准确得多。

⑤稳定收益。投资基金作为发行证券的企业和个人投资者之间的中介机构，能够根据证券市场的行情波动、有关经济金融政策的变化、不同企业的经营状况来选择有利的投资时机，进行合理的投资组合，从而确保投资者获得稳定的收益。

⑥多元服务。投资基金能够根据个人投资者的不同需求，提供多方面的服务，如定期购买股票、股息自动再投资、股份的清偿及投资过程的咨询等。这一切都使整个投资过程变得轻松、简便。

同步案例 6-1　　　　　　　**股权投资集合资金信托计划**

乙公司是由甲公司全额出资设立的有限公司，注册资本为人民币 120 万元。丙公司是依法成立并合法存续的信托投资公司，拟推出股权投资集合资金信托计划，并将受托的资金集合起来对乙公司进行增资。2022 年 2 月 15 日，经协商一致，甲、乙、丙三公司签署了增资协议，并修改了乙公司章程，主要条款如下：

1. 甲公司同意丙公司对乙公司进行增资，使乙公司注册资本增加至人民币 320 万元，丙公司的增资额为人民币 200 万元，其增资金额来源于信托计划成立后实际募集的金额。

增资后，甲公司持有乙公司 37.5% 的股权，丙公司持有乙公司 62.5% 的股权。

2. 乙公司经营中的风险由甲公司承担，丙公司不具体参与乙公司的经营管理，也不承担乙公司的债务和风险。

3.丙公司享有按照事先约定的比率（年收益率为7%）及实际天数于每年年末优先分红的权利，除此以外，丙公司不再参与乙公司其他任何利润分配。

4.乙公司设董事会，成员6名，由股东提名，股东会选举产生。其中甲公司提名4名，丙公司提名2名，董事每届任期3年，任期届满，可连选连任。

5.在丙公司集合资金信托期满1年时，乙公司进行减资，即丙公司收回其原持有乙公司62.5%的股权，收回资金数额确定为人民币200万元。减资后，乙公司注册资本恢复为人民币120万元，甲公司持有乙公司100%的股权。

2022年3月30日，丙公司的股权投资集合资金信托计划共募集资金人民币200万元，并于2022年3月31日完成对乙公司增资。

乙公司于2022年4月3日办妥了增资的工商变更登记手续。乙公司根据规定，于2022年12月31日，向丙公司支付红利人民币10.5万元；于2023年3月31日，向丙公司支付红利人民币3.5万元及减资金额人民币200万元。乙公司于2023年4月7日办妥减资的工商变更登记手续。

资料来源：作者根据相关资料整理。

6.4 房地产资金信托
6.4.1 房地产资金信托的含义及开办的意义
1）房地产资金信托的含义

房地产资金信托指委托人将该资金委托给信托投资机构，由信托投资机构按照委托者的要求对该信托房地产公司发放贷款或者投资，使投资者获取溢价收益。由于房地产资金信托的这种信托方式，能够照顾到委托人、信托投资机构和受益人等各方的利益，因此在我国目前银行贷款紧缩的条件下，受到房地产公司的欢迎。

2）房地产资金信托开办的意义

①能为房地产公司提供可靠的融资渠道，促进房地产企业良性发展。目前，我国的大部分房地产公司自有资金都不超过总资金的20%，而银行贷款又趋于紧缩状态，受房地产开发成本高等因素的制约，一般房地产的产品销售或租赁都需要一个较长的过程，所以资金短缺是一个长期状态。因此，利用信托工具融通资金便成为一种行之有效的方法。

②房地产资金信托能够丰富资本市场的投资品种，为投资人提供一条稳定获利的投资渠道。特别是在股市欺诈接连不断、股指一蹶不振、银行存款利率不高的背景下，大量的资金要寻找稳定的投资获利渠道，房地产资金信托生逢其时，是满足投资者需要的一个很好的选择。

③房地产资金信托能够拓宽信托投资机构的业务范围，是信托业得以迅速发展的重要契机。从我国信托业发展所走过的20多年的历程来看，因为无法可依，信托业

的定位一直处于一种无序状态，为了吸纳储金，曾屡次出现高息揽储等不规范现象，扰乱了金融市场，也招来了政府干预，一次次整顿的结果使信托业的"可经营范围"越来越窄，业务量也越来越少。2001年10月1日《信托法》的实施，给信托业的规范发展带来了新的生机，在百废待兴的状态下，对信托业而言，进行房地产资金信托不失为一项崭新的、现实的、强有力的突破口。

6.4.2 房地产资金信托的特点

1）信托房地产所有权与地产使用权具有转移性是房地产信托关系成立的前提

房地产资金信托的委托人必须是该房地产的所有者（支配者），这样受托人才能接受这项信托，信托行为才能成立，受托人才能替代委托人行使该项房地产的财产权。

了解和掌握这一特点，有利于加强受托人营运、管理或处置信托房地产的责任，提高收益。

2）办理信托的房地产具有独立性

为了保障受益人的权利，信托房地产同受托人本身固有的财产在法律上因其性质不同而应区别对待。这是因为，信托制度是为了受益人的利益而由受托人管理财产，虽然信托财产所有者名义上是受托人，但实际持有信托财产权利的是受益人（或委托人）。因此，不仅信托的房地产要与受托人固有财产区别对待、分开核算，就是在信托房地产中一项信托财产与其他信托财产也要加以区别、分开核算。因为它们属于不同的受益人，是各自独立的信托财产，这就是信托房地产的独立性。

3）房地产资金信托的收益分配具有特殊性

受托人是按照委托人的意愿，为了受益人的利益而管理、处分其房地产，而不是为了受托人本身的利益。受托人不能占有信托房地产的收益，只能从委托人或受益人那里得到信托合同所约定的信托报酬，即手续费。所以，为了保证受益人充分享有信托利益，受托人必须信守合同，公正地履行其职责。同时，按照经营的实际效果计算房地产资金信托收益。信托投资机构只按照委托人意愿和要求，对办理信托的房地产进行管理和处分，就经营管理的实际状况做出核算，得到的收益归受益人享受。如有亏损由受益人或委托人负担，信托投资机构在本身没有过失的情况下，不承担损失风险，并可向委托人索取处理信托事务所发生的费用以及补偿费用或因委托人的过失而出现的损失。

4）房地产资金信托业务方式具有灵活性

房地产的开发经营需要巨额资金，而房地产资金信托业务形式多样，如房地产委托投资、代理买卖房地产、代理房地产租赁、房地产信托存贷款、代理买卖或保管房地产有价证券等业务均可办理。所以通过开办房地产资金信托业务，可以更广泛地筹集资金、更灵活地调节和运用资金，以适应房地产公司生产、流通、交换、消费等多方面的要求。

▶▶▶

同步案例 6-2　　　　　　　　**信托资金投向及占比**

　　服务支持实体经济是金融供给侧结构性改革的核心要求，是信托业转型的重要方向。近年来，在监管政策引领下，信托业围绕国家战略，采取积极措施，稳步加大对实体经济的资金投入，着重引导资金进入工商企业和基础设施领域，积极支持国家重大战略实施，提高金融服务效率。与此同时，信托公司根据回归资管行业本源的要求，大力发展标品信托，培育金融市场投资能力，投向证券市场、金融机构的规模和占比持续提升。

　　房地产信托一度是信托公司的重要业务，也是信托公司重要的收入来源。近年来，受监管政策以及房地产行业整体环境影响，投向房地产的信托资金占比一直呈现下降趋势。截至 2023 年 6 月末，投向房地产的信托资金余额为 1.05 万亿元，较上年同期下降 3 661 亿元，同比降幅为 25.87%，占比 6.68%，较上年同期下降 2.85 个百分点。

　　资料来源：作者根据中国信托业协会网站相关资料整理。

6.4.3　房地产资金信托的职能

1）财务管理职能

　　财务管理职能是房地产资金信托的基本职能，"受人之托，代人理财"是信托投资机构的主要经营原则。如信托投资机构接受某投资人的委托，向某房地产开发企业发放房地产委托贷款，信托投资机构不仅要按委托人的要求，审查该房地产开发企业的偿还能力，担保人的信誉，并按照约定的贷款金额、期限、利率去发放贷款，而且还须监督贷款的使用，考核其经济效益，并督促借款人到期偿还本息。

2）金融职能

　　金融职能是指筹集资金和融通资金的职能。开办房地产资金信托业务，主要目的在于搞活房地产开发资金，在国内，为发展和加快房地产业的建设筹集长期、稳定的资金；在国际上，着眼于吸引外资，引进国际资本开发国内的房地产业。这些都属于其金融职能。

3）信用服务职能

　　房地产资金信托无论对个人、企事业单位还是团体等都根据实际需要提供内容丰富、形式多样的信用服务，如为房地产开发企业代理发行股票、债券、催收欠款、信用签约、履约担保和项目咨询等；另如代理房产出租、代办房产保险费的缴纳和领取、代办会计事务和投资顾问等。可以说，房地产业有什么需要，信托投资机构就可以办理相应的信用服务项目。

6.4.4　房地产资金信托的一般运作流程

　　①信托投资机构面向投资者发行房地产投资集合资金信托计划，投资者与信托投资机构签订信托合同并交付投资资金。信托计划成立即意味着房地产资金信托成立。

　　②信托投资机构按照信托文件的要求，购买或参与开发房地产项目。

③信托投资机构按照信托文件的要求，把房地产出租给承租人，并签订租赁合同，或者把房地产出售。

④承租人支付租金，房地产购买者支付购买金。

⑤信托投资机构按照信托文件的要求，扣除必要的管理费用和其他税费后，向投资者支付本金和投资收益。

本章小结

资金信托业务是指委托人基于对信托投资公司的信任，将自己合法拥有的资金委托给信托投资公司，由信托投资公司按委托人的意愿以自己的名义，为受益人的利益或者特定目的管理、运用和处置信托资金的行为。

资金信托业务的特点主要表现在以下几个方面：资金信托以货币资金的转移为中心；资金信托是三边信用关系；资金信托中受托人所承担的风险责任有限。

资金信托业务的流程：展示信托业务品种，协助委托人根据资金、期限和要求选择信托方式；委托人、受托人签订资金信托合同，并足额交付信托资金，受托人开具"资金信托凭证"；按照资金信托合同条款约定，对信托资金进行合理运用、管理和处置；信托期满时受托人对所管理资金进行信托收益的核算，编制业务报告，并予以告知或公告；按资金信托合同的约定进行信托收益的分配；信托合同终止，交付本金、收益，全部业务资料归档保管。

贷款信托是指信托投资机构运用自有资金和吸收的信托存款，自主选择、自主发放贷款的一种信托方式。这种贷款的对象、用途、期限、利率等均由信托投资机构根据国家政策自行确定，因而贷款的风险责任也由信托投资机构承担。

通常采用的贷款方式有以下几种：信用贷款信托；保证贷款信托；抵押贷款信托；卖方信贷；票据贴现。

投资信托是信托投资机构以法人身份将信托资金和自有资金等自主地投资于企业项目或有价证券，以谋求预期收益为目的的一种信托方式。

投资信托与贷款信托的区别：信托投资机构在两种业务中所处的地位、身份不同；两种业务的收益分配方式不同；两种业务的风险不同；两种业务在国家税收政策上的待遇不同。

证券投资信托是由特定的人（证券投资专家或由专家组成的机构）接受不特定的多数投资者的委托，集合各投资者的小额资金形成信托基金，投资于安全有利的有价证券，共同分享证券投资收益的一种信托方式。

证券投资信托的特点：聚小成大；专家经营；分散投资；降低风险；稳定收益；多元服务。

房地产资金信托指委托人将该资金委托给信托投资机构，由信托投资机构按照委托者的要求对该信托房地产公司发放贷款或者投资，使投资者获取溢价收益。

房地产资金信托的特点：信托房产所有权与地产使用权具有转移性是房地产信托

关系成立的前提；办理信托的房地产具有独立性；房地产资金信托的收益分配具有特殊性；房地产资金信托业务方式具有灵活性。

房地产资金信托的职能：财务管理职能；金融职能；信用服务职能。

重点概念

资金信托　个别资金信托　集合资金信托　特定资金信托　指定资金信托　非指定资金信托　贷款信托　投资信托　直接投资信托　证券投资信托　房地产资金信托

复习思考题

一、填空题

1.（　　）的委托人为两个以上，且一般由信托投资机构选定信托资金运用项目和确定资金运用方式，然后向不特定的委托人发出设立信托的（　　），委托人予以承诺，信托成立。

2.（　　）由委托人提出设立信托申请，并对资金运用方式、运用对象、运用目的提出特定的或者一般性的要求，信托投资机构承诺后达成信托合同，再由信托投资机构根据信托合同的约定运用资金、发放贷款。

3.按照投资对象的不同可以将信托投资分为（　　）和（　　），或称为（　　）或（　　）。

二、单项选择题

1.贷款信托多以（　　）信托方式出现。

A.他益　　　　　　　　B.自益　　　　　　C.公益　　　　　　　D.集合资金

2.为了保护受益人的权益，政府一般对（　　）进行严格限制。

A.特定资金信托　　　　　　　　　　B.指定资金信托

C.非指定资金信托　　　　　　　　　D.集合资金信托

3.（　　）信托允许税前还贷。

A.贷款　　　　　　　　　　　　　　B.投资

C.融资租赁　　　　　　　　　　　　D.年金

三、多项选择题

1.贷款信托的原则（　　）。

A.按计划发放和使用　　　　　　　　B.有适用、适销的物资做担保

C.贷款必须按期归还　　　　　　　　D.区别对待，择优扶持

2.贷款信托的方式主要有（　　）。

A.信用贷款信托　　　　B.保证贷款信托　　　　　C.抵押贷款信托

D.卖方信贷　　　　　　E.票据贴现

3.房地产资金信托的职能（　　　　）。

A.财务管理职能　　　　　　　　　　　　B.金融职能

C.信用服务职能　　　　　　　　　　　　D.社会投资职能

4.证券投资信托的特点主要有（　　　　）。

A. 聚小成大　　　　　　B. 专家经营　　　　　　C.分散投资、降低风险

D. 稳定收益　　　　　　E. 多元服务

四、判断题

1.不变资金信托必须始终保持货币形态。　　　　　　　　　　　　（　　）

2.资金信托的受托人不承担资金营运的全部责任，仅对资金营运风险承担有限责任。　　　　　　　　　　　　　　　　　　　　　　　　　　　　　（　　）

3.投资信托的目的是分享经营利润，一般不参与企业项目决策。　　（　　）

4.贷款信托的风险大于投资信托的风险。　　　　　　　　　　　　（　　）

5.证券投资信托大都采用投资基金的形式。　　　　　　　　　　　（　　）

6.股权投资信托一般是有期限的，而权益性投资信托通常是没有期限的。

（　　）

五、简答题

1.简述资金信托业务的流程。

2.信托投资机构在发放贷款信托时必须遵循哪些基本原则？

3.投资信托与贷款信托的区别有哪些？

4.证券投资信托有哪些特点？

5.开办房地产资金信托有哪些重要意义？

6.简述房地产资金信托的特点。

7.房地产资金信托的职能有哪些？

六、案例分析题

贷款信托案例

2020年9月，某民营企业取得了关于城市垃圾处理厂建设与经营项目的地方政府特许权，该项目需要资金2亿元。而该企业当时总资产为6 000万元，净资产为4 800万元，年利润为1 000万元。企业相关人员带着地方政府特许权等相关文件找到当地某银行信贷部门寻求贷款，采用了个人委托贷款融资方法，迅速融得民间资金2亿元。

对于委托人（投资人）来说，如果投资人有10万元，在某银行存3年定期存款，按年息4.68%计算，可获得利息14 040元（100 000×4.68%×3）；假如投入该项目进行3年定期投资，按年利息7.8%计算，可获得利息23 400元（100 000×7.8%×3），那么可多得9 360元利息。

对于受托人（商业银行）来说，首先获得了0.5%的手续费，即100万元（2亿元×0.5%），同时增加了银行储蓄额。

对于借款人来说，不需要资产抵押等银行手续便融到了资金，比现行银行贷款利率最多高1个百分点。在一个地区只要有2 000个投资人，每人投资10万元就解决问题了。

对于地方政府来说，没花一分钱就建成了垃圾处理厂，解决了城市环境保护问题，帮助解决了中小企业融资难的问题，同时使支持投资的老百姓得到了实惠。

问题：

（1）贷款信托的业务流程是什么？

（2）结合我国的具体国情谈谈应如何更好地开展贷款信托业务。

第7章
信托机构的设立、经营与管理

学习目标

通过本章的学习，你应该能够：

1. 了解我国信托机构的设立、变更与终止；
2. 明晰信托机构的类型和信托机构的组织结构；
3. 熟知信托管理的目标和原则；
4. 掌握信托机构的业务管理、财务管理、风险管理等内容。

引例　　　　　　　　　　**上海国际信托投资有限公司的业务简介**

上海国际信托投资公司成立于1981年7月24日，2001年公司经中国人民银行核准首批获得重新登记，更名为"上海国际信托投资有限公司"，注册资本为人民币25亿元。

上海国际信托投资有限公司的业务主要包括以下几类：

1. 资金信托业务

上海国际信托投资有限公司的资金信托业务由富有投资经验、高学历专业人员组成的投资管理团队负责，在综合利用国内外的各种资源和严格的风险控制下，以其规范的投资行为和详尽的市场调研与分析为满足客户不同的风险/收益偏好而量身定制投资方式。资金信托业务主要包括：

（1）人民币资金信托。

（2）外汇资金信托。上海国际信托投资有限公司通过投资国际债券、红筹公司债券和国际货币市场基金、H股和B股等投资品种的不同组合，根据委托人的风险偏好设计出多种信托产品，在保证本金安全的前提下，追求高度稳定的定期收益。

（3）风险管理。自20世纪90年代起，上海国际信托投资有限公司开始帮助客户通过国际金融市场衍生工具管理外汇债务风险，主要包括外汇汇率风险管理和外汇利率风险管理。

▶▶▶

2.资产信托业务

资产信托业务主要是接受客户的本、外币资金信托，通过贷款、租赁和投资的方式来运用各类受托资金，使受托资金保值增值，从而实现为客户理财的业务宗旨。公司承办的资金信托分为不定向和定向两种。不定向的资金信托，即客户不指定资金运用的方式和对象，一切由公司来优化资金配置。定向的资金信托，即客户指定资金运用的方式和对象，一般称为委托贷款（租赁）和委托投资。同时，公司还受托管理各类投资项目、法人股及其他股权，并承办表决权信托业务等。资产信托业务主要包括贷款、租赁、投资、委托贷款、委托投资和投资项目管理信托等。

3.投资银行业务

上海国际信托投资有限公司投资银行总部成立于1995年。目前业务领域主要涉及财产信托和投资银行等业务，具体划分为4个业务部门：资产重组部、财务顾问部、风险投资部和综合管理部。其主要从事的业务包括财务顾问、法人股信托、资产重组、风险投资和风险管理。

4.市场发展业务

市场发展总部作为公司的重要业务部门之一，主要负责信托市场的研究，信托产品的开发、推广以及对客户的售前及售后服务。

资料来源：根据上海国际信托投资公司有关资料整理。

分析：上海国际信托投资有限公司转制以来，不断推出创新信托产品，运作的信托产品包括资金信托、财产权信托、财产信托和证券投资信托，已在市场上树立起品牌。上海国际信托投资有限公司不断完善公司法人治理结构，注重创新，不断开拓信托业务、优化自营资产、完善公司治理，取得了良好的业绩，利润总额、净资产收益率和信托业务收入大幅提高。

7.1 信托机构的设立、类型及组织结构

7.1.1 我国信托机构的设立、变更与终止

信托机构属于金融机构，而金融又是经济的核心，因此为保证金融市场的稳定和信托业的健康发展，每一个国家对信托机构的设立都有一定的法律规定。由于各个国家的法律和文化背景不同，经济发展情况也千差万别，因此每个国家对信托机构设立条件的规定也不尽相同。

依据我国《信托公司管理办法》的规定，信托公司的设立、变更与终止应当具备下列条件：

1）信托机构的设立

（1）设立信托公司的形式

应当采取有限责任公司或者股份有限公司的形式。

（2）设立信托公司的审批

设立信托公司，应当经国家金融监督管理总局批准，并领取金融许可证（示例如图7-1所示）。未经国家金融监督管理总局批准，任何单位和个人不得经营信托业务，任何经营单位不得在其名称中使用"信托公司"字样。法律、行政法规另有规定的除外。

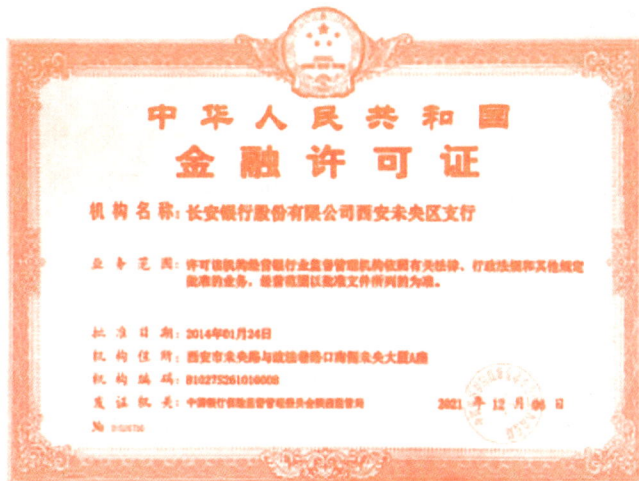

图7-1   中华人民共和国金融许可证示例

（3）信托公司的设立条件

①有符合《公司法》和国家金融监督管理总局规定的公司章程；

②有具备国家金融监督管理总局规定的入股资格的股东；

③具有规定的最低限额的注册资本；

④有具备国家金融监督管理总局规定任职资格的董事、高级管理人员和与其业务相适应的信托从业人员；

⑤具有健全的组织机构、信托业务操作规程和风险控制制度；

⑥有符合要求的营业场所、安全防范措施和与业务有关的其他设施；

⑦国家金融监督管理总局规定的其他条件。

（4）信托公司设立的程序

信托机构的设立，必须经过一定的程序。世界各国多采用"许可""登记"制度，因此信托机构除具备设立的实质要件外，一般还须经过"申请—批准许可—登记"3个步骤才能开业经营。

①申请。由拟设立信托机构的发起人向主管机关提出申请并提交有关文件、资料。

②批准许可。主管机关审查信托机构的发起人提交的申请书及附列的申请文件、材料，对符合条件的，批准其成立。审查内容一般着重于：信托机构是否有足够的资本；是否有具备信托经验的高级职员；其经营管理的特点、能力以及社会对信托业务的需求情况；该机构资金所占份额等，尤其是其组织章程和货币资本的真实、充足与否，直接影响到信托机构的信誉，必须予以确切核实。

③登记。经主管机关批准许可后，信托公司还须向有关部门登记注册才可取得合法的经营权，开展营业活动。在有些国家，审批和发给执照是由同一个机构执行的，

而在其他一些国家却分属两个机构。

2）信托机构的变更

信托机构有下列情形之一的，应当经国家金融监督管理总局批准：

①变更名称；

②变更注册资本；

③变更公司住所；

④调整业务范围；

⑤更换董事或高级管理人员；

⑥变更股东或者调整股权结构，但持有上市股份公司流通股份未达到公司总股份5%的除外；

⑦修改公司章程；

⑧合并或者分立。

知识链接7-1

信托公司筹建审批申请材料目录

同步案例 7-1　关于某信托有限责任公司名称、组织形式、公司章程变更的公告

经国务院国有资产监督管理委员会《关于××信托股份有限公司国有股权管理有关问题的批复》（国资产权〔2017〕××××号）和中国银行业监督管理委员会《中国银监会关于××信托有限责任公司实施改制的批复》（银监复〔2017〕×××号）批准，以2017年7月31日为基准日，××信托有限责任公司（以下简称"公司"）按原账面净资产值折股整体变更为股份有限公司，变更后公司的注册资本为12亿元，总股本为12亿股，原股东A总公司和B公司作为股份有限公司的发起人，在股份有限公司的持股比例保持不变。由于上述变更，根据相关法律法规的规定，发起人签署了××信托股份有限公司章程。

经国家工商行政管理总局名称预核准后，公司于2017年10月26日在上海市工商行政管理局换领了新的企业法人营业执照，注册号仍为×××××××××××××××××××。

现将相应事项列示如下：

中文全称：××信托股份有限公司

英文全称：××Trust Co.，Ltd.（英文缩写为××TC）

公司住所地：上海市中山东二路××号××楼

注册资本：人民币壹拾贰亿元

公司类型：股份有限公司（非上市，国有控股）

公司经营范围保持不变。

本次变更后，原××信托有限责任公司的债权债务均由××信托股份有限公司享有及承担。

特此公告。

××信托股份有限公司

资料来源：根据××信托股份有限公司相关资料整理。

3）信托机构的终止

信托公司终止是指信托公司的法律主体资格消失，在组织上解散并终止经营活动的行为或事实。信托公司的终止可分为任意终止和强制终止两类。任意终止是指信托公司基于其自身的意愿而终止。任意终止的事由一般包括：公司章程规定的公司经营期限届满；公司章程规定的解散事由出现；公司因合并或分立而终止。强制终止是指信托公司基于法律或有关机关的决定或裁判而终止，如被依法撤销、依法宣告破产等。

我国《信托公司管理办法》对两种终止事由分别做出了规定：

（1）信托公司依法解散

信托公司出现分立、合并或者公司章程规定的解散事由，申请解散的，经国家金融监督管理总局批准后解散，并依法组织清算组进行清算。

（2）信托公司被依法宣告破产

信托公司不能清偿到期债务，且资产不足以清偿债务或明显缺乏清偿能力的，经国家金融监督管理总局同意，可向人民法院提出破产申请。国家金融监督管理总局可以向人民法院直接提出对该信托公司进行重组或破产清算的申请。

信托公司终止时，其管理信托事务的职责同时终止。清算组应当妥善保管信托财产，做出处理信托事务的报告，并向新受托人办理信托财产的移交。信托文件另有约定的，从其约定。

7.1.2　信托机构的类型

1）单一信托机构

单一信托机构也可称为专业信托机构，一般是指具有完全独立法人资格、专门办理信托业务的经济组织。它属于非银行组织，一般不经营银行业务，我国目前单一的信托机构主要有两种：一种是国家开办的信托机构，如中国国际信托投资公司和中国对外经济贸易信托投资公司；另一种是地方或主管部门开办的信托投资机构，如各省市的国际信托投资公司。

2）附属于其他机构的信托机构

附属于其他机构的信托机构，也称兼营信托投资机构，是指既从事信托业务，又从事银行业务的金融机构。兼营信托投资机构根据其从事银行业务和从事信托业务的侧重点不同又可分为以下两种形式：

（1）以从事信托业务为主，同时又从事银行业务的信托机构

例如，日本的信托投资机构大多是以信托业务为主、同时又兼营银行业务的信托银行。这是因为第二次世界大战后，日本出现了严重的通货膨胀，国民私有财产很少，长期资金又无法吸收，财产金钱信托难以开展，且政府的证券交易法又限制了信托公司的证券业务，这些情况使信托公司的经营陷入困境。按照日本当时的法律规定，信托机构不能经营银行业务，而根据《兼营法》，普通银行则被准许兼营信托业务。于是，日本政府通过《银行法》把信托公司改组为信托银行，又通过《兼营法》使信托银行得以经营银行业务，形式上似乎是信托银行兼营信托业务，实际上信托银行是以信托公司的身份，专门经营信托并兼营银行业务。这样，信托公司最终摆脱了

困境，不断开发新业务。1953年6月以后，日本实行了长短期金融相分离的政策，使信托银行承担长期信贷业务，于是一部分兼营信托业务的银行，不再经营信托业务，这样，日本的信托业务就集中到信托银行的手中。

（2）以从事银行业务为主，同时又从事信托业务的银行信托部

一般情况下，银行信托部本身不具有独立的法人资格或本身虽具有独立的法人资格但受到另一机构的控制。这种组织形式的信托机构也比较普遍。如在美国，大部分的信托业务都是由商业银行设立的信托部门经营的。在我国，以前银行系统所属的信托投资机构也属于此种类型，但目前，银行系统的信托投资机构已经和银行脱钩。

上述两种类型的信托机构各有利弊，在金融市场不够发达、金融法律制度尚不健全的情况下，混业经营的金融体制容易引起各种形式的违规经营、管理混乱、市场失序等问题，并容易引发金融风险。而采取完全的分业制，可能又会由于市场狭窄、业务较少或者业务经营手段较单一而制约信托业的发展。日本的信托业在第二次世界大战后之所以由分业制改为兼业制，就与当时日本的信托市场狭窄、信托公司无法维系生存有关。

7.1.3 信托机构的组织结构

信托机构的内部组织结构设置是指信托机构内部组织管理和职能部门的设置。信托机构内部组织结构的设置是否健全和有效率直接关系到它所提供的信托服务的质量以及自身的盈利能力。现代信托机构的内部组织结构的设置通常有以下3种类型：

1）按职能分工的组织结构

按职能分工的组织结构举例如图7-2所示。这是信托机构传统的组织结构，这种结构的优点在于各部门专业实力雄厚，便于做出正确决策，能较好地运用信托资产。其缺点是有的信托资产可能涉及两个或两个以上部门为之服务，如果部门之间协调不妥，会给委托人或受益人造成损失。

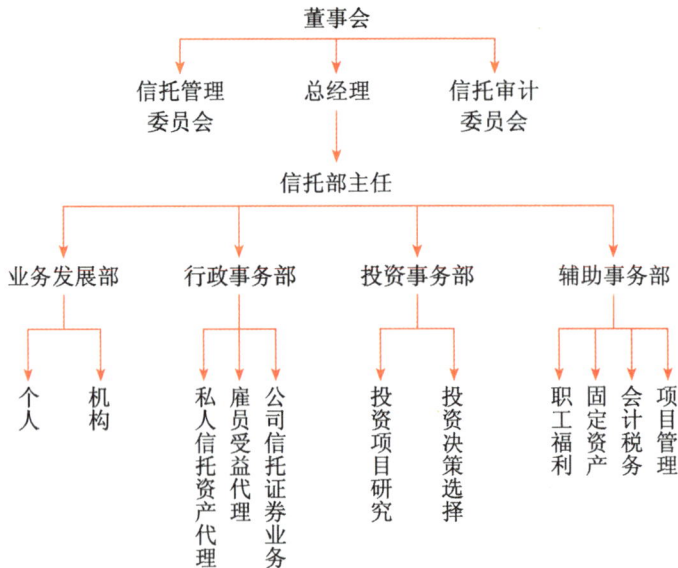

图7-2 按职能分工的组织结构举例

2）按服务对象分工的组织结构

按服务对象分工的组织结构举例如图7-3所示。这种结构的优点在于任何一个服务对象的信托财产都在一个部门内处理，使业务人员对委托人有充分的了解，提高业务处理效率。其缺点是由于在同一个部门内都要设置相同的服务机构，容易造成人员的分散和费用的提高。

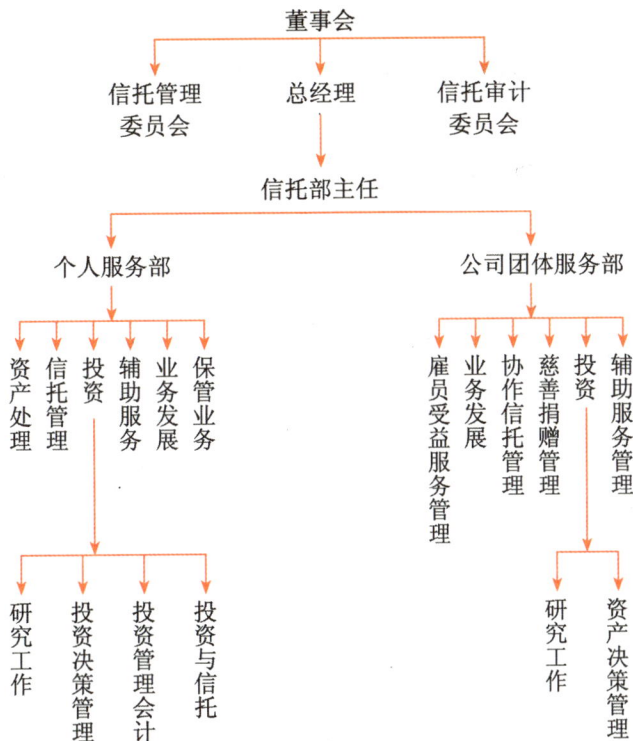

图7-3   按服务对象分工的组织结构举例

3）综合分类的组织结构

综合分类的组织结构举例如图7-4所示。这种结构既采纳了按服务对象分工的优点，又吸收了按职能分工的长处，因此在一定程度上弥补了上述两种结构的不足。当然，综合分类的组织结构并不能完全消除信托机构内部组织结构设置所面临的问题，因为即使在这种模式下，仍然存在着一定程度的业务职能与服务对象之间的矛盾。这一点只有通过信托管理部门之间的协调来解决。实际上，信托机构采取何种类型的组织结构完全取决于其业务量的大小和信托服务的性质。提供专业信托服务的信托部或信托公司，往往采取按服务对象分工的组织结构；以某些特定的人或机构为服务对象的信托机构常常采取按照职能分工的组织结构；在大多数情况下，信托机构都提供较为综合的服务，所以一般采取综合分类的组织结构。但信托机构不管采取哪一种类型的内部组织结构，都必须包括业务管理、投资服务、业务发展、行政管理等部门。

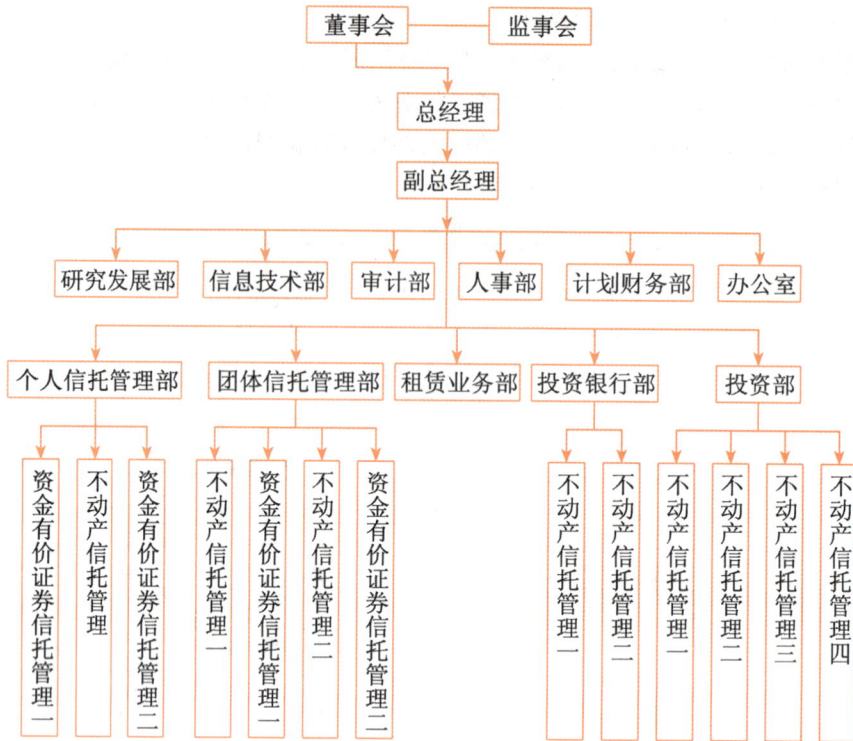

图7-4　综合分类的组织结构举例

7.2　信托机构的管理

7.2.1　信托机构管理的目标和原则

1）信托机构管理的目标

管理是为了有效地获取、配置、利用企业的现有资源，实现既定目标而进行的一系列动态活动。管理的目标是使组织的存在有意义，无论是盈利的责任还是社会公益的责任，都要通过有效的管理来实现。对于信托业来说，从信托市场规则的制定与实施、信托公司内部管理，到每项信托业务的操作，都贯穿着管理活动，信托业务从起点到终点是一个严格的管理流程。有效的管理可使信托组织与机构更加规范，使信托业务的风险降低。信托机构的管理涉及组织管理、业务管理、财务管理和人事管理等方面。

2）信托机构管理的原则

信托机构管理的原则主要包括下面几项内容：

①认真履行受托职责，遵循诚实、信用、谨慎、有效管理的原则，恪尽职守，为受益人的最大利益处理信托事务。

②明确股东、董事、监事、高级管理人员的职责和权利、义务，完善股东（大）会、董事会、监事会、高级管理层的议事制度和决策程序。

③建立完备的内部控制、风险管理和信息披露体系以及合理的绩效评估和薪酬制度。

④树立风险管理理念，确定有效的风险管理政策，制定翔实的风险管理制度，建立全面的风险管理程序，及时识别、计量、监测和控制各类风险。

⑤积极鼓励引进合格的战略投资者、优秀的管理团队和专业管理人才，优化治理结构。

7.2.2　信托机构的业务管理

1）我国信托公司业务范围的法律规定

我国信托公司业务范围的具体规定，主要体现在《信托公司管理办法》及《信托公司集合资金信托计划管理办法》的有关条款中。《信托公司管理办法》规定了信托公司的业务范围、经营方式，规定信托公司可以申请经营下列部分或者全部本外币业务：

（1）资产管理业务方面

①信托业务（资金信托、动产信托、不动产信托、其他财产或财产权信托、公益信托等）、投资基金业务。

②有价证券业务。

（2）资产管理中介业务方面

①资产重组、购并、项目融资、公司理财、财务顾问、咨询、资信调查等。

②居间业务、保管箱业务咨询。

在这里，居间是指居间人向委托人报告订立合同的机会或者提供订立合同的媒介服务，委托人支付报酬的一种制度。居间人是为委托人与第三人进行民事法律行为报告信息机会或提供媒介联系的中间人。居间人并不代委托人进行民事法律行为，仅为委托人报告订约机会或作为订约媒介，并不参与委托人与第三人之间的关系。另外，居间通常为有偿性质的行为。

③证券承销业务。

④法规规定或国家金融监督管理总局批准的其他业务。

综上所述，目前我国信托公司业务范围有一定的发展空间，如可进一步开展证券承销业务。

2）信托公司开展信托业务的经营原则

为了保障委托人和受益人的利益，信托公司开展信托业务时应遵循一定的经营规则。《信托公司管理办法》立足信托的本质和特点，确定了信托业务的一些基本经营规则，主要有：

（1）忠诚于受益人的原则

作为受托人，信托公司应该忠诚、尽力谨慎地管理信托财产，不得利用受托人地位牟取不正当利益，也不得将信托财产挪用于非信托目的的用途。《信托公司管理办法》第二十四条规定："信托公司管理运用或者处分信托财产，必须恪尽职守，履行诚实、信用、谨慎、有效管理的义务，维护受益人的最大利益。"

（2）分别管理的原则

信托财产具有独立性特征，信托一旦成立，信托财产即从委托人、受托人及受益人的自有财产中分离出来，而成为一项独立运作的财产。信托公司应当将信托财产与其固有财产分别管理、分别记账，并将不同委托人的信托财产分别管理、分别记账。

信托公司应当依法建账，对信托业务与非信托业务分别核算，并对每项信托业务单独核算。

为了更好地保障信托财产的独立性，信托公司的信托业务部门应当独立于公司的其他部门，其人员不得与公司其他部门的人员相互兼职，业务信息不得与公司的其他部门共享。

（3）妥善管理的原则

信托公司应当妥善保存处理信托事务的完整记录，定期向委托人、受益人报告信托财产及其管理运用、处分及收支的情况。委托人、受益人有权向信托公司了解对其信托财产的管理运用、处分及收支情况，并要求信托公司做出说明。

（4）亲自执行的原则

信托公司应当亲自处理信托事务。信托文件另有约定或有不得已事由时，可委托他人代为处理，但信托公司应尽足够的监督义务，并对他人处理信托事务的行为承担责任。

（5）防范利益冲突的原则

信托公司应避免因自己与关系人的利益而产生的一些行为。

①信托公司开展固有业务不得出现的行为：

a.向关联方融出资金或转移财产；

b.为关联方提供担保；

c.以股东持有的本公司股权作为质押进行融资。

信托公司的关联方按照《中华人民共和国公司法》和企业会计准则的有关标准界定。

②信托公司开展信托业务不得出现的行为：

a.利用受托人地位牟取不当利益；

b.将信托财产挪用于非信托目的的用途；

c.承诺信托财产不受损失或者保证最低收益；

d.以信托财产提供担保；

e.法律法规和国家金融监督管理总局禁止的其他行为。

信托公司开展关联交易，应以公平的市场价格进行，逐笔向国家金融监督管理总局事前报告，并按照有关规定进行信息披露。

（6）信托管理的延续性原则

延续性是指信托不因受托人而终止，除信托文件另有规定外，信托公司解散、破产、被撤销或者解除受托人职务，信托不终止，信托财产及信托事务应当移交给其他信托公司继续处理。

（7）保密原则

信托公司对委托人、受益人以及所处理信托事务的情况和资料负有依法保密的义务，禁止从业人员议论和泄露信托业务及其他有关客户的情况，但法律法规另有规定或者信托文件另有约定的除外。

（8）赔偿原则

信托公司违反信托目的处分信托财产，或者因违背管理职责、处理信托事务不当致使信托财产受到损失的，在恢复信托财产的原状或者予以赔偿前，信托公司不得请求给付报酬。

信托公司因违背管理职责或者管理信托事务不当所负债务及所受到的损害，以其固有财产承担。

（9）最大利益和谨慎管理原则

信托公司必须从受益人的最大利益出发，勤勉尽力地处理信托事务。谨慎是指信托公司在管理、处分信托财产时应高度注意，比管理自己的财产更加小心。信托公司是基于委托人的高度信任而取得信托管理、处分权的，其承诺从受益人的最大利益出发，勤勉谨慎地处理信托事务，既符合信托关系所依存的信任基础，也是信托特性的基本要求，因而成为业务运作中必须遵守的规则。勤勉谨慎在大陆法系中也称善良管理人的注意规则。最大利益和谨慎管理原则在两大法系的信托法中都有反映。

7.2.3 信托机构的财务管理

信托机构的财务管理工作主要是通过对各项资金的形成、筹集和使用的管理，来扩大经营成果，提高经济效益，促进经营管理的加强和各项业务的展开。做好财务管理工作对于信托机构增加营业收入、降低营业成本、提高经营管理水平、增强在国际与国内金融市场上的竞争力都有重要作用。

1）财务管理的主要内容

财务管理是信托机构管理的重要组成部分，主要包括资产管理、资金管理、成本费用管理、利润及其分配管理、财务会计报告管理等。

（1）资产管理

信托机构的资产包括流动资产和非流动资产。流动资产是指可以在一年以内（含一年）变现或耗用的资产，主要包括库存现金、存放款项、同业拆放、贴现、应收利息、应收股利、应收保管费、应收信托手续费、自营证券、代发行证券、代兑付债券、买入返售证券、短期投资、短期贷款等。非流动资产包括固定资产、长期投资、无形资产等。资产管理的重点在于现金资产和固定资产的管理。

①现金资产的管理。

现金资产包括：

a.现金，包括本外币库存现金，又分为信托现金和自有现金。

b.银行存款，包括本币存款和外币存款，又分为信托银行存款和自有银行存款。

c.备用金。

d.有价证券，包括政府债券、国库券、公司债券、股票、印花税票等，又分为信托有价证券和自有有价证券。

e.贵重物品。

现金资产管理要注意以下几个方面：

a.现金和银行存款应设置信托资金出纳和自有资金出纳两个岗位，两者不得交叉。

b.备用金，由经批准指定的使用部门分别管理。

c.有价证券由财会出纳员保管。同理，信托有价证券和自有有价证券应由不同的出纳员保管。

d.贵重物品由指定的部门或人员保管。信托贵重物品应由不同的部门或出纳员保管。

e.凭合法凭证付款，按规定程序付款，凡手续不全或不符合公司规章制度及国家法令规定的款项不得支付。禁止在自有资金账号和信托资金账号之间或未经委托人允许在不同的信托资金账号之间划转款项。

f.应确定现金最低库存限额。

g.应定期或不定期进行清查盘点。

②固定资产的管理。

固定资产管理要有明确的职责分工。

a.自有固定资产的管理：实物保管由使用部门负责；价值管理由财务部门负责；实物管理由行政部门负责。

b.信托财产的管理：实物保管和管理由信托业务管理部门负责；价值管理由公司计划财务部门负责。

c.固定资产的保管应实行归口分级原则：使用中的自有固定资产由使用部门及领用人负责；对于信托财产，信托业务管理部门应严格按照信托契约的要求和金融法规的限定，保管和运用信托财产，如发生偷盗、丢失、毁损和违反信托契约，对给信托公司造成损失的人员应有相应的处罚措施。

d.公司董事会为固定资产管理的最高决策机构，应对每一级涉及固定资产管理的业务部门、行政部门和财务部门，以及财务总监、总经理、董事长和董事会设定包括拟、审、核、决、知等各级核决权限在内的固定资产管理核决权限明细表，内容包括信托财产和自有固定资产的获取、运用、处置等方面。

固定资产要按以下规定管理：

a.自有固定资产的购置应根据经营的需要，不得盲目购置。

b.应定期、不定期地对固定资产（含部分低值易耗品）进行检修，以确保其性能良好。

c.自有固定资产折旧依照财政部的有关制度执行。

d.财会部门、业务部门和行政部门应相互配合，定期或不定期地对财产物品的实存情况进行盘查，一般情况下，每年年中应进行局部轮换盘点，每年年末进行一次全面盘点。

e.自有固定资产和信托财产由财会部门分别按各自类别设置明细账，行政部门或信托业务管理部门按品种及使用部门或使用人进行详细记录；行政部门应与信托业务管理部门将自有固定资产和信托财产建卡、分类、编号、归档保管，并设置实物账。

f.行政部门与实物的保管或运用部门应经常核对，并与财会部门建立定期对账制度。

g.行政部门或信托业务管理部门应定期对自有固定资产和信托财产的运营能力及使用状况进行了解，对于需要维修的自有固定资产和信托财产应及时维修，对于停用及闲置的自有固定资产和信托终止的信托财产应及时通知财会部门做账，作为调整折旧计提和结清固定资产有关账户的依据。

h.行政部门应及时调剂各使用部门固定资产的余缺，以提高固定资产的使用效率，固定资产在分支机构和部门内转移时应填写固定资产转移单，移交部门签认。

i.固定资产出租或出借时，行政部门应将租借事由、内容、条件、归还期限、双方的责任与义务、附属设备等详细资料签呈责任人核准，签订契约后，据以办理。

j.固定资产因设备更新等情况而闲置时，实物管理部门应上报闲置原因及设备使用情况。

k.自有固定资产和信托财产的出售由行政部门或信托业务管理部门填列出售固定资产的名称、规格、数量、原取得日期、金额、折旧、使用情况及出售理由，并根据其利用价值或参考市价或委托人在信托契约中的要求，签呈责任人核准。

l.自有固定资产和信托财产损坏不能使用的，经核实在技术上无法修复或修复不经济后，应填报固定资产报废单并说明报废的理由，经责任人核准后办理报废手续。报废资产的残值收入应按有关规定处理。对于因信托公司的责任所造成的信托财产损失，公司的信托业务管理部门和财会部门应根据信托契约、损失金额的大小、保险公司可能赔付的金额和赔偿准备金的头寸情况商定赔付的金额与赔付的时间，并报总经理或分管副总经理或财务总监批准。

信托公司管理固定资产，应避免以下情形：

a.不得向他人提供担保。

b.向他人提供的贷款不得超过其管理的所有信托计划实收余额的30%。

c.不得以自有固定资产与信托财产进行交易。

d.不得将不同信托财产进行相互交易。

e.不得将同一公司管理的不同信托计划投资于同一项目。

（2）资金管理

信托机构的资金管理是为了保证资金的安全性、流动性和盈利性，使资金计划、调度和控制做到集中统一，从而满足公司的融资需求。

①资金管理要建立内控制度，强化职责分工。

a.公司计划财务部是负责公司系统资金计划和调度的职能管理部门，负责公司系统资金的统筹安排，定期对公司资金管理工作做出统一计划，并检查监督具体实施情况。

b.公司自有资金业务由公司投资部负责。自有资金的运用形式有：存放于银行；

同业拆放；票据贴现；抵押或质押贷款；融资租赁；买入地产；投资于不动产和有价证券；一定限度内的股权投资。

c.公司信托资金业务由信托管理部负责。信托资金的运用形式有：存放于银行；同业拆放；票据贴现；抵押或质押贷款；融资租赁；买入地产；委托人指明的其他运用方式。信托管理部也可和投资部、投资银行部就相关业务进行配合和协调，以求公司整体利益的最大化，同时应安排好合作部门之间的利益分配关系，即所谓的"转移价格问题"。

d.公司董事会为资金管理的最高决策机构，应对每一个涉及资金管理的业务部门和财务部门、财务总监、总经理、董事长及董事会设定包括拟、审、核、决、知等各级核决权限的资金管理权限明细表，内容包括信托资金和自有资金的计划、调度、投资、融资和控制等。

e.直接对董事会负责的审计部门应根据经济和金融法规、公司内控投资对公司资金管理的合法性和资金管理是否体现了节省、有效和高效率的精神，是否达到安全性、流动性和盈利性的统一，是否能在公司里进行定期和不定期的内部审计等一并提出意见和建议。

②信托公司在资金管理中应注意的几个方面：

a.信托公司对不同的信托计划，应当建立单独的会计账户分别核算、分别管理。

b.信托资金可以进行组合运用，组合运用应有明确的运用范围和投资比例。信托公司运用信托资金进行证券投资，应当采用资产组合的方式，事先制定投资比例和投资策略，采取有效措施防范风险。

c.信托公司可以通过债权、股权、物权及其他可行方式运用信托资金。

d.不得开展除同业拆入业务以外的其他负债业务，且同业拆入余额不得超过其净资产的20%，可以开展对外担保业务，但对外担保余额不得超过其净资产的50%。

e.不得将信托资金直接或间接运用于信托公司的股东及其关联人，但信托资金全部来源于股东或其关联人的除外。

③信托公司在信托资金管理中应禁止的行为：

a.以任何方式承诺信托资金不受损失，或者以任何方式承诺信托资金的最低收益。

b.进行公开营销宣传。

c.委托非金融机构进行推介。

d.推介材料含有与信托文件不符的内容，或者存在虚假记载、误导性陈述或重大遗漏等情况。

e.对公司过去的经营业绩做夸大介绍，或者恶意贬低同行。

f.国家金融监督管理总局禁止的其他行为。

（3）成本费用管理

信托企业的营业成本是指在业务经营过程中发生的与业务经营有关的支出，但不包括为第三方或客户垫付的款项。营业费用是指在业务经营及管理工作中发生的各项费用。成本费用的核算要严格以权责发生制为基础。当期发生的成本费用，无论支付与否，均应计入当期成本费用；虽在本期支付，但应由后期负担的均不能计入本期成本费用。

信托公司费用开支的范围为办公用品费、业务宣传费、会议费、印刷费、电子机具运转费、接待费、诉讼费、员工工资及三项附加、劳保费、差旅费、招待费、邮电费、水电费、其他业务费等。信托公司费用开支应采取预算管理，分级、分口控制的原则。由计划财务部门编制年度财务预算，将费用指标分解落实到有关部门，按期进行考核。

筹建期间发生的费用，先在长期待摊费用中归集，自投产营业之日起一次性计入当月损益。信托公司必须严格分清本期营业成本、营业费用和下期营业成本、营业费用的界限，不得任意预提和摊销费用。

（4）利润及其分配管理

利润是指信托公司在一定会计期间的经营成果，包括营业利润、利润总额和净利润。

①营业利润。

营业利润=营业收入-营业成本

②利润总额。

利润总额=营业利润+营业外收入-营业外支出

③净利润。

净利润=利润总额-所得税费用

信托公司本年实现净利润（减弥补亏损，下同），应当按照提取法定盈余公积金、提取信托赔偿准备、向投资者分配利润的顺序进行分配。法定盈余公积金按照本年实现净利润的10%提取，法定盈余公积金累计达到注册资本的50%时，可不再提取。信托赔偿准备每年应当从税后利润中提取5%作为准备金，但该准备金累计总额达到公司注册资本的20%时，可不再提取。以前年度未分配的利润，并入本年实现净利润向投资者分配。

其中，股份有限公司按照下列顺序分配：

• 支付优先股股利；

• 提取任意盈余公积金；

• 支付普通股股利；

• 转作资本（股本）。

（5）财务会计报告管理

①财务会计报告的内容。

信托公司的财务会计报告分为年报、半年报、季报和月报。信托公司的财务会计报告包括：

a.资产负债表。

b.利润表。

c.现金流量表。

d.所有者权益变动表。

e.信托资产管理会计报表。

f.会计报表附注。

②编制财务会计报告的要求。

信托公司必须按照《企业财务会计报告条例》的要求，使会计报表能准确反映公司的财务状况，不得编制和对外提供虚假或隐瞒重要事实的财务会计报告，任何人不得篡改或授意、指使、强令他人篡改财务会计报告的有关数字，以维护财务会计报告信息的真实性。

月度财务会计报告应当于月度终了后6天内（节假日顺延，下同）对外提供；季度财务会计报告应当于季度终了后15天内对外提供；半年财务会计报告应当于年度中期结束后60天内（相当于2个连续的月度）对外提供；年度财务会计报告应当于年度终了后4个月内对外提供。

③会计报表附注的内容。

信托公司会计报表附注包括以下内容：

a.信托公司的基本情况。

b.财务报表的编制基础。

c.遵循企业会计准则的声明。

d.重要会计政策和会计估计。

e.会计政策和会计估计变更及差错更正说明。

2）财务管理的一般原则

面对日益广泛的资金运动和复杂的财务关系，财务管理必须遵循以下基本原则：

（1）价值最大化原则

价值最大化原则是指在其他条件相同的情况下，人们会选择使自己经济利益最大化的行动。它假设人们在衡量每一项交易时会选择对资金最有利的方案来行动。

（2）风险–报酬权衡原则

在风险与报酬之间存在一种对等关系，企业必须对报酬和风险做出权衡，为追求较高报酬而承担较大风险，或者为减少风险而接受较低的报酬。

（3）合理配置原则

资源的有限性决定了企业在生产经营活动中必须有效、合理地运用资源，充分考虑机会成本，将有限的资源运用到最需要的地方，使企业的经营活动获得最大的经济效益。

（4）成本效益原则

成本效益原则是财务管理的基本原则。在市场经济条件下，企业没有免费使用的资金，各种资金的筹措、调整、运用、分配等都要充分考虑资金成本，还要考虑资金管理中的各项成本。资金管理要在讲求效益的基础上考核成本，在关注成本的前提下提高效益。

7.2.4　信托机构的风险管理

信托机构的风险是指信托机构在从事金融信托业务过程中，由于不确定因素而引起的使信托财产形成损失、对信托当事人产生不利影响的可能性。

风险是市场经济活动中普遍存在的客观经济现象，信托风险是信托业自身特点因素、信托机构经营管理因素和信托业赖以生存发展的外部环境因素共同作用的结果。

1）信托风险的类型

信托风险分为外部风险和内部风险两大类。外部风险是外部环境的变化所导致的整个信托业的行业风险，可分为信用风险、利率风险、汇率风险等；内部风险是由于某个信托公司经营业务不规范，因人为因素或系统和风险管理方面的失误而形成的风险，可分为支付风险、投资风险、管理风险等。

（1）信用风险

信用风险指贷款本息不能按期收回或根本不能收回所产生的风险，也称违约风险。在信托业的诸多风险中，信用风险是主要风险，主要是因为信托公司的注册资本较低和资本充足率较低，授信授权额度过高。

（2）利率风险

由于中国人民银行对非银行机构监管力度的加强，信托投资公司的吸收存款利率、期限和范围受到很大程度的限制。存贷款利率的调整，可能导致支付困难的风险加大。

（3）汇率风险

信托公司的外汇负债因汇率上浮而升值，从而增加了融资成本和付息还本的负担。由于国际外汇市场上某种外汇汇率波动，用外汇作为负债的信托公司的风险极大，因此汇率风险在信托公司中是比较常见的。

（4）支付风险

信托公司从事信贷、投资业务，投资、贷款业务发生后，由于贷款单位或被投资企业经营不善，或由于市场发生重大变化等，造成不能支付到期的债务，形成支付风险。另外，信托公司近年来通过各种渠道对外举债，而贷款、投资业务不能回收时，就不可避免地遇到对外偿付的风险。

（5）投资风险

投资风险指因投资收益的不确定性而产生的风险。如前所述，信托公司的投资不只限于符合国家产业政策的"朝阳产业"，也涉及证券、房地产等高风险领域，某些信托公司项目评估决策失误或操作不当，造成一些投资项目亏损、资金沉淀，使得整个信托公司的资产结构失去平衡。投资风险形成的不良资产严重制约信托公司的发展。

（6）管理风险

尽管《信托法》已于2001年10月1日起正式实施，但具体到各个信托公司，管理上缺乏科学的、成熟的规章制度、工作程序和监督控制，再加上行政干预等人为因素，使得经营机制不够健全，投资和贷款项目缺乏有效的事前风险评估和风险监督，管理风险时常发生。

2）信托风险的防范与控制

风险不可避免，正确的态度应该是，科学防范，最大限度地分散、化解和补救。信托风险的防范必须内外兼治，严格按照《信托法》的要求，进行科学管理与控制。

（1）加强信托公司的内部监督

信托公司必须充分发挥计划、财务、审计、项目评审、法律等部门的职能，加强监督和约束机制，加强对日常经营活动的风险控制和风险管理。审计部门要加大审计监督工作的密度，通过日常审计监督和专项审计稽核，及时发现并化解风险，把风险降低到最低限度，行为监督是加强内部控制机制的核心，对从业人员执行金融法规、规章制度和操作规程的情况，要建立有效的监督检查制度。对重要岗位要实行定期轮换和定期审计，严格控制其操作程序及操作权限。要做到决策、经营、监督相互分离、相互制约，明确各自的职责权限，健全议事规则和决策程序，防止独断专行和决策失误给公司带来损失。

（2）建立科学、严密的决策机制

防范信托风险要把工作重点放在对风险的研究、分析和控制上，要重视做好事前防范工作，必须按照决策、经营、监督三权分立的原则，理顺决策程序、限定操作权限、加强监督力量，使三者相互独立，努力将风险牢牢控制在决策层手中。为保证科学决策，必须成立专门的决策评审委员会，对固定资产贷款、大额流动资金贷款及大额投资项目进行评委会人员集体评审，按照评委会建立的议事规则和否决制度，使评估决策建立在民主、科学的基础上。

（3）完善风险预测预警制度

建立预测预警机制是防范风险的重要手段，可以使信托公司科学、准确地预测风险，及时、灵敏地发出风险信号，达到化解风险的目的。为建立风险预测预警机制，必须首先确立一系列的指标体系，对风险程度进行定量分析。指标体系一般划分为两类：一类是由公司的监管部门重点掌握的综合指标，包括资产规模、资本充足率、委托与自营存贷比例、担保限额比例、资产流动比例、资产变现率等。另一类是由业务部门控制的单向指标，包括投资项目进展情况、信贷业务中的逾期贷款比例、催收贷款比例等。通过日、旬报制度，进行经常性的监控预测。

（4）规范业务操作流程

业务操作流程虽然是个程序问题，却是信托业风险控制的关键环节，信托公司必须采用规章制度的形式使其明确化、制度化，以减少操作失误带来的风险。业务操作流程必须通过不同岗位、不同人员共同参与业务操作，将业务置于双线核算、双重控制、交叉核对、相互制约的状态，达到风险防范的目的。业务操作流程的高效性、严格性不仅体现在相关岗位的操作方法和控制步骤的准确衔接、协调配合，业务流程的连贯顺畅上，还体现在相关环节之间合理的监督制约关系上。这种监督制约关系对风险的控制尤为重要。

本章小结

信托机构的类型：单一信托机构和附属于其他机构的信托机构。

现代信托机构的内部组织结构设置通常有以下三种类型：按职能分工的组织结

构、按服务对象分工的组织结构、综合分类的组织结构。

信托机构管理的原则主要包括下面几项内容：认真履行受托职责，遵循诚实、信用、谨慎、有效管理的原则，恪尽职守，为受益人的最大利益处理信托事务；明确股东、董事、监事、高级管理人员的职责和权利义务，完善股东（大）会、董事会、监事会、高级管理层的议事制度和决策程序；建立完备的内部控制、风险管理和信息披露体系以及合理的绩效评估和薪酬制度；树立风险管理理念，确定有效的风险管理政策，制定翔实的风险管理制度，建立全面的风险管理程序，及时识别、计量、监测和控制各类风险；积极鼓励引进合格的战略投资者、优秀的管理团队和专业管理人才，优化治理结构。

为了保障委托人和受益人的利益，信托公司在开展信托业务时应遵循一定的经营原则。《信托公司管理办法》立足信托的本质和特点，确定了信托业务的一些基本经营原则，主要有：忠诚于受益人的原则；分别管理的原则；妥善管理的原则；亲自执行的原则；防范利益冲突的原则；信托管理的延续性原则；保密原则；赔偿原则；最大利益和谨慎管理原则。

财务管理是信托机构管理的重要组成部分，主要包括资产管理、资金管理、成本费用管理、利润及其分配管理、财务会计报告管理等。

信托风险分为外部风险和内部风险两大类。外部风险是外部环境的变化所导致的整个信托业的行业风险，可分为信用风险、利率风险、汇率风险等；内部风险是由于某个信托公司经营业务不规范，因人为因素或系统和风险管理方面的失误而形成的风险，可分为支付风险、投资风险、管理风险等。

信托风险的防范必须内外兼治，严格按照《信托法》的要求，进行科学管理与控制：加强信托公司的内部监督；建立科学、严密的决策机制；完善风险预测预警制度；规范业务操作流程。

重点概念

信托机构　业务管理　财务管理　风险管理

复习思考题

一、填空题

1.设立信托公司，应当采取（　　）公司或（　　）公司的形式。

2.信托机构除具备设立的实质要件外，一般还须经过"申请—（　　）—登记"三个步骤。

3.信托公司的终止可分为（　　）和（　　）两类。

二、单项选择题

1.信托公司变更名称、调整业务范围、更换董事或高级管理人员应经（　　）批准。

A.中国人民银行　　　　　　　　　　B.银行业协会

C.国家金融监督管理总局　　　　　　D.证监会

2.《信托投资公司管理办法》规定：信托公司每年应从税后利润中提取（　　）作为信托赔偿准备金。

A.3%　　　　　　B.5%　　　　　　C.8%　　　　　　D.10%

3.法定盈余公积金按照本年实现净利润的（　　）提取。

A.3%　　　　　　B.5%　　　　　　C.8%　　　　　　D.10%

4.大多数情况下，信托机构都采取（　　）的组织结构。

A.按职能分工　　　　　　　　　　　B.按服务对象分工

C.综合分类　　　　　　　　　　　　D.按结构分类

三、多项选择题

1.信托机构可能会面临的风险有（　　）。

A.信用风险　　　　　　B.利率、汇率风险　　　　　C.投资风险

D.管理风险　　　　　　E.支付风险

2.《信托投资公司管理办法》确定的信托业务的基本原则有（　　）。

A.忠诚于受益人　　　　B.分别管理　　　　　C.亲自执行

D.利益冲突防范　　　　E.信托管理延续性

3.信托风险的防范与控制主要包括（　　）。

A.加强内部监督　　　　　　　　　　B.建立科学、严谨的决策机制

C.完善风险预测预警制度　　　　　　D.规范业务操作流程

四、判断题

1.信托公司可以将信托资金运用于自己及其关系人。　　　　　（　　）

2.信托公司组织上解散并终止经营活动的行为或事实即信托公司终止。（　　）

3.信托公司可承诺信托财产不受损失或者保证最低收益。　　　（　　）

4.信托公司可以委托他人代为处理信托事务。　　　　　　　　（　　）

五、简答题

1.简述信托机构管理的原则。

2.为了保障委托人和受益人的利益，信托投资公司在开展信托业务时应遵循哪些经营规则？

3.信托机构的财务管理主要包括哪些内容？

4.如何防范和控制信托风险？

六、案例分析题

北京国际信托有限公司的组织结构及风险控制

北京国际信托有限公司自改制以来，围绕建立现代企业制度、实行法人治理结

构，对公司进行机构重塑和业务再造。特别是2001年《信托投资公司管理办法》和《信托法》的出台，为信托投资公司的发展提供了法律环境和空间。公司更加积极地致力于转变传统观念、深化人事制度改革、推行目标责任管理、进行原有业务清理与机构的整顿、调整公司的资产结构、调研设计市场定位、开展金融信托业务品种创新、实施新的信托计划。目前，公司已形成了科学与合理的内部组织结构体系。

北京国际信托有限公司设立的风险控制委员会规范了公司业务发展决策行为，有效防范和控制风险，保护股东利益，使公司的业务发展决策程序做到了科学化、民主化与高效率。

北京国际信托有限公司的前身是北京国际信托投资公司，诞生于国家改革开放之初。1979年，北京市人民政府成立了北京市经济建设总公司，从事对外经济贸易和综合金融业务。1984年，北京市人民政府对该公司进行了专业化改组，设立了专门机构从事对外经济贸易业务，撤销北京市经济建设总公司，并经中国人民银行批准设立了北京国际信托投资公司（以下简称北京国投）。2000年3月，北京国投在信托行业第五次清理整顿中，率先完成增资改制。经过重组后的北京国投，由国有独资企业改制成为由12家股东组成的有限责任公司（2001年年末股东调整为10家），更名为北京国际信托投资有限公司，公司注册资本由改制前的3.8亿元人民币增加到12亿元人民币，北京市国有资产经营公司代表北京市人民政府拥有北京国际信托投资有限公司46.67%的股权。它也是一家跨地域、跨行业，由不同经济成分组成的金融企业。

2002年3月7日，经中国人民银行批准，北京国际信托投资有限公司重新登记，获得市场准入资格，为公司发展从内涵充实到外延扩张以及拓展新型信托业务奠定了基础。2004年，中国石油化工股份有限公司加盟北京国际信托投资有限公司，公司注册资本增至14亿元人民币。2007年，北京国际信托投资有限公司实施股权重组，引进了境外战略投资人——英国安石投资管理公司，并更名为北京国际信托有限公司。公司进一步对内部机构和制度进行整合与规范，建立了有效的组织结构，加强了风险控制机制，公司的资产结构与资产质量得到明显改善。北京国际信托有限公司的组织结构如图7-5所示。

其中，北京国际信托有限公司设立的风险管理委员会的有关情况介绍如下：

• 委员会的性质

委员会是公司非常设议事、决策机构，负责公司业务的风险控制和最终决策。

• 委员会成员组成

委员会组成人员视固有财产和信托财产项目的不同而不同，包括公司高层管理人员、各类专业人士（包括财会、法律、营销等方面）及外聘独立专家。

• 委员会日常工作机构

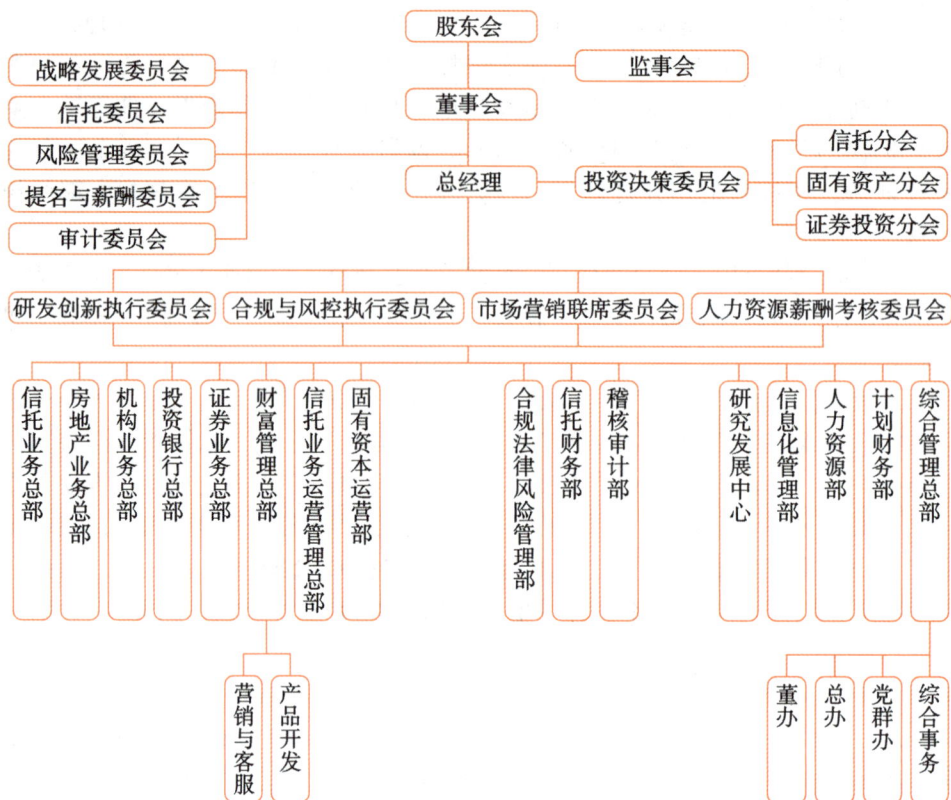

图7-5　北京国际信托有限公司的组织结构

委员会下设风险控制委员会办公室，办公室具体负责委员会的日常联络、协调工作。

•委员会的主要职能

（1）审议公司业务方案及具体项目，进行决策；

（2）负责提出公司业务经营管理过程中防范风险的指导意见，审定公司业务风险控制的制度和流程，组织对业务经营管理过程中的风险进行监控，对已出现的风险制定化解措施并组织实施。

•委员会工作规程

工作规程主要包括工作条例、实施细则、流程图。

•委员会运行机制

（1）对项目进行书面记名投票表决；

（2）定期对各委员及项目情况进行考评。

资料来源：根据北京国际信托有限公司有关资料整理。

问题：

（1）现代信托机构的内部组织结构设置通常有几种类型？北京国际信托有限公司的内部组织结构是何种类型？此种类型有哪些好处？

（2）结合案例谈谈信托机构应如何防范信托风险。

下篇 租赁篇

第8章

租赁概述

学习目标

通过本章的学习，你应该能够：

1. 了解租赁的产生以及发达国家和我国融资租赁业的发展状况及其作用；
2. 明晰租赁与贷款、分期付款购买的区别；
3. 掌握租赁的概念和要素；
4. 熟知租赁的各种类型。

引例　　　　　　　　　　　金融租赁典型案例

　　××公司是一家成立时间不久的生产型企业，公司从成立之初就立足于科技创新，仅用2年时间就从年销售额300万元快速发展为2023年前二季度销售额1 100万元、净利润230万元的企业，产品出口欧美等国家。但该企业年初资产负债比例高达80%，银行难以提供信贷支援。A租赁有限公司根据该公司的发展需求和业务特点，向该公司提供2年期300万元的设备租赁服务。租赁设备到位后，该公司随即扩大生产规模，并降低成本20%左右，预计该公司不到1年即可收回投资。

　　分析：企业在发展过程中资金短缺几乎是不可避免的问题，尤其是一些中小企业更是会遇到资金短缺等制约企业发展的"瓶颈"。而如何解决企业在发展过程中遇到的资金问题，企业通常首先想到的是找银行，但是有些企业往往某些条件不完全符合银行信贷的要求，资金问题又急需解决，这时企业可借助租赁的形式实现自身发展。租赁具有租期内租赁物件的所有权归出租人、所有权与使用权两权分离的特征，因此对企业资产负债比率的要求相对来说较为宽松。

　　资料来源：作者根据相关资料整理。

8.1　租赁的概念、基本要素和特征

8.1.1　租赁的概念

租赁作为一种古老的经济事务具有悠久的历史，并已经广泛进入我们的日常生活和经济活动之中，"租赁"对大多数人来讲并不陌生，如房屋租赁、汽车租赁、计算机租赁和机械工程设备租赁等。

租赁从字义上来理解，"租"指物件的所有者把物件借给他人使用而获取报酬，"赁"指物件的使用者借用他人物件而支付费用。归纳起来说，租赁是指以特定物件为标的，物件的所有者以收取报酬为条件，在一定时期内让渡物件使用权；或者说，物件的使用者在不拥有物件所有权的情况下，通过支付一定的费用而取得该物件一定时期的使用权。

8.1.2　租赁的基本要素

租赁构成的基本要素主要包括租赁当事人、租赁标的、租赁期限和租金四个方面。

1）租赁当事人

租赁通常有两个最基本的当事人：一方是出租人，另一方是承租人。出租人是租赁物件的所有者，拥有租赁物件的所有权，在一定时期内通过将租赁物件租给使用者而获取报酬；而承租人是租赁物件的使用者，在租赁期间拥有租赁物件的使用权，并向出租人支付一定的费用。在现代租赁业务中，出租人一般为法人；而对承租人几乎没有限制，既可以是法人，也可以是自然人，只是以法人居多。

在现代租赁业务中，当事人不仅有出租人和承租人，还可能会有供货商、贷款人和受托人等其他当事人。

2）租赁标的

租赁标的指在租赁业务中，出租人和承租人所交易的对象，是出租人租赁给承租人的物件，也称为租赁物件。租赁业务中租赁物件所有权与使用权相分离这一特性，决定了租赁物件应该具有以下性质：一是具有实物形态；二是在使用后不改变原状；三是可以独立发挥效用；四是具有一定经济寿命。

3）租赁期限

租赁期限简称"租期"，是指出租人将租赁物件租给承租人使用的期限。租期的长短与租赁类型相关联，一般经营租赁的租期比融资租赁的租期短；经营租赁的租期以不超过1年居多；融资租赁的租期一般在3~5年，最长可达20年。租期的长短还要根据承租人的使用要求、承租人的偿还能力、租赁物件的成本和经济寿命等来确定。

4）租金

租金是承租人在租期内为获得租赁物件的使用权而支付给出租人的费用，或者说出租人在租期内出让租赁物件的使用权而向承租人收取的报酬，体现了出租人与承租人之间的信用关系。租金由两部分构成：一是出租人在租赁物件上所花费的成本，包括租赁物件购置原价、出租人为购置所花费的各项开支以及出租人从金融机构融资的

利息；二是出租人在租赁交易中获取的收益。租期越长，或者在租赁物件上所花费的成本越高，则租金就越高。

8.1.3　租赁的特征

租赁是将融资与融物相结合的形式，既能起到与贷款、分期付款购买相似的作用，同时也与它们存在明显差异。

1）租赁与贷款的区别

（1）租赁与贷款的使用范围不同

企业可以通过短期贷款购买原材料、燃料等，也可以通过中长期贷款购买设备等固定资产，由此取得其所有权；而企业通过租赁形式，租赁物件只能是固定资产，租赁的企业取得的是租赁物件的使用权。

（2）租赁与贷款的合同标的不同

贷款合同的标的是资金，而租赁合同的标的是固定资产。现代租赁从形式上看是出租人向承租人提供租赁物件的使用权，而实质上是为承租人融资，即以融物的形式进行融资。

（3）租赁与贷款涉及的合同不同

贷款是银行信用，而租赁是租赁信用。贷款体现的是借贷双方的借贷关系，只签订贷款合同，借款人通过中长期贷款自行购买固定资产，贷款人不参与购买行为，也就是说贷款人与供货商之间没有经济关系；而采用融资租赁形式，出租人不仅要与承租人签订租赁合同，同时还要与供货商签订涉及租赁物件的购货合同。

（4）租赁与贷款的财务处理方式不同

贷款作为借款人的负债，应计入资产负债表的负债项，这将使借款人的资产负债率上升，偿债能力会相应地下降；而租赁通常不作为承租人的负债，不计入资产负债表的负债项，不会改变承租人的资产负债率。

2）租赁与分期付款购买的区别

（1）让渡的权利不同

租赁只让渡物件的占有、使用和收益权，其所有权始终属于出租人，承租人在租期内不能任意改变租赁物件的性能、形状或迁移使用地点等；而分期付款购买则让渡包括处分权在内的完整的物件所有权，当卖方将物件交付买方时，其所有权即归买方所有。正因如此，适合买卖的物件类别范围，要远远大于适合租赁物件的类别范围。例如，水泥可以买卖，却不能租赁；股票可以买卖，也不能租赁。

（2）签订的合同不同

在租赁业务中，出租人和承租人双方签订的是租赁合同，而购货合同是由出租人与供货商签订的；在分期付款购买方式中，买方与卖方之间签订的是购货合同，由卖方向买方提供商业信用。

（3）涉及的当事人不同

在分期付款购买中，当事人一般只涉及买方和卖方；而租赁业务的当事人，除出租人和承租人外，一般还有供货商等。

（4）税收政策不同

许多国家为了鼓励采用租赁方式进行投资，在税法上规定租赁可以享有诸如投资减税、加速折旧、利息减税等各种优惠政策；而分期付款购买属于一种贸易方式，买卖双方都不能享受税收上的优惠。

（5）财务会计处理不同

在财务会计处理上，租赁业务存在两种情况，融资租赁的承租人应在财务会计上设置"融资租入固定资产"项目，经营租赁的承租人则不需要设置资产账户，也不必提取折旧；而分期付款购买，由于买方一经取得物件就拥有其所有权，所以应为物件设置相应的资产账户，并提取折旧。

在租赁业务中，即使承租人在租期内已将租赁物件的全部金额摊付完毕，也还留有一定金额的残值；而分期付款购买则不存在残值问题。

8.2　租赁业务分类

租赁业务按照不同的标准分为各种不同类型，国际上目前还没有统一的分类标准。按租赁目的和租赁回收方式不同，租赁业务可以分为融资租赁与经营租赁；按租赁是否享受税收优惠，租赁业务可以分为节税租赁与非节税租赁；按租赁的地域范围不同，租赁业务可以分为国内租赁与国际租赁等。

8.2.1　融资租赁与经营租赁

1）融资租赁

（1）融资租赁的含义

融资租赁也称金融租赁，是指出租人根据承租人提供的租赁物件的规格及所同意的条款（或承租人直接参与订立的条款），与出卖人签订供货合同，并与承租人签订租赁合同，在租赁期内，出租人对租赁物件享有所有权，承租人以支付租金为条件而对租赁物件享有占有权、使用权和收益权的租赁。

（2）融资租赁业务的具体形式

①直接租赁。

对直接租赁的理解，可以直接使用关于融资租赁的一般定义，其交易结构也与融资租赁的基本交易结构相同，它是一种最普遍、最简单的融资租赁形式，特别是在开展融资租赁业务初期，一般采用直接租赁。直接租赁的业务操作流程（如图8-1所示）将在第9章中做具体说明。

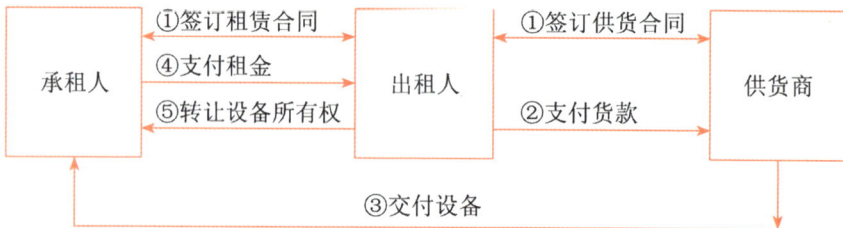

图8-1　直接租赁的业务操作流程

②转租赁。

转租赁是指转租人根据承租人（最终用户）对租赁物件的选择，从原始出租人处租入该租赁物件后，再转租给承租人（最终用户）使用的一种租赁交易安排。在转租赁业务中，上一租赁合同的承租人同时也是下一租赁合同的出租人，称为转租人。转租赁的业务操作流程如图8-2所示。转租赁业务是租赁公司作为转租人融通资金的一种方式；其另一功能是解决承租人（最终用户）跨境租赁的法律和操作程序问题。

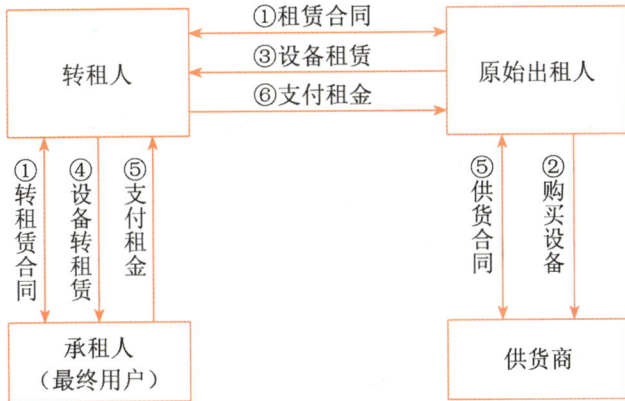

图8-2　转租赁的业务操作流程

转租赁业务的特征是：a.同一租赁物件产生至少两次租赁，也就是说至少要签订两个租赁合同，分别由原始出租人与转租人、转租人与承租人（最终用户）签订；b.转租人不是租赁物件的最终用户，因此不能提取租赁物件折旧；c.在租赁期间，租赁物件的所有权归原始出租人所有；d.转租人以收取租金差为目的，承租人（最终用户）所支付的租金一般比直接租赁要高些。

③售后回租。

《金融租赁公司管理办法》规定：售后回租业务是指承租人将自有物件出卖给出租人，同时与出租人签订融资租赁合同，再将该物件从出租人处租回的融资租赁形式。

《金融租赁公司管理办法》对售后回租业务做出明确要求：a.售后回租业务必须有明确的标的物，标的物应当符合本办法的规定。b.售后回租业务的标的物必须由承租人真实拥有并有权处分；金融租赁公司不得接受已设置任何抵押、权属存在争议或已被司法机关查封、扣押的财产或其所有权存在任何其他瑕疵的财产作为售后回租业务的标的物。c.在售后回租业务中，金融租赁公司对标的物的买入价格应有合理的、不违反会计准则的定价依据作为参考，不得低值高买。d.从事售后回租业务的金融租赁公司应真实取得相应标的物的所有权；标的物属于国家法律法规规定其产权转移必须到登记部门进行登记的财产类别的，金融租赁公司应进行相关登记。售后回租的业务操作流程如图8-3所示。

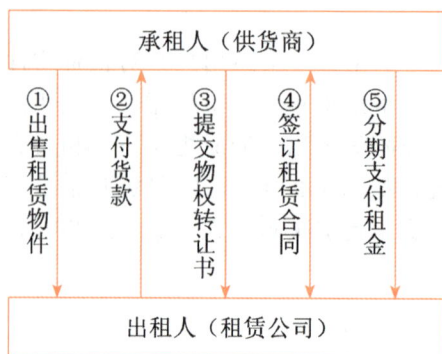

图8-3　售后回租的业务操作流程

在《企业会计准则第21号——租赁》和《国际会计准则第17号——租赁会计》中，将售后回租称为售后租回交易。

售后回租业务的特点是：承租人与租赁物件供货人为同一人，租赁物件不是外购的，而是承租人在租赁合同签约前已经购买并正在使用的设备。售后回租方式可以提高企业资产的流动性、均衡税负、改善资产负债表等，但失去了租赁的促销功能。

④杠杆租赁。

杠杆租赁是指出租人一般只需要提供全部设备金额的少量部分，即可获得设备的所有权，享受全部设备投资的税收优惠，其余大部分设备投资资金则以出租的设备做抵押，获得金融机构贷款，贷款人提供贷款时对出租人无追索权，出租人以设备第一抵押权、租赁合同及收取租金的受让权作为该贷款的担保。杠杆租赁交易是一种融资性节税租赁，一般适用于飞机、船舶、卫星通信和大型成套设备等资本密集型设备的长期租赁。

杠杆租赁交易结构在各国不完全一致。下面以日本的飞机杠杆租赁为例加以说明。

1985年，一种新的飞机租赁形式首次在日本出现，即日本飞机杠杆租赁。日本飞机杠杆租赁的主要交易方包括：

a.出租人。出租人为一家在日本登记注册的特殊目的公司，通常为从事飞机融资租赁业务的某家租赁公司的全资子公司。为避免债务风险的发生，特殊目的公司不得从事其他业务，而仅限于出租飞机。它作为交易各方的中介，使承租人、贷款人与投资人之间不发生直接的实质性的接触。

b.投资人。投资人以股本投资的方式，至少投资飞机总价的20%，并成为投资飞机的经济受益人，享有减税的经济利益，这部分投资采用日元。投资人通过合伙的形式，与出租人签订合同。合伙形式中的每个投资人分享对飞机全额计提的折旧扣减以及贷款利息扣减，使投资人达到了减税和延迟付税的目的，租期结束，无论承租人是否购买飞机，残值风险都由承租人承担。投资人只负担出资的义务，并享有相应的权利，而不承担出租人的责任。

c.贷款人。贷款人提供约占飞机总价80%的贷款，一般多为美元，也可以是国际流通货币。贷款银行既可以是一家日本银行，也可以是一家日本银行的外国支行或外国银行的日本支行。

d.承租人。一般是具有较强实力的航空公司。

e.飞机制造商。

日本飞机杠杆租赁交易程序如图8-4所示。

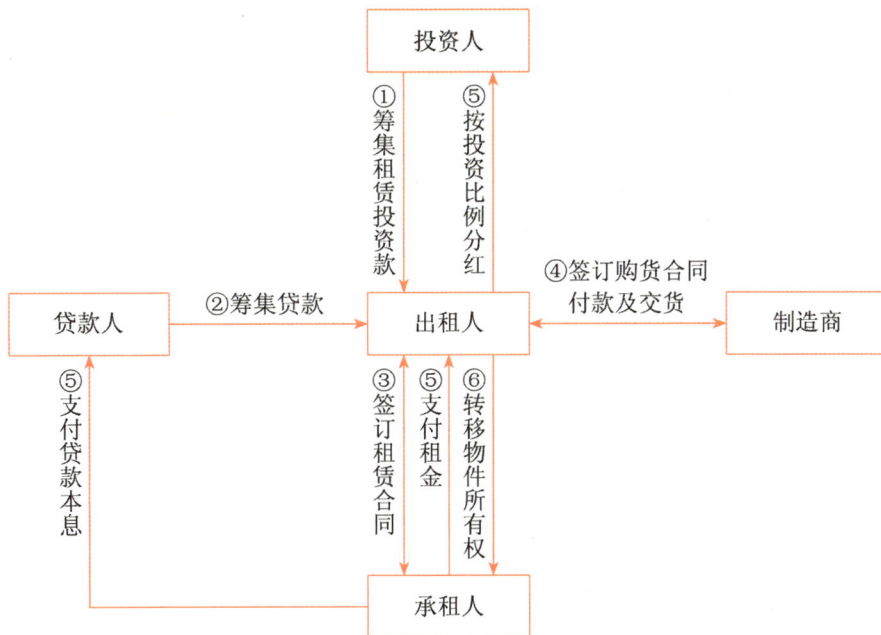

图8-4　日本飞机杠杆租赁交易程序

第一步，各投资人分别与出租人签订租赁投资协议，确定各投资人的投资意愿、投资比例和损益分配方法；筹集资金至少为投资飞机总价的20%。

第二步，出租人向银行筹集相当于租赁飞机购置价格80%的非日元无追索权贷款，但需出租人以租赁的飞机资产、收取非日元租金的权利和非日元租金银行账户做抵押。

第三步，出租人与承租人航空公司签订租赁合同。

第四步，出租人与飞机制造商签订购货合同，并负责支付货款。

第五步，出租人督促承租人支付租金；在偿还贷款本金和利息后，根据租赁投资协议，由出租人按比例向投资人分红。

第六步，租赁结束，出租人可以向承租人转让租赁的飞机资产所有权，转让价格可高达原购置成本的45%，而普通设备转让价格一般是设备购置成本的10%。

日本杠杆租赁交易结构与美国相比有所简化。其中，特殊目的公司与美国杠杆租赁中的物主受托人、契约受托人的作用相当。

⑤其他融资租赁形式。

a.委托租赁。它是指出租人接受委托人的资金或租赁标的物，根据委托人的书面委托，向委托人指定的承租人办理融资租赁业务的租赁方式。租赁期内租赁物件的所有权归委托人，出租人只收取手续费，不承担风险。委托租赁是出租人的中间业务，其可租赁的资产规模不会受到出租人自有资本金规模的限制。

　　b.联合租赁。它是指由一家融资租赁公司牵头，召集两家或两家以上租赁公司参与，也可以是租赁公司联合非融资租赁公司、其他战略投资人，基于相同的租赁条件，依据同一租赁协议，按约定时间和投资比例，共同向某一承租人提供租赁服务，并按出资比例或约定的方式承担风险和分享收益。这种租赁形式适用于金额较大的设备租赁，可有效分散风险。

　　c.风险租赁。它是指在一项融资租赁交易中，出租人以租赁债权和股权投资方式将设备出租给特定的承租人，出租人通过分别获得租金和股东权益收益作为投资回报的一种租赁交易。简而言之，风险租赁就是出租人以承租人的部分股东权益作为租金的一种租赁形式，这也正是风险租赁的实质所在。

　　2）经营租赁

《企业会计准则第21号——租赁》规定：经营租赁是指除融资租赁以外的其他租赁。经营租赁是出租人既为承租人提供租赁物件的使用权，又负责租赁物件的维修、保养等服务，同时还承担租赁物件的投资风险的一种中短期租赁业务。

　　3）融资租赁与经营租赁的区别

根据融资租赁与经营租赁的特点，可以概括为以下主要差异：

　　（1）租赁职能不同

融资租赁具有融资与融物双重职能，是以租赁物件为载体，而使承租人获得中长期的经营资金融通；而经营租赁的承租人一般只是为了短期、临时性获得租赁物件的使用价值，融资的职能并不明显。

　　（2）当事人不同

融资租赁一般至少涉及出租人、承租人和供货商三个当事人，签订两个合同，即租赁合同和购货合同，承租人大多为法人；而经营租赁只涉及出租人和承租人两个当事人，只签订一个合同，即租赁合同，承租人既有法人也有个人。

　　（3）物件的选择权不同

在融资租赁业务中，租赁物件的专用性大多较强，租赁物件和供货商由承租人选择，出租人购买，租赁风险一般由承租人承担；而在经营租赁业务中，出租人根据自己的意愿购买租赁物件，租赁物件通用性一般较强，租赁物件能否多次出租的风险由出租人承担。

　　（4）物件期末处理方式不同

对于融资租赁业务，租赁期限届满，承租人除了退租、续租外，大多选择留购租赁物件；而对于经营租赁业务，租赁期限届满，承租人如果不续租，一般将租赁物件退还出租人。

　　（5）租赁合同的撤销权利不同

对于融资租赁业务，由于租赁金额较大以及租赁物件的专用性，并涉及供货商、出租人、承租人等各方，业务复杂，一旦租赁合同被撤销，将给当事人带来较大经济损失，所以融资租赁是一种不可撤销的租赁；而对于经营租赁业务，由于租赁物件的通用性，可多次租给不同的承租人，所以承租人可以在合同期内退租、解约。

（6）租赁期长短不同

融资租赁的租赁期较长，一个租赁期即接近租赁物件的有效使用寿命；而经营租赁的租赁期一般较短，租赁物件的有效使用寿命被分成多个租赁期，每个租赁期相对较短。

（7）租金构成不同

融资租赁的租金由租赁物件购置成本（包括货价、增值税、运杂费和运输保险）、出租人购置租赁物件垫付资金应计利息、租赁手续费、财产保险、预计租赁物件残值及利润构成，它具有完全支付性；而经营租赁的租金除上述以外，还包括维修、保养等费用，它具有不完全支付性。

（8）来源不同

对于融资租赁业务，出租人是通过与单一承租人签订一个租赁合同，在租赁期内可获得全部利润；而对于经营租赁业务，出租人是通过多次与不同承租人签订租赁合同，在多次租赁后才能取得全部利润。

（9）会计处理方法不同

对于融资租赁业务，承租人应当采用与自有固定资产相一致的折旧政策计提租赁资产折旧；而对于经营租赁业务，出租人应当按资产的性质，将用作经营租赁的资产包括在资产负债表中的相关项目内。

8.2.2　节税租赁与非节税租赁

从征税的角度，租赁可划分为节税租赁和非节税租赁。

1）节税租赁

节税租赁也称真实租赁，是指符合法律规定可以享受税收优惠的租赁。具体地说，在符合税法所规定的各项条件的情况下，出租人可获得对租赁物件的加速折旧和投资减税等优惠政策，并且出租人可以通过采用降低租金的形式向承租人转让部分税收优惠，而承租人可以将其所支付的租金从应纳税所得额中扣除。节税带来的好处是，承租人用于租赁设备的成本支出低于贷款购买设备的成本支出，从而使租赁更具有吸引力。

知识链接 8-1

美国的节税租赁

2）非节税租赁

非节税租赁在英国被称为租购，在美国被称为有条件的销售式租赁。此类租赁在税收方面按买卖交易的分期付款方式来对待，享有与买卖交易相同的税收待遇。在此租赁方式中，由承租人而不是出租人作为设备的所有者，享受税收折旧优惠和期末残值，但其所付的租金不能当作费用从成本中扣除。

在美国，有条件的销售式租赁必须满足以下条件：

①租金中有部分金额是承租人为获得租赁物件所有权而专门支出的；

②在支付一定数额租金后，租赁物件所有权自动转移给承租人；

③承租人在短期内支付的租金，相当于购买租赁物件所需的大部分金额；

④一部分租金支出实际上是利息或被认为相当于利息；

⑤按名义价格留购租赁物件；

⑥租金和留购价的总和接近购买租赁物件的买价加运费；

⑦承租人承担出租人投资损失的风险；

⑧租赁期限实质上等于租赁物件的全部有效寿命。

8.2.3　其他租赁形式

1）国内租赁和国际租赁

按租赁所涉及区域划分，租赁可分为国内租赁和国际租赁。

①国内租赁是指租赁交易只涉及国内区域，即租赁交易中涉及的当事人同属一个国家。

②国际租赁是指租赁交易范围扩展到国外，租赁交易涉及的当事人（出租人和承租人）分属不同国家，也就是说，租赁物件所有权与使用权的行使分别在不同国家。我国现阶段的飞机租赁大多采用国际租赁。如通用电气资本航空服务公司（GECAS）是当今世界上最大的专门从事飞机租赁的专业租赁公司之一，现拥有波音、麦道和空中客车公司等厂商生产的各种型号的飞机，该公司还与世界上55个国家的157个航空公司建立了租赁关系，其中包括中国的6家航空公司。

2）动产租赁和不动产租赁

按财产性质划分，租赁可分为动产租赁和不动产租赁。

①动产租赁亦称设备租赁，是指以各种动产作为租赁物件的租赁，如机器设备、运输工具和计算机等的租赁。

②不动产租赁是指以土地、房屋等不动产作为租赁物件的租赁。

同步案例 8-1　　　　　　工业生产设备融资租赁项目

A企业创建于1980年，主营生产各类中档纺织面料。A企业经营效益良好，但苦于得不到足够的资金支持，发展较为缓慢。B金融租赁公司经调查，了解到A公司具有良好发展前景，决定给予支持。其具体操作为：A企业向B租赁公司提供其原来已经购入的粗纺机、细纺机等一批棉纺设备的原始购置发票，将该批设备所有权转让给B租赁公司，并保留设备使用权；B租赁公司在取得设备所有权后，一次性向A企业支付转让款5 000万元。在3年租赁期内，A企业按月向B租赁公司支付租金。租赁期满后，A企业向B租赁公司支付约定的名义货价，B租赁公司将该批设备的所有权转移回A企业。

资料来源：作者根据相关资料整理。

8.3　租赁的演进与作用

8.3.1　租赁的发展

随着生产力的发展和生产关系的变化，租赁业也逐渐发展起来。租赁活动源远流长，体现了社会生产力不断发展和信用方式不断演变的过程，经历了古代租赁、传统租赁、近代租赁和现代租赁四个阶段。

1）古代租赁

租赁作为一种商业信用活动的起源可以追溯到公元前 1400 年的腓尼基人，当时一些拥有船只但对做生意不感兴趣或缺乏做生意技能的人，将其拥有的船只租给那些对做生意有经验或感兴趣的商人，从而使船只拥有人和商人同时实现了最大的效用，获得了最大的利益。公元前 6 世纪，在美索不达米亚盆地，古巴比伦王国用向开荒者租赁土地的政策鼓励人们开荒。后来，欧洲的租赁业发展迅速，在封建社会中，土地、房屋、农具、马匹等农用生产资料都成为租赁对象，租赁被广泛用于农业经济活动中。公元前 1792—公元前 1750 年，古巴比伦的《汉谟拉比法典》中，对土地、房屋、船只等物品的租赁有着详细的说明，如船只逆水行驶和顺水行驶的租金不尽相同。1289 年，英国《威尔士法》颁布，这是英国最早关于租赁的法令，也被认为是世界上最早的一部有关租赁关系的法律。中国在奴隶社会后期，产生了以土地和房屋为对象的租赁活动。封建社会中地主与佃户之间的租赁关系是，佃户向地主租种土地并交纳地租。这种实物形式的租赁，大多是在生产力水平低下的情况下，为解决生产周期不一致而产生的。

通常，将 18 世纪以前的租赁业称为传统租赁发展阶段。在此发展阶段，出租人在一定时期内让渡物品的使用权，以收取租金为目的，承租人承诺以支付租金、租期结束交还租赁物为条件，在一定时期内使用租赁物并享受由此产生的收益，承租人在承租期末无选择租赁物处置权的权利。在租赁期间，租赁物的所有权和使用权是分离的。一般情况下，这种分离（与租赁物的经济寿命相比）是短期的、暂时的，这是传统租赁的基本特征，因此这一时期租赁通常也称为租借。

古代租赁只是一种古老的、不完整的实物信用方式，它具有以下特点：

①租赁的主要对象是房屋、土地、船只及农具等生活用品。

②租赁主要是满足对物件使用的需要，出租人和承租人相互交换使用物件，而不是以融资为目的。

③出租人和承租人没有固定的契约方式，双方的权利义务不十分明确，也没有固定的报酬。

2）传统租赁

当商品经济有了一定发展，慢慢地就出现了传统租赁，尽管租赁的目的仍是获得使用价值，但与古代租赁相比，传统租赁中的出租人和承租人之间已经签订契约以明确双方的权利和义务，并收取报酬。

传统租赁的租赁对象是闲置物品，是否出租取决于出租人是否有闲置物品，故仍有一定的偶然性，但此时的租赁范围已经比以前扩大了很多。中国在周、秦时期出现了传统租赁，在汉唐之后，房产与土地租赁已经十分普遍；而在中世纪的欧洲，租赁标的则从生产农具、马匹、房屋发展到几乎所有物件。

在租赁标的扩大的同时，有关租赁的法律条文也陆续出现，在中世纪的欧洲，已经出现了关于租赁的专门法律规定。

传统租赁的期限短，一般不超过1年。租赁的目的仍然只限于使用物件本身，租赁物件只租不售，租赁期满时承租人必须归还租赁资产，承租人对租赁物件只有使用权没有所有权。出租人对承租人提供全面服务，负责对租赁物件的维修保养和对承租人的使用培训等。

3）近代租赁

近代租赁制度是伴随19世纪早期的资本主义生产关系的建立和发展而确立的。当时，英国的运输业和农业机械化发展较快，由此也带动了租赁业的发展。一个比较典型的英国法院判例是1831年的一宗合同纠纷案，该合同是从1824年2月开始的为期5年、每年租金为7.5基尼（旧英币）的四轮马车租赁。这一判例表明，租赁在当时的英国已经深入人们社会生活的各个方面。典型事例还有，由伦敦至格林尼治的英国第一条铁路在独立经营了8年之后，于1849年租赁给东南铁路公司经营，租期长达999年；在19世纪末期，英国联合制鞋机器公司对于拥有专利权的制鞋机只租不售，通过对机器以旧换新，使承租人一旦租用了它的机器，就不可能租购其他公司同类的制鞋机，到1919年，英国80%的制鞋厂都与该制鞋机器公司建立了长期的租赁关系。以上事例反映了当时英国租赁业开始走向繁荣。

近代租赁的基本特征为：

（1）以设备租赁为主要标的物

租赁标的物已由原来的土地、房屋、农具和牲畜等逐渐发展到机器设备和运输工具等，租赁制度已开始适应社会化大生产的需要。

（2）以厂商租赁为主

作为出租人的设备制造厂商直接与承租人开展租赁业务，租赁公司尚未出现。

（3）以设备促销为租赁的主要目的

由于社会化大生产的发展，买方市场逐渐形成，采用租赁形式促销来达到占领市场的目的，租赁只是类似于分期付款的商业信用，还没有成为一种金融手段。

4）现代租赁

现代租赁最主要的表现形式是融资租赁（即金融租赁），最早产生于20世纪50年代的美国，以1952年美国租赁公司的成立为标志。美国租赁公司的创始人亨利·斯科菲尔德原是美国加州一家食品企业的老板，因没有资金更新带小型升降机的卡车，便采用了长期租赁的方式。他以企业家的远见，根据这一经验提出了建立租赁公司的设想，并获得了当地商会的支持，创建了世界第一家专业租赁公司。当时，美国企业家的经营理念是"收益来源于财产的使用而非拥有"。由于在市场经济条件下出现了更大规模的社会化大生产分工，因此现代租赁的产生是近代设备租赁深化发展的必然结果。1961年，美国成立了设备租赁协会。美国现代租赁业从20世纪60年代开始将触角伸向其他国家。自世界第一家现代租赁公司即美国租赁公司诞生开始，现代租赁至今已走过了将近70年的历程。目前，美国约有3 000家租赁公司，美国80%以上的企业采用设备租赁方式。

衡量一个国家租赁业的发展水平，可以通过观察该国的设备租赁交易额和设备租赁额占社会设备投资总额的比例（即租赁市场渗透率）来评判，其反映了一国租赁市场的深化程度。目前，美国的设备租赁额和租赁市场渗透率在世界各国中都是最高的。

20世纪60年代以后，融资租赁独特的优点，使其迅速由美国扩展到欧洲各国、日本等，包括商业银行、投资银行、人寿保险公司、养老基金、信托基金在内的各类金融机构为改变传统的信贷方式，纷纷介入融资租赁业。随着信息技术和航空航天事业的发展，大型成套设备、飞机、计算机、信息技术设备、办公机器等高价值、高科技设备成为主要租赁对象，租赁交易额大增，租赁成为一项新兴产业。

从20世纪70年代起，随着国际贸易的发展和跨国公司海外投资的扩张及发展中国家吸引外资的需求增加，融资租赁开始跨越国界，发达国家的租赁公司纷纷在发展中国家建立分支机构或合资企业，国际租赁成为现代租赁业发展的新趋势，已成为国际贸易活动中的一种重要形式，极大地促进了国际贸易的发展。

目前，全球租赁业务呈现以下特点：租赁市场体系日趋完善；租赁业以国际租赁为代表，以融资性租赁为支柱，以经营性租赁为基础，消费性租赁广泛普及；租赁类型多样化，新形式不断出现；租赁业务经营范围广泛，租赁标的物无所不包；设备制造厂商成为租赁交易的主要当事人；租赁公司融资渠道多元化，资金来源较为充足；租赁业提供多种服务，成为综合性很强的新兴产业；租赁市场中介服务体系日趋完善与规范；监管体系以及关于租赁的法律制度、法规逐渐健全、严格，可操作性加强；政府成为租赁市场中重要的调控者，国家利用租赁业推行其经济政策；租赁行业内部与租赁市场的组织程度高，各种租赁行业组织纷纷建立等。

（1）现代租赁发展阶段划分

①简单融资租赁服务阶段。这个阶段的特点是承租人自己选定租赁物件，出租人为承租人选定的租赁物件提供金融服务；融资租赁合同不可撤销；为购买租赁物件，出租人承担全额付款责任；承租人承担全额支付租金的责任；租赁期限届满时，出租人以象征性价格将租赁物件的所有权转让给承租人；每期租金是等额付款，每期的时间间隔一般也相同；出租人提供租赁物件时不包含其他服务；税收与会计方面的影响还较少。

②创造性的融资租赁服务阶段。随着融资租赁的飞速发展，市场竞争的激烈，出租人不断创新金融服务方式。比如，期限结束后承租人对租赁物件可以选择续租、留购和返还租赁物件的不同做法；出现了许多由机械、电子设备等制造商发起设立的租赁公司；租赁方式衍生出杠杆租赁、售后回租和转租赁等；国家开始对融资租赁进行规范，颁布有关会计和税收方面的规定。

③经营性租赁阶段。这个阶段已经有成熟的二级市场，同时已经有具体的融资租赁会计准则界定的经营性租赁概念；经营性租赁由出租人提取折旧，相对于传统租赁，经营性租赁属于长期租赁；出租人一般可以提供设备维修和保养的全面服务；租期结束，承租人可以非全额付款，出租人开始承担真正的残值风险；租赁合同的起草已不再是出租人一方的行为，承租人的参与也举足轻重。

④新租赁产品阶段。出租人为了降低风险，提高收益率，开发出综合租赁、风险租赁和租赁债权证券化等新的融资租赁方式；这时的租赁已经成为金融服务、经营服务和资产管理服务等全方位服务。

⑤成熟阶段。这一阶段的租赁公司之间竞争异常激烈，在租赁市场渗透率没有太大变化的情况下，租赁公司的盈利进一步下降，租赁公司经营更加强调资产增值，于是，不断发生租赁公司并购与资产重组，实现优胜劣汰；租赁公司开始进入国际租赁市场。

由于各个国家经济发展程度不同、经济制度不同以及法律环境不同，因此有可能出现几个阶段同时并存的现象。

（2）现代租赁的特征

①现代租赁是以融资租赁为其重要标志的租赁信用形式，承租人不仅取得物品的使用权，更重要的是将租赁信用作为一种融资手段，这是在发达的银行信用与商业信用基础上发展起来的独立的信用方式，具有金融和贸易的双重功能。

②作为租赁信用中介机构的租赁公司的出现，使租赁信用形式有了质的飞跃。租赁公司的第三方服务，理顺了制造商和承租人的关系，使租赁市场渠道畅通。

③租赁物件的购买选择权由承租人决定，租赁期满后承租人对租赁物件还具有留购、续租或退还设备的选择权；同时，金融租赁形式也更加多样化。

8.3.2 现代租赁的主要作用

1）减少承租企业固定资本支出，提高资金利润率

承租企业在现代租赁方式下只需分期支付租金就可以使用设备，获得经济效益，从而减少因购买设备占用的资金，提高资金利润率。

2）减少通货膨胀给企业造成的损失

在通货膨胀时期，设备价格必然上涨，早采购比晚采购费用要低。资金短缺的企业采用现代租赁方式，在签订合同时设备价格就已经固定不变了，可以先得到设备，再用设备产生的效益去还钱，不受通货膨胀的影响，可以说是"借鸡下蛋，卖蛋买鸡"。

3）为企业提供融资的便利

与需要自筹资金投资的借贷筹资不同，现代租赁能提供100%的资金融通。通过现代租赁这种筹资方式，资金短缺的企业就可引进先进的设备和技术来扩大生产规模或进行技术改造和设备更新；而且现代租赁一般比借款来得迅速和灵活，除了可免去借款合同中许多特有的限制性条款外，租金的支付方式也可以根据承租人的特殊要求设定。例如可根据承租人的生产和产品销售情况来安排租金的支付时间和金额，开始年份租金额度可定得低些，待产品销售进入旺盛时期再提高租金额度来补足；租金的支付方式也可根据企业的获利能力来安排。

4）降低企业的融资成本

现代租赁的租金，表面上看比银行的贷款本息要高，但现代租赁是组合服务，在参与前期租赁物件采购与服务工作上，还要花费一些费用，须计入租赁成本，即使贷

款，也需要额外开支来弥补这些费用；而且，租赁项目还可享受加速折旧、列入成本、少缴所得税的实惠。作为贷款购买的设备，则必须按照法定折旧年限提取折旧，除了贷款利息和折旧可计入成本外，不享受其他税收优惠。可见，从资金总体成本上看，现代租赁还是比贷款合算。

5）避免设备陈旧过时的风险

随着科学技术的进步，企业购置的设备经常会出现耐用年限未到经济寿命即已告终的情况，所以以购买技术变革较快、价格昂贵的技术密集型产品，总是要承担这方面的风险。例如，美国国际商用机器公司的370型计算机问世以后，以前型号的计算机立即陈旧过时。如果采用现代租赁方式，则可避免这一风险。因为租赁期限可以根据承租人的需要缩短，租赁期限届满时承租人可以选择退回。

6）可以扩大产品销售，有利于新技术新产品的推广

现代租赁公司往往是大制造厂商的附属机构。为了扩大技术密集型设备的销路，制造厂商往往通过国际租赁来达到出口目的，加大国际市场的占有率。

承租人率先使用先进的技术设备，而不用承担技术进步导致的设备落伍淘汰的风险，对生产企业及时更新技术装备、迅速采取新技术及新工艺、提高市场竞争力十分有利。

8.4 我国租赁业概述

8.4.1 我国融资租赁业发展历程

20世纪80年代，为了解决资金不足的问题和并满足从国外引进先进技术、设备、管理理念的需求，我国借鉴国外经验，引入了融资租赁业务。融资租赁曾经作为引进外资的重要渠道，从国外引进了先进的生产技术、设备、管理理念，改善了产品质量，为我国出口贸易做出了巨大贡献。在过去的40多年里，我国的融资租赁行业经历了曲折的发展历程，大体可以分为以下几个阶段：

1）高速成长期（1981—1987）

在这一时期，我国经济行为的主体是各级政府部门。1980年，在中国国际信托投资公司的推动下，中国民航总局与美国汉诺威尔制造租赁公司和美国劳埃德银行合作，首次利用跨国杠杆租赁方式从美国租进了第一架波音747SP飞机。我国在改革开放后，一直鼓励以外国直接投资为主，资本项目管制较为严格。由于国外银行等金融机构看好中国的经济发展，希望通过向我国输出资本而获取利益，因此外资银行等金融机构利用融资租赁，规避了我国金融市场准入和外债管理的双重制约，进入我国金融市场。1981年4月，由对外贸易部批准，中国国际信托投资公司、北京市机电设备公司与日本东方租赁株式会社联合发起成立了我国第一家专营融资租赁业务的中外合资融资租赁公司——中国东方国际租赁有限公司，它标志着我国现代租赁业的诞生。此后，尽管当时我国还没有征信记录和信用评估体系，企业的财务报表也没有和国际接轨，但许多外国的著名银行，包括当时日本的富士银行、东京银行、三和银行和兴业银行，联邦德国的第二大银行德累斯顿银行和法国巴黎银行等，都以外国直接投资

的方式，纷纷成立中外合资的融资租赁公司。中国最早一批中外合资租赁公司多采用进口直接融资租赁或进口转租赁业务模式。中国人民银行也注意到融资租赁业务的动向，开始介入融资租赁公司的管理和审批，国有的融资租赁公司开始陆续申报非银行金融机构，银行和信托公司也开始经营融资租赁业务。在这一时期的融资租赁交易中，租赁项目由各级政府部门决策，归还租金由各级政府部门提供担保（包括外汇额度担保），甚至具体管理也由各级政府部门操作。政府部门列入计划的租赁项目，是安全可靠的项目。根据对19家中外合资融资租赁公司的调查，1987年年底我国累计引进外资17.9亿美元，没有不良债权发生。

2）调整时期（1988—1993）

1988年6月20日，最高人民法院发布了政府担保无效的司法解释，欠租现象开始出现，一些失去政府支持的企业没有能力还款，政府出具的担保效力出现问题，租赁公司进行调整，开始用市场经济的方法评估项目。这一时期虽然欠租的苗头已经出现，但租赁成交额仍然继续增长，到1993年年底，据不完全统计，仅中外合资融资租赁公司累计租赁业务额就已达70亿美元。在此期间，又成立了10家中外合资融资租赁公司。1993年，成立了中国外商投资企业协会租赁业委员会。

3）困难时期（1994—1998）

这一时期的租赁行业，很多融资租赁公司被欠租所累，并受东南亚金融危机的影响而陷入困境。我国融资租赁业从日本引进，中外合资融资租赁公司中大部分公司有日本银行或商社股东，日本母公司受到金融危机的影响很大，无力顾及海外的子公司，普遍采取了资本撤退的政策。加之我国自1995年7月1日起施行《中华人民共和国商业银行法》，不允许商业银行从事实业投资，各中方银行股东也纷纷决定从融资租赁公司撤资，并停止对所投资的融资租赁公司的资金支持，这导致中外方股东和中国的银行股东与其他股东对合资融资租赁公司的义务失去均衡，股东之间矛盾产生，令融资租赁公司雪上加霜。以中国东方租赁有限公司为代表的10多家老牌融资租赁公司停止新业务，全力清收，租赁业务遭到重创。由于融资租赁业引入中国较晚，支撑融资租赁业发展的政策法律环境一直没有建立起来。我国《合同法》（自2021年1月1日起《中华人民共和国民法典》实施，此法废止）颁布之前，由于对融资租赁业务各方的权利和义务没有明确的界定，出租人的权益常常得不到保护，导致大量拖欠的租金难以收回；最早有关融资租赁的法规文件只有1996年5月27日发布的《最高人民法院关于审理融资租赁合同纠纷案件若干问题的规定》（法发〔1996〕19号）；另外，可以依据的会计处理方法散见于其他的会计制度中，不能准确和全面反映融资租赁经济活动的全过程。在这一时期，财政部和国家税务总局发布了一些关于租赁业务的税收政策，但具体执行标准不统一。1994年1月1日发布了《营业税税目注释（试行稿）》对融资租赁税收政策做了专门规定；1995年4月26日发布了《国家税务总局关于营业税若干问题的通知》，主要对租赁行为征收营业税做了说明；1995年12月22日发布了《国家税务总局关于融资租赁业务征收营业税的通知》，对租赁税收政策进行了规范管理。从融资租赁行业自身来看，由于前些年运作的不规范，隐含的风险全面爆发，业务急剧扩张导致资本充足率普遍偏低。各融资租赁公司短期拆借的资金占很大比重，借款的期限与租赁项目的周期严重脱节，这必然造成资金管理的困难，融资租赁公司很难正常经营，面临严重的经营危机。

4）恢复活力时期（1999—2006）

1999 年以来，支持融资租赁业发展的法律、会计准则、行业监管和税收政策四大支柱陆续建立并得到不断完善，为融资租赁业在我国的健康、有序发展打下了坚实的基础。同时，经过多年来对租赁行业的全面整治，租赁行业信用评级已经得到了显著改善。这些标志着融资租赁业已进入恢复活力时期。其主要表现在以下 4 个方面：

①法律方面。1999 年 10 月，我国颁布施行《合同法》，在《合同法》中对融资租赁合同做了专门列示，首次将融资租赁纳入法律条款，为融资租赁业提供了基本的法律框架。

②会计准则。为了规范金融企业的会计核算，提高会计信息质量，2002 年 1 月 1 日，财政部颁布施行《金融企业会计制度》（财会〔2001〕49 号）；2006 年 2 月 15 日财政部对《企业会计准则——租赁》进行了修订，并发布了经修订的《企业会计准则第 21 号——租赁》，对租赁适用的会计准则专门做了规范。

③行业监管与自律。中国人民银行于 2000 年 6 月 30 日发布了《金融租赁公司管理办法》，旨在强化融资租赁的风险管理，规范国内融资租赁行业。2001 年 9 月 1 日，对外贸易经济合作部颁布施行《外商投资租赁公司审批管理暂行办法》（已失效），使外资融资租赁公司的设立有了依据。商务部于 2004 年 6 月 10 日发布《关于外商投资举办投资性公司的规定》，允许以外商独资形式设立从事融资租赁业务的外商投资企业。2004 年 10 月 22 日，商务部和国家税务总局联合下发了《关于从事融资租赁业务有关问题的通知》（商建发〔2004〕560 号），明确原国家经贸委、外经贸部有关租赁行业的管理职能和外商投资租赁公司管理职能划归商务部，决定开展内资租赁企业从事融资租赁业务的试点工作，纳入试点范围的企业从事融资租赁业务享受差额缴纳营业税的优惠政策，为内资租赁企业进入融资租赁市场打开了政策门槛。2005 年，商务部又根据中国政府的"入世"承诺，颁布了《外商投资租赁业管理办法》，自 2005 年 3 月 5 日起正式施行（已于 2018 年废止）。

④税收政策。2000 年 7 月，国家税务总局发布了《国家税务总局关于融资租赁业务征收流转税问题的通知》（国税函〔2000〕514 号）。2003 年 1 月，财政部、国家税务总局颁布了《财政部、国家税务总局关于营业税若干政策问题的通知》（已失效），该通知对租赁企业营业税的计税基础给出了明确的规定。

5）加快发展时期（2007 年至今）

2007 年 1 月，中国银行业监督管理委员会对《金融租赁公司管理办法》进行了修订并重新发布，重新允许符合资质要求的商业银行和其他机构设立或参股金融租赁公司，以支撑如飞机、船舶、基础设施等建设项目及铁路和发电厂等大型租赁业务，并陆续批准其所管辖的商业银行设立金融租赁公司，这标志着融资租赁业进入了快速发展阶段。

为加强同业合作，鼓励有序竞争，维护金融租赁交易的专业权威，2009年7月，中国银行业协会成立了金融租赁专业委员会。

《金融租赁公司管理办法》经中国银监会2013年第24次主席会议通过，2014年3月13日由中国银监会令2014年第3号公布。该办法分为总则，机构设立、变更与终止，业务范围，经营规则，监督管理，附则共6章61条，自公布之日起施行。2007年公布的《金融租赁公司管理办法》（中国银行业监督管理委员会令2007年第1号）同时废止。

2015年8月31日，国务院办公厅印发《关于加快融资租赁业发展的指导意见》，其中首次提出行业的发展目标。到2020年：

——融资租赁业务领域覆盖面不断扩大，融资租赁市场渗透率显著提高，成为企业设备投资和技术更新的重要手段；

——一批专业优势突出、管理先进、国际竞争力强的龙头企业基本形成，统一、规范、有效的事中事后监管体系基本建立，法律法规和政策扶持体系初步形成，融资租赁业市场规模和竞争力水平位居世界前列。

2015年9月1日，国务院办公厅印发了《关于促进金融租赁行业健康发展的指导意见》。其中提出要充分认识金融租赁服务实体经济的重要作用，把金融租赁放在国民经济发展整体战略中统筹考虑。加快建设金融租赁行业发展长效机制，积极营造有利于行业发展的外部环境，进一步转变行业发展方式，力争形成安全稳健、专业高效、充满活力、配套完善、具有国际竞争力的现代金融租赁体系。

2015年12月16日，由中国信托业协会组织制定的《信托公司行业评级指引（试行）》正式发布。

2016年3月18日，银监会办公厅下发了文件《中国银监会办公厅关于进一步加强信托公司风险监管工作的意见》（简称58号文件）。

2017年7月26日，银监会、民政部联合正式下发《慈善信托管理办法》（银监发〔2017〕37号），标志着我国慈善信托规制体制基本建立。

2020年5月8日，银保监会发布《信托公司资金信托管理暂行办法（征求意见稿）》（简称"资金信托新规"），向社会公开征求意见，在行业内引发强烈反响。

2021年12月，中国人民银行发布《地方金融监督管理条例（草案征求意见稿）》（简称"《条例》"），本次《条例》为首次统一明确地方金融组织原则上不得跨省级行政区域开展业务。

2022年2月，银保监会发布《融资租赁公司非现场监管规程》和《关于加强金融租赁公司融资租赁业务合规监管有关问题的通知》，明确了融资租赁公司跨省、自治区、直辖市设立分支机构和特殊项目公司的非现场监管职责分工及统计要求，主要是基于融资租赁公司的发展情况和存量现状，地方政府将减少"空壳公司"或"僵尸企业"的数量作为重点工作。

2022年12月30日，银保监会发布《关于规范信托公司信托业务分类有关事项的通知（征求意见稿）》（简称"《通知》"），《通知》强调，信托公司应当根据信托业务分类要求，严格把握信托业务边界，准确划分各类信托业务，完善内部工作机制，确保做好业务分类工作。信托公司应在此基础上研究自身发展战略，立足信托本源重塑发展模式，摆脱传统路径依赖，明确业务转型方向，提高专业服务能力，规范开展资产管理信托业务，积极探索资产服务信托和公益/慈善信托业务，认真梳理并整改存量业务，不断丰富信托产品供给，提升竞争力和社会声誉，在有效防控风险的基础上实现高质量发展。

8.4.2　我国融资租赁业现状

我国第一家融资租赁公司成立于1981年，这家中外合资的融资租赁公司的成立标志着融资租赁业在中国的正式诞生。在诞生的最初几年，融资租赁业务因其自身的优点，经历了一个快速的发展时期。但在进入 20 世纪 90 年代之后，存在行业理念偏差、市场经济体制不完善、法律税收环境欠缺等外部原因，加之融资租赁业本身的操作规范不明确，导致欠租问题严重，而政府也不再愿意为企业提供担保，银行、信托等金融公司不断退出融资租赁行业，致使中国的融资租赁业爆发了全面的风险危机。在此之后的很长一段时期内，中国的融资租赁业陷入了停滞阶段。直到 2007 年以后，随着银行业的重新回归，融资租赁行业才逐渐走出困境，重新进入了发展时期。

我国的融资租赁业发展主要呈现出以下三个特征：

1）发展速度较快，潜力巨大

从绝对量上看，根据商务部发布的《中国融资租赁业发展报告（2016—2017）》，2016年在全国融资租赁企业管理信息服务平台上登记的融资租赁企业数量共计 6 158 家，增幅为 70.3%；注册资本金总量为 19 223.7 亿元，同比增幅为 31.3%，是 2013 年 2 884.3 亿元的近 7 倍；资产总额 21 538.3 亿元，比上年同期增长 32.4%，突破 2 万亿元；全行业实现营业收入 1 535.9 亿元，利润总额 267.7 亿元，较上年分别增长 35% 和 25.4%。而融资租赁合同的标的物价值也由 240 亿元增加到 3 万多亿元，融资租赁的总体规模一跃成为世界第二。特别是在一些特定的领域，融资租赁方式已经成为最主要的设备投资方式之一。但从相对指标上来看，例如从融资租赁投资渗透率和融资租赁 GDP 渗透率来看，我国融资租赁业的发展水平与西方国家仍存在一些差距，这也显示出我国的融资租赁业务有着巨大的潜力。

2）融资租赁的政策环境不断变好，但法治建设仍然处于起步阶段

与传统的租赁服务业不同，融资租赁业是一个高度依赖于外界环境的行业。从我国融资租赁业的发展历程中就可以看出，制度的成熟与否、法规的完善与否，决定着融资租赁业的发展状况。近些年来，无论在国家层面上，还是在具体的法律法规、税收政策等制度的建设上，足以表现出政府对融资租赁业的重视。但从总体上看，各项制度、法规和政策的建设仍然处于起步阶段，仍有许多需要改进的地方。例如，目前我国对融资租赁业务的性质在认识上仍然存在模糊之处，其到底属于金融服务还是非金融服务，非银行融资租赁公司应该如何进行定性等，这些问题都需要在以后的法律和政策制定中进行明确。

3）融资租赁公司呈现"三足鼎立"局面

我国融资租赁公司现在主要有三种类型：第一类是金融租赁公司，是指在金融监管部门，也即国家金融监督管理总局的监管下，从事金融租赁业务的非银行金融机构。第二类是外资租赁公司，其监管机构为商务部。外资租赁公司从事的融资租赁经营范围有特定限制，其租赁物被限定为生产设备、通信设备、医疗设备、科研设备、检验检测设备、工程机械设备、办公设备等各类动产，以及飞机、汽车、船舶等各类交通工具等。第三类是除金融租赁公司和外商投资融资租赁公司以外的内资租赁公司，这类租赁公司也由商务部进行监管，一般是指从事融资租赁业务的租赁公司和由国内生产企业、流通企业共同成立的租赁公司。

随着政策环境的持续优化，融资租赁行业出现了一些新的发展特征，地区聚集效应更加凸显，传统聚集地区优势增强的同时，涌现出更多聚集新区；融资租赁业务领域持续拓展，创新步伐不断加快；融资结构更加优化，融资渠道多元化发展；融资租赁企业资本投资更加活跃；形成了一批专业优势突出、管理理念先进与具备国际竞争优势的龙头企业。

融资租赁将继续发挥服务实体经济发展、推进供给侧结构性改革、培育发展新动能等重要作用。行业规模将保持平稳较快增长，聚集效应进一步扩大，聚集区将发挥规模效应，实现集约化发展；业务领域纵深拓展，在飞机、航运等传统行业中业务量逐年增长的同时，向医疗卫生、清洁能源等板块迅速延伸；融资租赁企业将持续探索专业化发展道路，提升国际竞争力；企业、协会、政府等多方协同，加强人才培养、配套服务和行业自律，持续夯实发展基础，通过多种手段强化行业风险防控能力，强化事中事后监管，促进融资租赁行业健康发展。

在融资租赁企业数量、注册资金、业务总量均稳步增长的大背景下，2018年融资租赁行业重点突破现有企业融资成本较高、违约合同增多以及企业空置率持续上升的发展瓶颈。一方面，伴随着国家层面消除行业政策风险措施的出台，业内企业应积极进行调整，将自身发展纳入到国家经济社会发展的总体战略中，充分利用利好政策，以拓展资金来源和发展空间。另一方面，在我国逐步迈入"世界第一租赁大国"的进程中，整个融资租赁行业除了鼓励从业企业大胆尝试跨境租赁业务，寻求进入国际租赁市场的契机和路径外，还有必要进一步联合业内研究机构，组建我国租赁资产交易市场、同业拆借市场等更多细分市场，丰富行业业态，提高业界细分领域专业服务水平。

受疫情影响，又叠加监管办法落地以及会计准则调整，全国融资租赁行业主体数量增速明显放缓，融资租赁业务余额有所下降。根据租赁联合研究院发布的《2022上半年中国融资租赁业发展报告》，截至2022年6月末，全国融资租赁企业（不含单一项目公司、分公司、SPV和收购海外的公司，包括一些地区列入失联或经营异常名单的企业）总数约为11 603家，较2021年末的11 917家减少了314家，融资租赁合同余额为6.03万亿元，比2021年末的6.21万亿元减少了0.18万亿元，下降2.90%。

政策方面，2021年末，中国人民银行会同有关方面研究起草了《地方金融监督管理条例（草案征求意见稿）》，其中"地方金融组织应当坚持服务本地原则，在地方金融监督管理部门批准的区域范围内经营业务，原则上不得跨省级行政区域开展业务"对融资租赁公司的业务开展将产生重大影响。若地方金融监管部门制定细则时要求融资租赁公司在注册地省（市）内开展业务，将显著增加融资租赁公司业务开展的合规经营成本。

债券发行方面，融资租赁行业债券发行规模略有上升，结构化产品发行规模略高于非结构化产品，非结构化债券发行主体以 AAA 级为主。

回顾融资租赁行业发债主体财务表现可以看到，融资租赁行业发债主体资产、权益和租赁资产规模呈上升趋势，但增速有所下滑。发债主体负债经营水平较高，不同融资租赁公司拨备计提节奏有所差异，资产质量和盈利能力因各发债主体资源禀赋、客户定位、风险偏好和风控能力等因素的不同而呈现较大差异。

展望未来，融资租赁公司更倾向于向经济发达、债务压力小的地区的平台以及央企和地方国有企业投放资产，行业竞争加剧，盈利空间将受到挤压。同时，得益于央行碳减排支持工具的推出，融资租赁公司向清洁能源领域投放的资产将有所增加。资产质量方面，因业务定位差异较大，不同租赁公司资产质量将呈现一定分化，资质较差的融资租赁公司的资产质量将面临较大的下行压力。在负债端，融资租赁公司融资渠道和融资成本将进一步分化。

8.4.3　我国融资租赁业存在的问题

现代租赁服务业已经在世界范围内得到普及，大至飞机、轮船、卫星，小到一些办公用品、生活用品都可以成为在市场上流通的租赁商品，与此同时，融资租赁服务也成为资金流转、激活市场经济的一种重要方式。虽然，我国的融资租赁业务也取得了历史性的突破，但和西方国家成熟的融资租赁市场相比，我国的融资租赁市场仍然有着许多不完善的地方，也显示我国的融资租赁行业有着巨大的发展潜力。我国经济形势的不断好转，法律法规的不断完善，现代企业制度的逐步建立，为我国融资租赁行业的发展提供了良好的外部条件。尽管融资租赁业在我国经济生活中正在逐步发挥重要作用，但是由于我国融资租赁业自身以及赖以生存和发展的外部环境方面存在诸多问题，我国融资租赁业远未达到应有的规模，还不能满足国民经济发展的需要，以下这些问题亟待解决：

1）缺乏稳定的资金来源，资金成本高

融资租赁公司运作的租赁物件均为高价值、长时间使用的设备，需要雄厚的资金实力，而我国的融资租赁公司融资渠道相对较窄。除了资本金外，融资租赁公司资金来源基本上只能是银行信贷和同业拆借。公开数据显示，目前国内融资租赁公司资金来源的 80%~90% 是银行信贷。不仅如此，多数金融租赁公司获得的信贷资金来自其控股银行。外商投资的融资租赁公司仅被当作吸收外国金融投资的手段，债务融资基本由国外股东运作，受到国外股东融资安排的制约，普遍缺乏利用股票市场、债券市场等融通中长期资金的手段。融资租赁公司融资成本偏高，国家没有给予优惠的信贷政策支持。

2）多头管理，体制不顺

目前，我国融资租赁业由不同政府部门分别实施监管。一般来说，行业的主管部门应当只有一个，行业主管部门不明确的局面，对融资租赁业的发展极为不利。没有一个全行业的发展规划和政策指导，使得融资租赁业的持续发展缺乏有效的制度保障，所以我国的融资租赁业发展至今仍是一个不成熟的市场。

3）法律不健全，制度不完善

商务部制定的《外商投资租赁业管理办法》和中国银监会制定的《金融租赁公司管理办法》以及其他一些相关文件，尽管发挥了一定的积极作用，但这些规定的层次较低。到目前为止，我国融资租赁业还没有一部统一的、完整的、系统的融资租赁法律，尚未建立融资租赁业风险保障制度。

我国融资租赁业具有风险高、周期长、收益率低的特点，融资租赁公司如果遭遇政治风险、违约风险等特定风险，无法通过风险保障制度得到补偿，就大大增加了融资租赁公司的经营风险。

统计部门没能将融资租赁作为独立业态进行统计，这方面的统计数据极为缺乏，不利于融资租赁业务的正常开展。

4）市场发展不均衡

当前国内区域融资租赁市场发展极不平衡。从区域分布来看，融资租赁公司主要集中在北京、上海、天津、杭州等城市，分布极不均衡，其中在北京、上海注册的融资租赁公司数量最多。从地方政策看，目前天津、上海和重庆等地已经或即将出台相关鼓励政策，为本地区融资租赁行业的发展提供有力支持。

5）人才不足，缺乏发展后劲

在经济全球化的进程中，我国融资租赁业面临挑战。这一进程对我国融资租赁理论研究和从业人员的素质提出了更高的要求。融资租赁业的发展需要大量的懂经济、管理、法律、金融、外贸等知识的复合型、高素质人才，而目前从事这一行业的经营管理人员中，大多没有经过必要的专门业务培训，不具备系统的专业知识，有些需要知识更新，合格人才特别是高级经营管理人才严重缺乏的问题比较突出。

对融资租赁业存在的问题，应当采取切实有效的措施加以解决，特别是要加强法制建设，这样才能充分发挥融资租赁业在推进市场化进程、盘活国有资产、优化资源配置、满足企业技术改造需要、提高企业技术水平、促进中小企业发展、引导消费、增加就业等许多方面的积极作用。随着中国经济的高速发展，租赁业前景广阔，商机无限，租赁公司应抓住契机，努力改善经营环境。

本章小结

租赁是指以特定物件为标的，物件的所有者以收取报酬为条件，在一定时期内让渡物件使用权；或者说，物件的使用者在不拥有物件所有权的情况下，通过支付一定的费用而取得该物件一定时期的使用权。

租赁构成的基本要素主要包括租赁当事人、租赁标的、租赁期限和租金。

租赁的种类主要有融资租赁和经营租赁、节税租赁和非节税租赁、国内租赁和国际租赁、动产租赁和不动产租赁等。

租赁发展的四个阶段为古代租赁、传统租赁、近代租赁和现代租赁。

现代租赁的主要作用是减少承租企业固定资本支出,提高资金利润率;减少通货膨胀给企业造成的损失;为企业提供融资的便利;降低企业的融资成本;避免设备陈旧过时的风险;可以扩大产品销售,有利于新技术新产品的推广。

重点概念

租赁 现代租赁 经营租赁 节税租赁 杠杆租赁 联合租赁 转租赁 售后租赁 厂商租赁 委托租赁 风险租赁

复习思考题

一、单项选择题

1.租赁的产生与发展大致经历了古代租赁、传统租赁、近代租赁和( )四个阶段。

A.金融租赁　　　　B.现代租赁　　　　C.经营租赁　　　　D.融资租赁

2.售后回租涉及买卖合同与( )两个合同。

A.租赁合同　　　　B.购买合同　　　　C.技术确认合同　　D.回购合同

二、多项选择题

1.租赁物件的物权化表现为( )。

A.买卖不破租赁　　　　B.租赁权优于抵押权

C.优先购买权　　　　　D.优先续租权

2.租赁的基本要素包括( )。

A.租赁当事人　　　　B.租赁标的　　　　C.租赁权　　　　D.租金

三、判断题

1.融资租赁是现代租赁的主体。　　　　　　　　　　　　　　　　　　　( )

2.租赁是所有权与使用权两权统一的经济现象。　　　　　　　　　　　　( )

3.在租赁业务中,出租的是物品的所有权。　　　　　　　　　　　　　　( )

4.融资租赁的租期通常长于经营租赁。　　　　　　　　　　　　　　　　( )

5.节税租赁是符合法律规定享受税收优惠的租赁,典型的租赁都是节税租赁。

　　　　　　　　　　　　　　　　　　　　　　　　　　　　　　　　( )

6.融资租赁期满,承租企业在租赁物件的处理上有三种选择,即留购、续租或退租。我国目前的租赁业务中多选取续租方式。　　　　　　　　　　　　　( )

四、简答题

1.简述融资租赁业务。

2.如何理解杠杆租赁？

3.租赁的种类有哪些？

4.与发达国家融资租赁业相比，我国存在哪些方面的差距？

五、案例分析题

[案例一]　　　　　　　　　　金融租赁案例

深圳金融租赁有限公司（以下简称深租）与海南航空股份有限公司（以下简称海航）签下一单飞机大宗租赁交易——海航从深租手中租下一架波音767客机，并用于国际航线运营。此前，国内主要航空运输集团多通过境外融资租赁公司租飞机运营。海航表示，这一交易打破了国外融资租赁公司长期对中国进口飞机租赁市场垄断的状况。在此次交易中，中国银行深圳分行向深租提供折合人民币7亿元的美元现汇贷款，中国银行享有飞机抵押权；同时，海航向美国波音公司支付2 000多万美元的首付款，将这笔原本要背负10年的外债转为内债，即海航与深租签订一笔为期10年的融资租赁协议，每半年支付一次租金，期满后飞机归海航所有。

问题：

（1）该飞机租赁采用的是哪种租赁形式？

（2）租赁当事人有哪些？

（3）这种租赁形式具有什么作用？

[案例二]　　　　　　　　一个小微企业的融资租赁样本案例

江苏泰州三洋纸业老板高峰，很后悔自己了解金融租赁太晚。"如果早知道，早使用，我的企业早就转型升级了。"高峰的企业创建于2002年，从2002年到2009年的7年时间里，三洋纸业产值仅从起步时的300万元提高到2009年的700多万元。然而，自2010年开始，三洋纸业开始了跳跃式发展：2010年产值1 000万元，2011年产值2 000万元，"2012年产值可以做到5 000万元，2013年估计能达到1亿元"。

裂变发生在2011年9月三洋纸业牵手江苏金融租赁有限公司——一家以服务小微企业为市场定位的小微金融机构之后。

三洋纸业创业初期购买的生产设备效率低，无论工人如何加班加点，订单总是"吃不完"。为了提高产能，2010年高峰花了200多万元，从生产包装机械的昌昇集团买了一台高速印刷机。从此，"吃不完"的订单忽然变得"不够吃"了。高峰想得到大客户更多的订单，但大客户给订单的前提是，三洋纸业必须上一条生产线。上一条生产线要投入1 000多万元，到哪里找这笔钱？高峰把困扰告诉了提供生产线的昌昇集团老板。"可以做啊，金融租赁公司就能帮你解决。"昌昇集团老板的话，让高峰将信将疑。

三洋纸业在昌昇集团的介绍下，结识了江苏金融租赁有限公司，并结下不解之缘。

10天做成项目。"昌昇集团把我的信息提供给江苏金融租赁有限公司后，没想到2010年9月，江苏金融租赁有限公司就派了3名专业人员到工厂考察。"高峰说，"专业人员来三洋纸业，主要是'三看'，看会计报表、看我的人品和我的产品以及看公司股权结构是否清晰"。随后，江苏金融租赁有限公司就着手"三落实"，落实设备所有权，确保物权能到位、可追索；业务品种以直接租赁为主，落实资金用途，防止挪用；加强与供应商的合作，落实连带责任担保、回购承诺、设备上设置密码控制等风险缓释措施。"仅仅10天时间，江苏金融租赁有限公司就将1 000万元资金打给了供应商昌昇集团，昌昇集团收到项目资金后，立即派人到我厂安装生产线。"

买设备，还用融资租赁。有了江苏金融租赁有限公司的支持，三洋纸业的发展开始"提速"了。"上了生产线，很多大客户都跟我有了合作意向，订单多了，我打算再购买一台高速印刷机。"尝到融资租赁甜头的高峰，现在再也不做让自己后悔一辈子的事了。"买这台印刷机，我还用融资租赁。"

自从借助融资租赁杠杆，三洋纸业获得裂变式发展后，高峰就对融资租赁有了更深刻的理解和认识。"虽然我们的产品有市场，手上有订单，但缺乏抵押物，银行根本不愿意跟我们打交道。银行不借钱，江苏金融租赁有限公司借，手续简便，并且没有任何附加条件，利率也不高，真正是雪中送炭。"

资料来源：徐绍峰，王峰. 一个小微企业的融资租赁样本案例 [N]. 金融时报，2012-02-14.

问题：

从这个案例中我们可以得到哪些启示？

第9章

融资租赁合同

学习目标

通过本章的学习，你应该能够：

1. 掌握融资租赁合同的分类以及融资租赁合同中当事人的权利与义务；

2. 了解融资租赁合同与买卖合同、分期付款合同、借款合同、传统租赁合同的区别；

3. 熟知签订融资租赁合同的基本原则、程序和融资租赁合同的主要内容、特殊性条款，以及签订购买合同的程序和购买合同的主要内容；

4. 掌握融资租赁合同履行的主要内容和特殊事项；

5. 明晰融资租赁合同变更、解除、终止的相关内容；

6. 了解融资租赁合同违约的形式、原则和融资租赁合同纠纷的解决方式。

引例　　　　　　　　融资租赁物发生事故致人损害的责任

原告：朱某

被告：席某、高安市汽贸公司

案由：道路交通事故人身损害赔偿

2023年6月3日，原告朱某的父亲朱某某请被告个体司机席某为其拉货到浙江，途中发生车祸，汽车向左侧翻于路旁，朱某某被抛出车外，当场死亡。经交警部门认定，被告席某违反《中华人民共和国道路交通安全法》的规定，应负事故全部责任。朱某向席某索赔未果，遂以高安市汽贸公司是该车所有权人为由，将席某和高安市汽贸公司起诉到法庭，要求两被告承担人身损害赔偿责任，并互负连带责任。

被告席某对事故责任无异议，但表示无力偿还。被告高安市汽贸公司辩称，汽车营运不在其占有范围内，且其本身无任何过错，依法不应承担责任。

审理中查明，2022年7月，被告席某与被告高安市汽贸公司签订了一份合同，约定由高安市汽贸公司出资向高安市鹏程东风汽车销售公司购买东风牌汽车一辆，将汽车出租给席某营运，租金为每月10 000元，期限自2022年8月1

日起至 2023 年 7 月 31 日止。被告高安市汽贸公司依约购买东风牌汽车一辆，办好手续后交由席某承租营运，席某已如期交纳租金共计 120 000 元。

法院经审理认为，两被告所签合同为融资租赁合同，席某占有租赁物（即营运车辆）期间，出租人并不能支配汽车的运营，因此不应对该车造成第三人的人身伤害承担责任，遂依法判决驳回原告朱某要求被告高安市汽贸公司承担责任的请求，由被告席某赔偿死亡补偿金等共计 71 726 元。

分析：本案两被告之间的关系符合《中华人民共和国民法典》关于融资租赁合同规定的特征，这对本案责任人的确定有质的影响。一般来说，物的所有人对其所有物有维护的义务，物的所有人或管理人应承担该物造成损害的民事责任。但在融资租赁的情形下，租赁物是由承租人选择决定的，承租人对租赁物负有管理、维修的义务，且在占有租赁物期间，已经通过租赁物的占有和使用达到实现收益的目的；而出租人的主要义务是出资购买租赁物提供给承租人使用，并不负责租赁物的管理、维修，不能支配租赁物的运营，不享有其运营利益。承租人在占有租赁物后，由于自己的情况使租赁物造成第三人的财产损害或人身伤害，再由出租人来承担责任显然有失公平。因此，《中华人民共和国民法典》第七百四十九条规定：承租人占有租赁物期间，租赁物造成第三人人身损害或者财产损失的，出租人不承担责任。也就是说，关于车主承担替代责任或转承责任的规定，不能适用于融资租赁合同中的作为车主的出租人。

资料来源：作者根据网络相关资料整理。

9.1　融资租赁合同概述

9.1.1　融资租赁合同的概念

融资租赁合同是出租人（买受人）根据承租人对出卖人（供货人）、租赁物的选择，向出卖人购买租赁物，提供给承租人使用，承租人支付租金的合同。融资租赁合同的内容包括租赁物名称、数量、规格、技术性能、检验方法、租赁期限、租金构成及其支付期限和方式、币种，以及租赁期限届满租赁物的归属等条款。

融资租赁合同有三个方面的含义：

其一，出租人按照承租人的要求出资购买租赁物，这是融资租赁合同不同于租赁合同的一个显著的特点。在租赁合同中出租人是将自己现存的租赁物出租给承租人进行使用、收益，由承租人支付租金；但在融资租赁合同中，出租人是根据承租人对租赁物的选择去购买租赁物，然后将其出租给承租人使用，所以从这个意义上来说，融资租赁合同对承租人起到了融资的作用，使其以较少的租金就可以获得自己需要的租赁物的使用权。

其二，出租人必须将购买的租赁物交付给承租人使用、收益。在融资租赁合同中，出租人花费了较大的代价购买了承租人指定的租赁物并非为了自己使用，而是为了将其出租给承租人进行使用、收益，所以融资租赁合同虽然涉及买卖，但买卖的最直接的目的是出租，这是不同于普通的买卖合同之处。

其三，承租人必须向出租人支付租金。租金是承租人使用租赁物的代价。在融资租赁合同中，承租人必须支付租金才能取得对租赁物的使用权，这也是该合同的"租赁"特性。

融资租赁与传统租赁相比，具有一定的融资、融物的性质。企业可以用支付租金的方式以较少的资金先取得所需要的机器设备等，然后边生产、边收益、边还款，最后还可以留购所需要的机器设备等。因此，融资租赁是企业扩大生产经营规模、更新设备、进行技术改造的一项重要手段。

9.1.2 融资租赁合同的法律特征

与买卖合同不同，融资租赁合同的出卖人是向承租人履行交付标的物和瑕疵等担保义务，而不是向买受人（出租人）履行义务，即承租人享有买受人的权利但不承担买受人的义务。

与租赁合同不同，融资租赁合同的出租人不负担租赁物的维修与瑕疵等担保义务，但承租人必须向出租人履行交付租金义务。

根据约定以及支付的价金数额，融资租赁合同的承租人有取得租赁物的所有权或返还租赁物的选择权，即如果承租人支付的是租赁物的对价，就可以取得租赁物的所有权；如果承租人支付的仅是租金，则必须于合同期限届满时将租赁物返还出租人。

9.1.3 融资租赁合同的分类

融资租赁合同按照适用对象分为两类：一类是标准合同；另一类是非标准合同。

1）标准合同

标准合同是指适用于任何交易的合同。融资租赁中的标准合同主要包括：

（1）购买合同

该合同是融资租赁交易的首要环节，以出租人为买方，以供货人为卖方，以租赁物所有权的转让为标的，以货价为对价。卖方确认承租人在购买合同中作为最终用户的权利和义务。

（2）货物运输合同

该合同以出租人为托运方和以第三人为承运方或承运代理，以购买合同货物的运输为标的，以运费为对价，以提单为凭证。

（3）运输保险合同

该合同以出租人为投保方，以第三人为承保方或其代理，以运输保险为标的，以保费为对价。

（4）财产保险合同

该合同以出租人或承租人为投保方，以第三人为承保方，以租赁物的事故损失赔偿为标的，以保费为对价。

（5）担保函

在融资租赁交易中有两种无偿合同性质的担保函：一种由非承租人的第三人以保证人身份出立，以出租人为债权人，以承租人对融资租赁合同中的支付责任的履行或由担保人代为履行为标的；另一种由非卖方的第三人以保证人身份出立，以出租人为债权人，以卖方对购买合同中的交付责任的履行或不履行赔偿为标的。

（6）产权转让证书

该证书以出租人为转让方，以承租人为受让方，以租赁物所有权的转移为标的，以物价为对价，以融资租赁合同的终止为前提。

2）非标准合同

非标准合同是指适用于特定形式交易的合同。融资租赁中的非标准合同主要包括：

（1）租赁委托书

租赁委托书以承租人为申请方，以出租人为受理方，以受理方为了申请方的要求并按申请方的条件去同申请方指定的供货人订立购买合同为标的，以申请方在该购买合同订立后便同受理方订立融资租赁合同并承担该购买合同中的部分买方责任为对价。

在融资租赁交易中，租赁委托书是整个交易的合同。租赁委托书是出租人和承租人融资租赁关系发生的依据，否则，出租人、承租人和供货人三方当事人在购买合同和租赁合同中权利和义务就没有了根据。

受理方按申请方的条件与申请方指定的供货人订立购买合同，受理方就履行了他在租赁委托书中的义务，否则，视为受理方违约。申请方同意在符合要求的购买合同上以承租人的身份签署，申请方就履行了他在租赁委托书中的义务，否则，视为申请方违约。融资租赁合同订立的时间顺序为：租赁委托书在先，购买合同其次，租赁合同最后。如果申请方在购买合同订立后，以受理方违约为由拒绝订立租赁合同，双方则可根据租赁委托书中的约定相互追究违约责任。一旦双方订立了购买合同和租赁合同，租赁委托书就视为已经履行，双方不得再追究对方在该委托书中的违约责任。

（2）租赁合同

融资租赁按业务分类，可分为直接租赁、转租赁、售后回租和杠杆租赁等，相应的租赁合同就有直接租赁合同、转租赁合同、售后回租合同和杠杆租赁合同等。

9.1.4　融资租赁合同与其他合同的区别

以下将几种容易与融资租赁合同相混淆的经济合同和融资租赁合同做比较，以帮助形成对融资租赁合同的正确理解。

1）融资租赁合同与买卖合同的区别

买卖合同是出卖人转移标的物的所有权于买受人，买受人支付价款的合同，其核心是转移所有权。而融资租赁合同只规定承租人享有标的物的占有权、使用权、收益权，但所有权的核心——处分权仍然保留在出租人手中，即所有权仍归出租人所有。由于这一本质的差别，形成以下三点不同：

①买卖合同是转移标的物所有权的合同，而融资租赁合同是转移标的物的占有权、使用权、收益权的合同，而非转移所有权的合同。

②标的物不完全相同。融资租赁合同的标的物必须是有形的、特定的非消耗物，通常是有形的固定资产，如机器设备。《金融租赁公司管理办法》规定，适用于融资交易的租赁物为固定资产。而买卖合同的标的物则无此限制。

③当事人的权利、义务不完全相同。由于融资租赁不是简单的一次性买卖关系，且出租期较长，中间环节较多，发生纠纷的可能性更大，因此融资租赁合同对当事人权利和义务的规定比一般买卖合同复杂得多，细致得多。

2）融资租赁合同与分期付款合同的区别

融资租赁和分期付款就其还款的形式上来看，似乎有相似之处，但从法律的角度来看，两者是两个不同的概念，因此融资租赁合同与分期付款合同也有本质的区别。

分期付款有两种基本的形式：一种是非信贷型的分期付款；另一种是信贷型的分期付款。

①非信贷型的分期付款。这种形式实际上是一种现钱交易，货款分若干期支付。例如，订立合同先付定金若干，发货后付若干，验收后付若干，设备安装试用一年后无问题再付若干。这其中不涉及信贷、付息问题，因此同融资租赁没有类似之处，纯属买卖行为。

②信贷型的分期付款。由销货商允许购货企业延期分期付款，并收取延期利息，它在融通资金上和融资租赁有某些类似之处，但从法律的角度来看，二者是有区别的。信贷型的分期付款是一种买卖行为，交易所订立的合同为买卖合同。合同一经成立生效，表明货物已经卖给买方，货物应归买方所有。但是，在买方将全部货款付清之前，买方欠卖方一笔债务，货物作为担保物，其所有权由卖方保留，待买方付清了全部货款，卖方将货物所有权转给买方。

融资租赁交易所订立的合同是融资租赁合同。在融资租赁期间，租赁物所有权归出租人，出租行为是出租人行使所有权的表现。承租人只对租赁物具有使用权，未经出租人同意不得做出任何侵犯所有权的行为。一旦发生侵犯所有权的行为，出租人有权终止合同，并要求承租人支付从违约时起到租赁结束时的各期租金。

3）融资租赁合同与借款合同的区别

借款合同是指贷款人在一定时期内将一定数量的货币交付借款人支配，借款人按规定的用途使用贷款，支付约定利息，并在借贷期满时归还等量货币的合同。融资租赁合同与借款合同都是将一定财产借给他人使用，但二者之间却存在本质的差别。首先，融资租赁合同让渡的是财产占有权、使用权和收益权，而财产的最终所有权仍然归出租人享有；而借款合同出让的是货币的所有权，贷款人对该项贷款失去所有权，换得还本付息的债权。其次，融资租赁合同以非消耗性的特定物为标的，而借款合同则以最具有通用性的货币为标的。再次，双方当事人的权利、义务不同。最后，基于标的物性质的不同，融资租赁合同中有关租赁物维修、保管的各项条款显然也不适用于借款合同。

4）融资租赁合同与传统租赁合同的区别

传统租赁合同是指出租人将租赁物交给承租人使用，承租人支付租金的合同。传统租赁合同与融资租赁合同都具有所有权与使用权分离、承租人向出租人交付租金的共同特征，但二者有本质的不同。首先，在传统租赁合同中，只有出租人和承租人两方当事人，出租人以自己的选择和判断购买租赁物形成库存，并出租给不特定的他人使用，出租人承担租赁物租不出去的风险；而在融资租赁合同中，涉及三方当事人，租赁物是出租人特意根据承租人的要求购买，并以承租人留购或承租其使用寿命的大部分成本为前提，承租人自行选择租赁物和供货人。其次，在传统租赁合同中，由出租人承担租赁物的维修、保养及其费用；而在融资租赁合同中，当租赁物出现质量瑕疵等问题时，由供货人直接向承租人负责，出租人对此不负责任。随着租赁行业竞争加剧，在融资租赁合同中也开始出现出租人愿意对租赁物的维修、保养或质量瑕疵等承担责任的情况。再次，在传统租赁合同中，租赁期满后承租人须将租赁物返还给出租人；而在融资租赁合同中，租赁期满后通常由承租人支付全部租金及象征性残值费用后，租赁物的所有权归承租人所有，虽然理论上还有返还和续租的选择，但实践中这两种情况发生得较少。最后，在传统租赁合同中，出租人将一件租赁物反复租给不同的承租人，一件租赁物在流通领域中反复被租用，中途可以解约、退租；而融资租赁合同的租金包括了租赁物的全部或大部分成本，一件租赁物通常只租给一个承租人，中途不得解约、退租，否则须赔偿损失。融资租赁合同与经营租赁合同的区别见表9-1。

表 9-1　　　　　　　　　　　　融资租赁合同与经营租赁合同的区别

区别	融资租赁合同	经营租赁合同
购买租赁物的选择权	承租人	出租人
租赁物的所有权	出租人	出租人
承租人的动机	留购	使用
租金的意义	使用物件的对价	使用物件的对价
租赁物的资本化	承租人	出租人
租赁物的瑕疵责任	承租人或供货人	出租人
租赁物的维修责任	承租人或供货人	出租人
租赁期满后租赁物的处理	续租、留购、退租	退租

同步案例 9-1　　　　　　　　××融资租赁合同

合同编号：

伦敦 a 租赁公司（以下简称出租人）与上海 b 工厂（以下简称承租人）签订本合同，其条款如下：

1. 出租人同意租出，承租人同意租进附件所列的设备；该附件是本合同不可分割的部分。

2. 租期为两年，从承租人验收设备之日起算。

3. 总租金为 24 万美元，从承租人接收所租设备之日开始计租。在租赁期内，月租为 1 万美元，应于每月 5 号前交入 C 银行的出租人账户。

在租赁期间任何一方不得要求加租或减租。如果承租人不准时交租，则应向出租人交付比 C 银行长期贷款利率多 1% 的利息作为处罚。

签约后一个月内承租人应向出租人提交中国银行出具的保函，担保承租人按合同规定交租。

4.出租人必须按CIF条件在附件规定的时间内把所租设备运交承租人。

5.出租人应于装船后将合同号码、品名规格、件数、毛重、净重、发票总值、载货船名、预计到达时间和目的港以电传方式通知承租人，以方便其提货。同时，出租人应向承租人航寄下列单据：a.提单正本2份；b.发票4份；c.装船单4份；d.厂家出具的关于所租设备的品质、数量检验证明1份。

6.货到上海港后，承租人要委托上海检验机构检验所租货物。如有品质、规格、数量等与合同规定不符，承租人有权在货到30天内凭该检验机构的检验证书向出租人提出索赔，或者要求出租人自费及时更换不合格的零件或机器。

7.在租赁期间，出租人必须办理必要的保险；保险应包括第三人责任险，使在事故中，遭受损失和伤亡的其他有关方也可受益。

8.在租赁期间，出租人应免费提供租后服务，包括所租设备的安装、运转、修理和保养。承租人必须妥善爱护所租设备，保持经久耐用。如果承租人由于错误操作造成设备损坏，修理费应由承租人承担。

9.出租人应按优惠价格向承租人提供原料、燃料和部件。

10.在设备到达厂房一个月内，出租人要派出两名技术员到上海指导所租设备的安装，然后培训承租人的技术员和工人，使他们能达到掌握有关操作、修理和保养等所租设备的技术。在这种情况下，承租人同意付给每人月薪人民币_____元；其他一切费用则由出租人承担。

11.为达到第10条所述的目的，有关安装、调试、检查、修理、操作和保养的技术资料应由出租人免费提供给承租人。

12.出租人的技术员每季至少要对所租设备检验一次以确保设备正常开动。承租人则要给予他们必要的协助。

13.如果承租人涉及第三人的专利权纠纷，出租人应对其后果负责。

14.没有出租人书面同意，承租人不得将设备转租给第三人。

15.当合同期限届满时，承租人可做以下不同的选择：续租两年；改签融资租赁合同，租用更长的时间；按照双方同意的优惠价格直接购买设备。

16.如果一方当事人受到不可抗力的阻挡而不能履行合同义务，执行合同的时限应做相应的延长。

17.如果一方当事人严重违反合同的条款并在60天内未做改正，另一方当事人可提前60天向违约方提交书面通知终止本合同。违约方应对有权终止合同的一方当事人所受的经济损失负责赔偿。

18.有关本合同的一切争议应该按照国际商会的调解和仲裁规则由该规则指定的仲裁机构最终仲裁解决。

本合同用中、英两种文字写成，具有同等效力。

出租人：＿＿＿＿＿＿

承租人：＿＿＿＿＿＿

＿＿＿＿＿年＿＿月＿＿日

货物名称：＿＿＿＿＿＿＿＿＿＿＿　　制造厂名：＿＿＿＿＿＿＿＿＿

规　格：＿＿＿＿＿＿＿＿＿＿＿＿　　型　号：＿＿＿＿＿＿＿＿＿

数　量：＿＿＿＿＿＿＿＿＿＿＿＿　　单　价：＿＿＿＿＿＿＿＿＿

装船日期：＿＿＿＿＿＿＿＿＿＿＿　　租金总额：＿＿＿＿＿＿＿＿＿

月租金额：＿＿＿＿＿＿＿＿＿＿＿　　租金支付条款：＿＿＿＿＿＿＿

资料来源：佚名．融资租赁合同［EB/OL］．［2010-09-17］．http://wenku.baidu.com/view/c97430d528ea81c758f578f5.html.

9.1.5　融资租赁合同中当事人的权利与义务

融资租赁合同自生效之日起就在当事人之间产生约束力，双方都拥有权利，并承担义务。

1）出租人的权利与义务

（1）出租人的权利

①对租赁物的所有权。因为在融资租赁期间出租人确实是租赁物的所有权人，即使在融资租赁合同终止以后，出租人的身份丧失，作为原出租人的租赁公司也不会自然丧失对租赁物的所有权。

②收取租金的权利。按照合同的约定收取租金是出租人最主要的权利，也是出租人参与租赁关系收回成本和获取利润的唯一途径。

③解除合同的权利。承租人未经出租人同意转租的，或承租人无正当理由未支付或者迟延支付租金，出租人可以要求承租人在合同期限内支付，承租人逾期不支付的，出租人可以解除合同。

④收回租赁物的权利。在融资租赁合同期限届满后，对于租赁物，承租人可以选择留购、续租或退租。如果双方约定以一定价格留购的，在承租人支付了货价后出租人可以不收回租赁物。合同因解除而终止的，出租人有权收回租赁物。

《中华人民共和国民法典》第七百五十七条规定：出租人和承租人可以约定租赁期限届满租赁物的归属；对租赁物的归属没有约定或者约定不明确，依据本法第五百一十条的规定仍不能确定的，租赁物的所有权归出租人。

第七百五十八条规定：当事人约定租赁期限届满租赁物归承租人所有，承租人已经支付大部分租金，但是无力支付剩余租金，出租人因此解除合同收回租赁物，收回的租赁物的价值超过承租人欠付的租金以及其他费用的，承租人可以请求相应返还。

当事人约定租赁期限届满租赁物归出租人所有，因租赁物毁损、灭失或者附合、混合于他物致使承租人不能返还的，出租人有权请求承租人给予合理补偿。

第七百五十九条规定：当事人约定租赁期限届满，承租人仅需向出租人支付象征性价款的，视为约定的租金义务履行完毕后租赁物的所有权归承租人。

第七百六十条规定：融资租赁合同无效，当事人就该情形下租赁物的归属有约定的，按照其约定；没有约定或者约定不明确的，租赁物应当返还出租人。但是，因承租人原因致使合同无效，出租人不请求返还或者返还后会显著降低租赁物效用的，租赁物的所有权归承租人，由承租人给予出租人合理补偿。

⑤免除责任的权利。国内外的立法一般都规定了融资租赁合同中出租人对租赁物责任的免除，即出租人不应对承租人承担设备的任何责任，除非承租人由于依赖出租人的技能和判断以及出租人干预选择供货人或设备规格而受到损失。

《中华人民共和国民法典》第七百四十九条规定：承租人占有租赁物期间，租赁物造成第三人人身损害或者财产损失的，出租人不承担责任。

（2）出租人的义务

①购买并交付租赁物的义务。出租人应以自己的名义与供货人签订买卖合同购买租赁物，这是出租人最基本的义务。同时，融资租赁合同是转移标的物的使用权的合同，因此出租人必须将租赁物提供给承租人占有。当然，在融资租赁合同中出租人所承担的交付义务，并不是直接的交付，而是通过供货人来实现的，只要承租人自供货人手中受领了标的物，就视为出租人的交付义务已履行。

②确保承租人对租赁物的占有与使用的义务。承租人进行融资租赁交易的目的是获得租赁物的使用权。为确保承租人正常占有与使用租赁物，出租人要做到自己不妨碍，在第三人的行为妨碍了承租人对租赁物的占有与使用时请求第三人排除妨碍。

一般认为，即使出租人将租赁物出让给第三人或在租赁物上为第三人设定担保物权，承租人也不会丧失在租赁期间对租赁物占有与使用的权利，若因此对承租人造成损失，则出租人应当承担赔偿责任。

③返还押金或担保物的义务。在融资租赁合同中，如果约定承租人要提供一定的押金或担保物，在合同终止时，出租人应当按时将押金或者担保物返还给承租人。

④维修、保养租赁物的义务。在经营租赁合同中，出租人负有对租赁物的维修、保养、投保等义务，以保证租赁物在合同期内正常使用，但当事人另有约定的除外。而在融资租赁合同中，当租赁物出现质量瑕疵等时，由供货人直接向承租人负责，出租人对此不负责任。随着租赁行业竞争加剧，在融资租赁合同中也开始出现出租人愿意对租赁物的维修、保养或质量瑕疵等承担责任的情况。

2）承租人的权利和义务

（1）承租人的权利

①收益权。为了维护融资租赁关系的稳定性，法律赋予承租人对租赁物享有独占的使用、收益的权利。出租人基于其所有权可以在租赁物上设置抵押权，但必须通知承租人，而且这种抵押行为不得影响承租人对租赁物进行使用以获取收益；出租人转

让租赁物的，融资租赁合同继续有效，新的所有权人也不得解除该融资租赁合同，取回租赁物。

②优先购买权。在出租人转让租赁物时，在同等条件下，承租人享有优先购买的权利。特别是在融资租赁期限届满时，承租人一般只需支付象征性的价款即可取得租赁物的所有权。

③改善和增设他物的权利。承租人为了保持对租赁物的使用权和收益权，经出租人同意，可以对租赁物进行改善和增设他物。融资租赁合同解除后，承租人可以就租赁物现存的增加价值要求出租人部分偿还支出的费用。

④融资租赁合同中的其他特殊权利。融资租赁合同的承租人还拥有以下权利：

a.选择供货人和租赁物的权利。融资租赁合同的标的物一般具有特定的用途，租赁物的情况和供货人的信誉以及其所提供的服务，关系到承租人的切身利益。承租人可以依靠自身的专业知识、技能和经验选择租赁物及供货人，以便更好地实现合同目的。

b.享有与受领的标的物相关的权利。首先，承租人有权要求供货人直接向其交付标的物，供货人不得拒绝。由于融资租赁合同和相关的买卖合同具有同一标的物，承租人是标的物的真正使用者且对租赁物有着专业性的了解，可以对租赁物进行检验和受领，因此供货人应按照约定向承租人交付租赁物。

其次，承租人享有向供货人索赔的权利。一般情况下，融资租赁合同的出租人并不对租赁物负担瑕疵担保责任，承租人就标的物有瑕疵所受的损失直接向供货人索赔，出租人仅负有协助的义务。

但是，由于承租人并不是相关买卖合同的当事人，因此承租人无权在不经出租人同意的情况下终止或撤销相关的买卖合同。

c.在租赁期限届满后选择租赁物归属的权利。在租赁期限届满后，承租人对租赁物的归属具有选择权，要么留购，要么续租，如果承租人放弃了留购和续租的权利，就意味着其选择了退租——在合同终止时将租赁物退还给出租人。

（2）承租人的义务

①对租赁物进行检验和受领的义务。承租人必须在约定的或供货人通知的时间和地点检验和受领标的物，无故不得迟延受领或拒收。同时，承租人应当将验收的结果及时通知出租人。

②妥善保管、使用租赁物的义务。承租人应妥善保管租赁物，负责租赁物的安全，防止租赁物毁损、灭失。承租人未尽妥善保管义务，造成租赁物毁损、灭失的，应当承担损害责任。

承租人应当按照合同约定的方法或租赁说明书中规定的操作以合理的方式使用租赁物。对租赁物的使用方法没有约定或约定不明确的，依法律规定。法律规定仍不明确的，应当按照租赁物的性质使用。

承租人只有在出租人同意和不损害第三方权利时才可以转让其对租赁物的使用权或在融资租赁合同项下的任何其他权利。

在融资租赁合同中承租人还应当对租赁物承担维修、保养与保险等责任，以避免其品质的不适当损害出租人的所有权。

③支付租金的义务。按照约定的期限、金额、币种、支付方式支付租金是承租人的最主要义务。租金是出租人补偿租赁物所投入的成本和资金的来源，承租人不得以未对租赁物进行使用获取收益或不继续对租赁物进行使用为由免除该项义务。

④承担租赁物毁损、灭失风险的义务。当租赁物因不可归责于融资租赁合同双方当事人的事由毁损或灭失造成损失时，承租人不得减免或迟延支付租金。

⑤返还租赁物的义务。在经营租赁中，承租人应当在租赁期限届满后再返还符合约定性质的租赁物（法律另有规定的除外）。在融资租赁中，如果承租人放弃留购或续租的权利，那么承租人应当在租赁期限届满后将租赁物按照合同终止时的完好状态返还给出租人。

⑥通知的义务。承租人的通知义务主要包括：当租赁物有修理、防止危害的必要时，承租人应及时通知出租人；第三人主张权利的，承租人应及时通知出租人；租赁物因不可抗力损毁、灭失或因第三人的侵害受损等，承租人也应及时通知出租人。

9.2　融资租赁合同的签订

融资租赁合同由购买合同和租赁合同所构成，这两个合同是融资租赁业务的法律文件，也是进行交易和解决争议的法律依据。因此，融资租赁合同的签订在融资租赁业务中起到了关键的作用。

9.2.1　签订融资租赁合同的基本原则

签订融资租赁合同并使其具备法律效力，必须遵循签订合同的基本原则，依据法律程序，具备法定形式等有效条件。根据我国的法律规定，签订融资租赁合同应遵循以下基本原则：

1）合法原则

合法原则是指合同当事人必须严格遵守国家的法律和法规，这是融资租赁合同成立的有效要件。该项要件包括以下要求：一是双方当事人必须共同遵守我国法律及有关法规，任何经济组织均不得签订与我国宪法、法律、法规和政策相抵触的合同。不能在合同中出现违反法律的条款。凡是内容不符合我国法律和法规要求的合同都不具有法律效力。二是订立合同必须符合法律规定的形式和程序。合同应采用书面形式，并由当事人的法定代表人或凭法定代表人授权委托的经办人签字或盖章，并加盖单位公章或合同专用章。不具备法律规定形式或不符合法定程序要求的合同不具有法律效力。三是涉外融资租赁合同的订立不但要遵守我国的法律，还要符合我国的社会公共利益。任何损害我国社会公共利益的合同都不具有法律效力。除此之外，涉外融资租赁合同还要遵守我国参加的国际条约和我国承认的国际惯例。

2）自愿和公平原则

（1）自愿原则

合同当事人享有自愿签订合同的权利，双方当事人在法律地位上是平等的。任何一方不得把自己的意志强加给对方，任何单位和个人均不得进行非法干预。融资租赁合同订立的过程，就是双方当事人在平等的基础上，遵循自愿的原则，达成符合双方意愿的一致协议的过程。

双方当事人自愿协商的过程，可分为两个阶段：要约和承诺。要约是一方当事人向对方发出订立合同的建议和要求，是希望和对方签订合同的意愿表达。承诺是一方当事人对他方提出的要约表示同意的答复。一次合同的签订，可能要经过几次的要约和承诺后，双方当事人才能最终达成协议。

（2）公平原则

公平原则要求双方当事人应本着公平、正义的观念签订融资租赁合同，参与合同法律关系。

公平原则是适用法律的原则，可以弥补法律规定的不足。在法律没有明确规定的情况下，可以适用公平原则。例如，关于租金标准，在没有法律和政策规定的统一标准的情况下，应由当事人双方根据公平原则，协商确定。公平原则能够切实保护当事人在签订融资租赁合同中的自主意愿，弥补自愿原则的不足。

3）互惠原则

互惠原则是指双方当事人在经济上都能合理、合法地满足自己的利益。互惠是市场经济条件下商品交换的根本要求。不论双方当事人是从事何种经营的，是国有企业还是私营企业，都必须坚持互惠原则，避免融资租赁合同成为利益不对等的"霸王合同""衙门合同"。双方当事人在权利和义务上是对等的，任何一方都不能只享受权利而不承担义务，不允许任何一方在损害对方利益的基础上获得自己的利益，也不允许任何一方损害社会公共利益和第三方的利益。

4）诚实信用原则

诚实信用原则是指租赁当事人双方在签订融资租赁合同时，应讲诚实、守信用，以善意的方式履行其义务，不得规避法律和合同的规定。诚实信用原则对融资租赁合同尤为重要。融资租赁合同一般为不可撤销合同，且常是涉外经济合同，合同一旦签订，即具有法律效力，双方当事人应当履行合同中规定的各项义务，任何一方不得擅自变更或解除合同。

9.2.2　签订融资租赁合同的程序

签订融资租赁合同的程序可概括为以下步骤：选择租赁设备、租赁委托（选择出租人）、项目受理、签订购买合同、签订租赁合同。

1）选择租赁设备

承租人根据自身的需要选择供货人和租赁设备。由于选择的租赁设备关系到融资租赁合同的签订、履行和自身未来业务发展等问题，因此租赁设备的选择是融资租赁合同签订前承租人必须认真对待的问题。租赁设备的选择一般从以下两个方面考虑：

①选择合适的供货人。承租人应选择信誉高、产品质量优良、售价合理和售后服务好的供货人。

②选择最适合自身需要的设备。在选择设备时，出租人应重点考虑设备的质量和

价格等问题，承租人应重点考虑与供货人的技术交流问题和租赁该设备的可行性分析。

2）租赁委托（选择出租人）

承租人在选择令其满意的出租人时，一般从以下方面考虑：

①能迅速做出一项确定的承诺，接受承租人的委托，受理该项目。

②有足够的资金实力，兑现承诺。不仅要求出租人有足够的初期资金购买设备，还要求在整个租赁期间都不会发生资金短缺。

③筹资能力强，筹资渠道多，融资成本低。

④租金报价较低，支付方式灵活，还款期限较长。

⑤在同行业中，出租人要具有较高的知名度、较好的业绩、丰富的融资租赁交易经验，有能力维护承租人的权益。

⑥出租人有专业技术人员，可以提供一揽子服务，包括提供技术咨询和经济信息；帮助解决法律、税务、保险、会计和谈判等方面的问题。

承租人经过调查，择优选择出租人，并向其提出委托，双方签订融资租赁委托书。融资租赁委托书的签订标志着租赁项目的正式启动，是签订购买合同和租赁合同的基础。

3）项目受理

融资租赁交易的实质是出租人向承租人提供一笔长期资金，因此出租人必须对租赁项目本身和承租人的资信情况进行全面的审查和评估，以降低风险。

（1）租赁项目的审查

租赁项目的审查主要是全面审查租赁项目的背景和承租人，包括该项目是否符合国家产业发展及技术进步的大方向；该项目的配套原材料和基础设施是否落实；该项目是否有市场开发潜力；承租人的背景和资信情况；承租人近年的经营和效益情况；承租人是否已经落实了租赁项目的配套资金等。

（2）租赁项目的评估

租赁项目的评估主要是对项目本身效益的可行性分析，包括技术评估、财务评估和效益评估。

①技术评估。首先，重点评估承租人的技术力量和管理水平；其次，论证承租人的生产布局、项目规模和项目成本等经济技术参数，重点分析项目的投入产出情况；最后，分析设备的适用性和经济合理性，重点分析租赁设备同原有设备是否配套。

②财务评估。利用财务指标重点分析该项目的盈利能力和偿还资金能力，可以通过不考虑资金时间价值的"静态法"和考虑资金时间价值的"动态法"来分析，同时要考虑风险因素的影响。

③效益评估。从整个项目的经济效益、社会效益、生态效益等方面综合评估该项目是否具有可持续发展性，重点分析那些无法以货币度量的因素，如生态环境的保护、消费者利益的满足等外部效益。

4）签订购买合同

通常，购买合同的洽谈与签订需要出租人和承租人通力合作。技术方面的洽谈和相关条款的确定，以承租人为主进行；商务方面的谈判和相关条款的确定，以出租人为主进行。技术洽谈和商务谈判构成了签订购买合同的一般程序和主要内容。技术洽谈的内容主要在于选择租赁设备，前面已进行了介绍，这里主要介绍商务谈判的内容。商务谈判的程序一般为以下五个环节：

①询盘，又称询价，出租人欲购买某项设备，向供货人询问购买该设备的各项交易条件。询盘对交易双方均无法律约束力，主要起到邀请对方发盘、传递购货信息的作用，是融资租赁交易的起点。

②发盘，又称发价或报价，供货人欲出售出租人购买的设备，向出租人提出购置该设备的价格和其他交易条件。这是卖方对买方的承诺，是融资租赁交易洽谈时必不可少的一个环节。

③还盘，又称还价，接盘方接到发盘后，若不能完全同意发盘方的交易条件，可用口头或书面的形式就发盘的内容提出不同意见，以寻求双方都可以接受的交易条件。还盘不仅包括对价格提出不同意见，还包括对支付方式、交易时间等主要交易条件提出不同意见。还盘并非只进行一次，可以是多次还盘。还盘内容很简单，对已同意的发盘交易条件无须重复，只要提出更改或变换的交易条件即可，从这个意义上来讲，还盘可以被视为一项新的发盘。

④接受，又称成交，交易双方无条件地同意发盘或还盘重新提出的各项交易条件，并愿意按照这些条件达成交易，订立合同。这标志着双方的买卖合同关系已经形成，也是融资租赁交易洽谈时必不可少的一个环节。

⑤签订购买合同。交易双方经反复洽谈达成共识后，为明确规定各方的权利和义务，出租人和供货人根据洽谈达成的条件签订购买合同，并由承租人签字确认同意该合同。购买合同不仅涉及出租人、承租人和供货人，还直接影响到租赁合同的签订。在融资租赁交易中，由于购买合同和租赁合同是联立的，因此在制定购买合同时要考虑到它与租赁合同条款的一致性。

5）签订租赁合同

租赁合同的洽谈与签订在出租人和承租人之间进行，其主要内容包括确认租金金额、租金的支付方式、租期、担保，以及租赁物在租赁期限届满后的所有权归属等问题。其中，租金金额是核心问题。

租赁合同的条款对承租人的权利和义务有着详细、严格的规定，因此承租人在签订租赁合同时应注意：

①争取合理的租赁费率。研究和参考各租赁公司的报盘，若是国际租赁业务，还要参考出租人所在国家的贷款利率水平，在知己知彼的基础上讨价还价。

②把握好租赁费的起始日和偿还期限。例如，租赁费的起始日应定在出租人的实际付款日，而不是租赁物的装船日。偿还期限应根据自身的情况而定，既不要过长，也不要过短。

③避免提供无条件担保，以减少或避免自身不必要的损失。

④处理好租赁期限届满后租赁物的所有权归属问题。

租赁合同一经生效，即对当事人双方产生法律效力，当事人双方必须遵守合同的规定，不得随意变更合同或无故拖延履行期限。

9.2.3　签订购买合同的程序和购买合同的主要内容

购买合同在融资租赁业务中不作为一个独立的主体合同，但起到融资租赁合同的一个不可分割的辅合同的作用，因此在签订购买合同时，要预先考虑它与租赁合同的一致性，分清合同当事人的权利和义务，保护当事人的权利，明确当事人的义务。与国外厂商签订购买合同的过程相对较复杂，以下做重点介绍。

1）技术洽谈

技术洽谈以承租人为主进行，因为租赁设备必须适合承租人的实际需要，以取得预期使用效率。同时，出租人应认真参与，根据自身的经验，在签订验收、培训等技术服务条款时，帮助承租人把关。

（1）进行技术交流

它是承租人选定设备的基础，也是项目审查的补充，通过与预选的供货人进行多次详细的技术交流，拟定适合承租人实际需要的设备清单。

（2）选择租赁设备时应注意选择合适的供货人和最适合承租人实际需要的设备

关于选择租赁设备的要求，在介绍融资租赁合同的签订程序中已经进行了详细的说明，这里不再赘述。

（3）技术服务

购买合同中应明确：交货前提供结构图纸、安装基础图纸、操作手册、设备维修手册、设计数据和配方等技术资料。同时，技术资料的提供应根据工程进度，分阶段提前提供。

在进行技术洽谈时应注意两点：一是防止将一般技术当作关键性技术来确定技术费用；二是明确安装、调试、试生产时所需的原材料和费用应由哪一方承担。

2）商务谈判

商务谈判在出租人和供货人之间进行，出租人必须按照承租人的要求，为承租人的权益而谈判。

（1）选择签约对象

在签订购买合同前，出租人应调查、审核签约对象的资信。出租人可以采取的调查、审核方式有：请签约对象提供开户银行出具的资信证明；向外商所在地的我国驻外机构了解情况；向国外有关部门或机构调查情况等。

（2）价格谈判

争取以合理的价格成交签约是商务谈判的主要目标，进行价格谈判时应做好：

①收集价格资料，主要从四个方面进行：请有关研究机构提供该设备的价格情报；向引进同类产品的部门了解价格水平；收集同类产品的成交价格和不同渠道的自由报价资料；向有关的国外供货人询价。

②研究报价。比较报价内容和己方询价要求；综合考虑报价的主体部分和附加资料；综合考虑价格、支付条件和售后服务。

③比较报价。先比较各家供货人的总报价，再比较分项报价，硬件价、软件价应分开比较；将各家供货人报价的可比部分列出比较；根据不同的支付条件，将报价换算成现值比较；在考虑了通货膨胀和汇率等因素的基础上，比较报价和过去成交价；还应考虑交货期、技术保证等因素。

（3）压价成交

防止让对方揣摩到己方的购买意图；按"货比三家"的原则，与几家理想的供货人分别进行谈判，以形成竞争局面；若无竞争者，则可人为制造竞争假象，以利于压价；压价时，应先压下总价，再根据手中比价资料分项压价；有条件的，应先谈价格水平，再谈支付方式，谈妥价格后，再争取让供货人免费提供一些技术服务；防止谈判过程安排得前松后紧，不能因压价困难而急于求成；压价到一定程度时，应当机立断，以免贻误时机；防止因盲目压价而导致供货人交付的租赁设备质量低劣。

3）选择支付方式

选择支付方式时应考虑：选择哪种货币进行计价结算和选择哪种支付方式。

在选择货币时，应采取"币比三种"的原则，即对货币汇价、利率的走向和趋势进行分析比较，慎重选择有利于己方的货币。

在国际融资租赁业务中，购买合同的支付方式通常采用信用证结算方式和凭公司出具的银行保函交货的方式，有时也采用托收方式。对于单机的引进，一般应争取不预付定金。若签约对象资信高、设备质量有保证，可接受100%即期信用证付款方式；若卖方同时提供安装、调试等售后服务，则应争取预留5%~10%的货款，在设备验收合格后支付。对于生产线的引进，一般采用分期付款方式。

出租人为保障承租人的利益，在谈判中应争取晚开信用证（一般以交货前15~30天，最多不超过45天为宜）、最小比例地预付定金和较大比例地预留货款，以保证设备质量和技术服务的可靠性，或在发生交货时间拖延、设备质量不高、规格不符等问题时，承租人能处于有利地位。但最终采取哪种支付方式，出租人则要根据综合条件全盘考虑，如价格、设备质量、售后服务、市场供求情况和买卖双方力量对比等。

4）交货期与装运条款

项目一经签订，承租人大多希望租赁设备尽早抵厂投产，产生经济效益。出租人应在可能的条件下，争取让供货人尽早交货，将合同交货期尽量提前。

对于交货，合同中应明确规定采取的交货方式是一批交货，还是分批交货；交货日期是在合同生效日后数天内，还是支付定金后数天内，或者明确规定在某特定日期前；分批交货时，每批交货设备应附有明细清单，以便审单议付时进行核对。

在国际融资租赁业务中，明确交货条件时，应考虑我国外运部门的运输能力、派船条件、服务质量等实际情况，根据不同的设备、交货时间、交货港口等条件灵活掌握。原则上，对租赁设备的进口，由己方向我国保险公司投保。最方便可行的做法是，由国内租赁公司向保险公司投保一揽子综合险，投保从租赁物启运装船开始到租赁期限届满为止，包括运输险和财产险。

5）安装调试、设备验收和质量保证条款

关于安装调试条款，应明确规定供货人派出人员条件，如专业程度、人数、抵达日期、安装调试期限，以及安装调试期限所发生费用的责任负担方等。若供货人派出的人员不能按期抵达或不能按期完成安装调试，应明确规定处罚条款。

关于设备验收条款，应明确租赁物的最后验收地点为承租人所在的工厂。该条款还应明确引进设备的验收标准和验收期限。若不能按期完成验收，应规定供货人承担直接损失或支付罚款。

关于租赁设备的质量保证条款，最好争取规定为"供货人与承租人在合同货物验收合格证书签署之日起某几个月（通常为12个月）"的质量保证期，尽量不要接受"租赁物抵达承租人工厂之日起某几个月"，甚至"租赁物抵达目的港之日起某几个月"的质量保证期，因为一旦发生供货人原因造成的安装、调试、验收和投产的延误，就会缩短规定的质量保证期，不合理地减轻了供货人本应提供的质量保证义务。

6）索赔、仲裁条款

签订购买合同时，应注意在索赔条款中规定，出租人同意将索赔权转让给出租人的用户，即承租人，由出租人协助承租人直接向供货人提出索赔。同时，应注意仲裁条款的规定，特别是对设备的进口业务，应尽可能地争取由我国仲裁机构进行仲裁，也可在双方同意的第三国仲裁机构进行仲裁。

7）特记事项

①供货人承认本合同货物是出租人购入用以出租给承租人使用的。

②供货人向出租人和承租人保证合同规定的货物规格、质量、性能及其他条件均符合承租人的使用目的。

③有关合同的货物质量保证及根据该合同供货人提供的其他服务，均由供货人直接向承租人负责。

8）其他条款

①明确购买合同的生效条件。

②规定合同的文字文本和正副本份数。

③确定附件的件数、页数，明确附件为合同的组成部分。

④规定承租人同意并确认购买合同的全部条款。

9.2.4　融资租赁合同的主要内容

融资租赁形式的多样性决定了租赁合同的内容也不尽相同，下面对融资租赁业务中的租赁合同的主要内容进行介绍。

1）出租和承租条款

出租与承租条款是租赁合同的第一项条款，是出租人同意按承租人的要求购进承租人选定的设备，将设备出租给承租人使用的扼要说明。该款项包括：

（1）合同当事人

合同应明确双方当事人，即出租人和承租人，详细写明双方当事人的名称、法定

地址及各自的法人代表。

（2）租赁物

合同应明确列出租赁物的名称、规格、型号、数量、技术性能、交货地点等。

（3）租期和起租日

租期是承租人使用租赁设备的期限。租期的长短可根据租赁方式、承租人的需要、支付能力和国家有关规定等情况，由双方当事人具体商定，通常略短于租赁设备的法定使用寿命，发达国家的惯例是租期约为设备法定折旧年限的75%。起租日是租金的开始计算日。目前，各租赁公司的做法不尽相同。有的以租赁物交付之日为起租日，有的以开证日（出租人开出信用证的日期）或提单日（承运方开出提单的日期）为起租日。

2）租金条款

租金是合同的主要内容之一，具体内容包括：

（1）租金的构成

租金的构成主要包括出租人为承租人购进租赁设备所支付的货款、融资利息、银行费用、出租人的经营费用和利润。若出租人为租赁设备投保，保险费也要计入租金内。

（2）租金的支付方式

双方当事人根据实际因素共同商定租金的支付方式，具体的实际因素有：一是租金的支付周期，即每期租金间隔的时间。二是期初付租或期末付租。期初付租，即在每次付租开始日交付租金。期末付租，即在每次付租期末日交付租金。三是均等付租或不均等付租。均等付租，即每期租金相等。不均等付租，即根据承租人流动资金的情况而商定各期租金数额。

（3）支付租金的货币

国际租赁业务应明确支付租金的货币，货币的币种根据出租人的筹资情况来确定。

（4）续租期的租金

若某项融资租赁业务允许承租人在基本租期后有一个续租期，除非有税收或其他考虑，续租期的租金通常是象征性的。

（5）租金支付的完整性

规定承租人按期支付的租金，不负担和不能扣除其他税款、费用，也不能以任何理由抵销或扣除出租人对承租人的其他债款。若在租赁物的货款支付完毕后，租赁物的实际成本与概算成本有出入时，一般以实际成本为准调整租金。为防止承租人延迟支付租金，保证出租人按期收到租金，合同中应规定延期支付时加收的罚息。

3）所有权保护条款

租赁物的所有权属于出租人，承租人在租赁期间无权对租赁物进行销售、转让、转租、抵押或其他任何侵犯出租人所有权的行为。未经出租人同意，承租人不得将租赁物迁移使用地点或加拆零部件或进行技术改造等，要保证租赁物的完好。

4）风险责任条款

该条款是经出租人和承租人商定，用以明确在融资租赁关系存续期间，当某种不可归责于当事人的客观原因导致租赁物毁损、灭失时，应由谁承担责任的条款。

合同中应详细规定，在融资租赁关系存续期间，租赁物因不可抗力等不可归责于当事人双方的客观事由出现毁损、灭失，导致承租人不能正常占有、使用、收益时，其风险责任由承租人承担。这种情况下，承租人不仅不能解除合同，还应向出租人支付约定的赔偿金。

5）维修条款

合同中应详细规定承租人所承担的服务项目、租赁物的维修保养要求和费用负担，如租赁物在起租日前或租赁期间内失去规定的使用价值时，应由出租人承担责任等。

6）纳税条款

合同中应明确交易中涉及的海关关税和其他多种税款的缴纳问题，由双方当事人商定各自承担的税种。

7）保险条款

在融资租赁业务中，应对租赁物投保。合同中应明确规定保险范围、保险费用、投保时间和保险受益人等。

8）担保条款

租赁合同的担保有保证金和担保人两种方式。保证金是承租人在订立合同时提供给出租人，作为履行合同的保证金。由于保证金一般在租金总额的20%以下，因此合同还规定须有经济担保人。担保人是保证承租人按合同规定履行义务的、有保证资格和实力的单位或个人。若承租人违约，由担保人代为支付租金或承担连带责任。合同中应明确担保范围、担保期限等，并由担保人在合同上签字。

9）租赁期限届满的处置条款

租赁期限届满后，对租赁物的处置有留购、续租和退租三种方式。同等条件下，承租人比第三方享有廉价购买权和廉价续租权。目前，我国企业多数选择留购的方式，承租人支付一定的名义价款后可取得租赁物的所有权。

10）违约和争议条款

出租人、承租人和担保人应事先对合同履行中出现的违约和争议进行协商，并在合同中确定解决方式、地点等。合同中应明确，若承租人不支付租金或违反合同条款，出租人有权以租赁保证金抵扣，要求承租人即时付清租金和其他费用，有权终止合同，收回或要求归还租赁物，并要求承租人赔偿由此造成的一切损失和合同中所规定的应由承租人履行的其他义务。

9.2.5 融资租赁合同的特殊性条款

租赁合同除上述主要条款外，还有一些特殊性条款：

1）租赁合同和购买合同关系的条款

在融资租赁交易中，租赁合同是购货成立的前提，是主合同；购买合同是租赁物的依据，是辅合同。二者缺一不可，构成联立关系。出租人与承租人、出租人与供货人之间是正式合同关系，承租人与供货人之间是准合同关系。在购买合同和租赁合同中都应明确出租人只承担支付货款的责任，其他责任，如交货、验收、索赔等都由承租人负责。租赁合同一旦生效，未经承租人同意，出租人不得擅自变更购买合同，以确保承租人的利益；未经出租人同意，承租人不得擅自变更对租赁物的要求以确保出租人的利益。

2）承租人不得中途解约的条款

租赁合同大多是不可撤销合同。出租人为承租人购买设备的资金，除自有资金外，绝大部分来自信用贷款等方式，因此合同应规定承租人发生租赁物毁损、灭失等情况时，不得中途解约，全部损失由承租人承担，同时不能免除承租人支付租金的义务。

3）对出租人免责和对承租人保障的条款

购买合同中的设备由承租人选定，出租人根据承租人的要求与供货人签订购买合同。购买合同签订后，由供货人将设备直接交给承租人，并由承租人验收。因此，租赁合同中应规定，出租人对租赁设备的质量、适用情况和供货人的售后服务等均不承担任何责任。

同时，为了保障承租人的权益，租赁合同中还应规定，出租人应将向供货人就租赁设备的索赔权转让给承租人。索赔发生的费用和获得的赔偿均由承租人承担和所有，但承租人无论索赔结果如何，都应向出租人交纳租金。

4）对第三方责任的条款

为防止在履行合同的过程中涉及出租人和承租人以外第三方的权益，租赁合同中应规定，在租赁期间出租人应排除第三方对租赁物权益的异议，确保承租人对租赁物的使用权不受干扰。在使用租赁物的过程中，承租人由于自身过错导致第三方的权益受到的损失，则应由承租人负责赔偿。

5）转租赁条款

承租人有权提出要求将租赁物转租给他人使用，但由于承租人在租赁期间承担绝对和无条件支付租金的义务，同时租赁物有可能转租给无信用的第三方使用，使出租人遭受损失，因此承租人必须先取得出租人的书面同意，方可进行转租赁业务。

6）租赁债权的转让和抵押条款

有些租赁合同中规定，出租人可以不经过承租人的同意，将租赁合同规定的全部或部分权利转让给第三方，或提供租赁物作为抵押物。但这项转让或抵押必须以不影响承租人对该租赁物的各项权益为前提，同时不能解除出租人在租赁合同中的任何义务，从而保障承租人的权益。

7）预提所得税条款

预提所得税是指各国（除少数免税国家和地区之外）对外国公司、银行、企业和其他组织，在该国境内没有设立机构而有来源于该国的所得时都要征收所得税。出租人和承租人都很重视预提所得税，因为这关系着出租人的收益和承租人的成本。在合同中，应对预提所得税做出明确规定，如出租人根据承租人国家的税法规定，在该国缴纳预提所得税，其应缴税款由承租人在每次支付租金时，从租金中直接扣缴，并将税务部门所出具的缴税收据寄交出租人。

9.3　融资租赁合同的履行

9.3.1　融资租赁合同履行的概念

融资租赁合同的履行是指出租人、承租人和供货人按照购买合同和租赁合同的内容，全面完成各自的义务，实现合同权利和义务的过程。融资租赁合同的履行有全部履行、部分履行和不履行之分。

融资租赁合同的履行是融资租赁业务的中心环节，如果有关当事人认真履行义务，可以促进经济的发展，对当事人各方乃至国家都有好处，否则，除达不到租赁的目的外，还会增加一系列不必要的麻烦和交易费用。下面从融资租赁合同履行的基本原则、主要内容和特殊事项三个方面分别进行介绍。

9.3.2　融资租赁合同履行的基本原则

1）实际履行原则

实际履行原则要求当事人按照融资租赁合同的标的履行，不能任意地用其他标的代替。实际履行原则是融资租赁合同履行的基本原则和首要原则。该原则表现在两个方面：一是实际履行原则要求当事人自觉地按照约定的标的履行，不得任意以违约金、赔偿金等标的代替；二是当事人一方实际履行时，首先应承担实际履行的责任，对方有权要求其实际履行。

2）正确履行原则

正确履行原则，又称适当履行原则，是指当事人除按融资租赁合同规定的标的履行外，还要按融资租赁合同标的的数量、质量、履行期限、履行地点、履行方式进行履行。正确履行原则是对实际履行原则的补充和扩展，其实际意义在于指导和监督当事人保质、保量、及时地履行融资租赁合同。正确履行必定是实际履行，实际履行未必是正确履行。

3）协作履行原则

协作履行原则是指当事人在融资租赁合同履行的过程中，应当相互协作，共同完成融资租赁合同规定的各项义务。双方当事人签订融资租赁合同的目的是追求并实现各自的利益。权利的实现需要义务人的合作，义务的履行也需要权利人的支持，没有相互协作，就无法全面履行融资租赁合同，实现双方的利益。该原则的具体要求有：一方当事人履行融资租赁合同义务，另一方当事人应尽力为其义务的履行创造方便条件；一方当事人因客观情况发生变化需要变更融资租赁合同时，双方当事人应及时沟通，共同协商，妥善处理融资租赁合同的变更；一方当事人确实不能履行融资租赁合同时，应及时通知另一方当事人，另一方当事人可以尽快采取补救措施，尽量减少或挽回损失；一方当事人过错违约时，另一方当事人应尽快协助纠正，并设法避免或减少损失；履行过程中遇到分歧或争议时，双方当事人应以合作的姿态及时协商解决。

9.3.3 融资租赁合同履行的主要内容

1）购买合同的履行

（1）支付定金、开信用证

对外支付定金时，出租人应在接到供货人按合同规定提交的全部文件（如银行履行保函、出口许可证复印件等）经审核无误后，在合同规定的期限届满前支付定金。

对外开立信用证时，出租人在接到供货人货已备妥的预装船通知后，按合同规定开立信用证。租赁业务项下开立购买租赁物的信用证有两种情况：一是直接租赁进口项目的开证，由国内租赁公司申请国内外汇银行办理；二是转租赁项目的开证，由外国租赁公司申请其往来银行办理。

（2）安排国际运输

我国融资租赁业务项下的设备进口，在国际运输阶段绝大部分采用海洋运输方式，有一小部分则采用铁路运输方式或航空运输方式。在海洋运输方式下，以装运港船上交货（FOB）条件进口的租赁物，由国内租赁公司在收到供货人发来的预装船通知后，安排租船定舱。

（3）办理投保

我国融资租赁业务项下的租赁物保险，一般由国内租赁公司向我国保险公司以租赁合同中的外币价值对租赁物抵达工厂前的运输、装卸、存储等投保运输险，对租赁物抵达工厂后的安装、试车、租赁期间内的生产过程投保财产险。

（4）付款赎单

租赁物装船后，供货人在信用证有效期内凭装运单向银行提出议付。出租人收到银行送来的信用证议付单据经审核无误后，对外付款。

（5）接货和报关

出租人在收到供货人发来的预装船通知后，立即填写"代合同"，连同给外运公司的委托函和减税证明及其他有关文件寄送卸货口岸的外运分公司，一次性委托其办理合同货物的接货、报关和国内运输等事宜。出租人对外运公司代办接货、报关和国内运输所发生的有关费用和海关关税、增值税等，通常不垫付，委托函注明由外运公司向承租人直接收取。

（6）处理索赔

在复验、清点租赁期间内租赁物时，承租人若发现货损、货缺或者货差，应立即书面通知出租人，并附上商检及其他索赔需要的文件或证明。出租人将上述文件连同原始发票、提单等单据一并交由保险公司，申请检查。完全由于供货人责任而造成的损失，应向其索赔；由于其他责任而造成的损失，通常由出租人向保险公司提出索赔。

2）租赁合同的履行

（1）租赁合同的起租

租赁物交付后，出租人应在规定的租金支付日前，根据其购买该租赁物所发生的实际成本对合同的概算租金做相应调整，并将实际应支付的租金金额及支付日期、租金计算单交由承租人，承租人按其支付租金。出租人的相关实际成本的财务记录和凭据应允许承租人核查。

（2）对承租人的监督

租赁项目投产后，出租人应做好对承租人经营管理的监督工作，具体包括：要求承租人定期提供财务报表，定期检查承租人的生产情况，关注承租人的财务活动状况；对生产和销售过程中出现或可能出现的问题，出租人应利用自身的优势，协助承租人妥善解决；不定期检查租赁物是否完好无损、使用正常，以维护自身的所有权利益。

（3）支付租金

出租人可在每期租金支付日的前两周内，书面通知承租人及其经济担保人到期支付的租金金额，以便承租人做好付款准备。承租人应按照合同的规定，按时按量支付租金。若是期初支付租金，第一次租金金额应按概算租金支付，到出租人结算后，多退少补。

（4）租赁期限届满后所有权的处置

租赁期限届满后，出租人根据承租人在签订租赁合同时的选择处置租赁物，处置方法有三种：留购、续租和退租。留购是指租赁期限届满后，若承租人已全部付清应交租金，再向出租人支付合同规定的名义货款，该租赁物的所有权就转移给承租人。续租是指承租人按照合同规定的续租租金继续承租，通常续租租金比较便宜，续租期可长可短。退租是指租赁期限届满后，承租人自动将租赁物退还给出租人，保证租赁物除正常损耗之外，能够继续保持良好的工作状态，并负责将租赁物按出租人要求的运输方式运送至出租人指定地点。在我国的融资租赁业务中，租赁物多为生产线或大型设备，可移动性差，同时国内也缺乏发达的二手设备市场，因此租赁期限届满后，租赁物通常采用留购的方式处置。

9.3.4 融资租赁合同履行的特殊事项

1）条款不明确

如果合同中对租赁物质量、价款、租金、履行期限或履行地点没有约定或者约定不明确，双方当事人应采用协商的方式达成共识，协商不成时，可借助以下办法解决分歧或争议：

①租赁物质量要求不明确时，应按照国家质量标准履行；没有国家质量标准的，应按照该行业标准履行；没有国家质量标准和行业标准的，应按照租赁物产地的地方标准或租赁物生产厂家的企业标准履行。若是涉外经济合同，还应考虑国际标准或所在国标准。

②价款或租金不明确时，应按照国家的相关规定履行，或按照合同履行地点的市场价格水平或租金标准履行。

③履行期限不明确时，双方当事人采用协商、仲裁或法律方式达成意见统一。比如，双方当事人同意采用变通的方式，即义务人可随时向权利人履行义务，但这种方式容易引起争议。

④履行地点不明确时，通常以履行义务一方的所在地为履行地点；涉及支付租金

时，通常以接受租金一方的所在地为履行地点。

2）价格变动或汇率变动

执行国家定价的，在合同规定的期限内，国家价格调整时，应按交付时的价格计价。逾期交货时，价格上涨的，按原价格执行；价格下降的，按新价格执行。逾期付租金时，价格上涨的，按新价格执行；价格下降的，按原价格执行。执行浮动价格或市场价格的，按合同规定的价格执行；逾期交货和逾期付租金的，由双方当事人协商解决或采用适当方式依法解决。

合同中的价款和租金，除法律另有规定外，均采用人民币结算。国际租赁业务中，经有关部门审核同意，可以采用外币结算。采用外币结算的租赁业务，若发生逾期交货和逾期付租金的，汇率发生变动时，按国家有关规定或国际惯例执行。

3）不可抗力事件

在融资租赁关系存续期间，租赁物因不可抗力事件出现毁损、灭失，导致承租人不能正常占有、使用、获得收益时，承租人不仅不能解除合同，还应向出租人支付约定的赔偿金。这是因为：

①根据"契约自由"的原则，一经双方当事人协商达成一致，且不违法，合同即为有效。

②融资租赁业务的实质，是出租人向承租人的融资，因此民法中关于金钱债务不得以不可抗力为免责事由的原则适用于融资租赁关系。

③由承租人承担租赁物的风险责任，是保证出租人投资的必要手段。

④租赁物由承租人选定，供货人直接提供给承租人，由承租人实际占有、使用和获得收益，出租人只是支付货款，起到融资作用，享有租赁物形式上的所有权及相关的收益权。因此，由承租人承担租赁物的风险责任是民法中公平原则的体现。

9.4　融资租赁合同的变更、解除和终止

9.4.1　融资租赁合同的变更

在承租人没有出现违约的情况下，出租人与供货人之间的供货协议，未经承租人同意，不得变更。融资租赁合同经出租人和承租人签字生效后，对出租人与供货人签订的供货协议中确定的数量、规格等，未征得承租人的同意，不得变更。《中华人民共和国合同法》之所以做出上述规定，是因为融资租赁合同的成立涉及第三方，任何一方变更合同约定的标的物，必将引起与第三方的利益冲突，所以任何一方需要变更合同标的物，除要征得另一方当事人的同意外，还必须征得第三方的同意。

融资租赁合同的变更分为主体的变更（又称之为融资租赁合同的转让）和内容的变更（是一般意义上的变更）。

1）主体的变更

租赁期间，出租人可将租赁物出售、转让或者用于抵押，但必须及时通知承租人，并不得影响承租人在租期内对租赁物的使用权。承租人在租期内，不得将租赁物出售、转让、擅自转租或用于抵押，但在征得出租人书面同意的情况下，也可以将租

赁物的使用权或者其他权利、义务转让他人。在发生这种变更时，双方当事人应以书面形式进行。

2）内容的变更

在融资租赁合同未履行或未完全履行前，由于双方当事人主、客观情况的变更，可能会发生涉及融资租赁合同部分内容的变更。租赁双方当事人可以协商对融资租赁合同条款进行修改、增删，但内容的变更不能损害供货人的利益。内容的变更可以涉及履行地点、时间、方式等。因融资租赁交易的特殊性，内容的变更一般不涉及融资租赁合同标的物的变更。内容的变更必须由承租人和出租人协商后以书面形式进行。变更的要求和订立的要求应当相同，才具有法律效力。变更不影响当事人要求赔偿损失的权利。

融资租赁合同的变更，一般都要以书面的形式进行才具有法律效力，如果原合同是经公证后生效履行的，变更后合同仍需经公证后才能生效。

9.4.2　融资租赁合同的解除

融资租赁合同的解除是指融资租赁合同有效成立后、履行完毕前，因当事人一方的意思表示，或者双方的协议，解除融资租赁合同确立的权利和义务关系。

融资租赁合同可因一方当事人违约而解除；可因发生特殊情况使融资租赁合同无法继续履行而经双方当事人协商同意后解除；也可因不可抗力或不能归责于任何一方当事人的情况，致使融资租赁合同无法继续履行时解除。发生违约情况后，融资租赁合同一般并不自动解除，而是要等待受损害方做出选择，决定是否提前终止融资租赁合同。受损害方从自身考虑也可以不解除融资租赁合同而要求继续履行。当承租人违约时，只要客观上可能，出租人往往不解除融资租赁合同，而是要求承租人继续履行交付租金的义务，付清全部租金。在融资租赁合同中，原则上任何一方均不得中途解除融资租赁合同，这是融资租赁合同的本质要求。因为在融资租赁合同中，租赁物是由承租人自己选定的，一般不具备通用性，即使返还给出租人，出租人也不能期待通过重新出租或出卖租赁物收回残存租金的相等金额。而且租赁物的价金、利息、固定资产税、保险费、手续费等在租赁期间采用租金的形式分期偿还，如果允许承租人解除融资租赁合同，将使出租人难以收回所投入的资金。同样，如果允许出租人中途解除融资租赁合同，收回租赁物，也将使承租人无法使用租赁物进行生产经营活动，会给承租人造成无法弥补的损失。在融资租赁合同中，通常都有禁止在租赁期限届满前解除融资租赁合同的条款。有的融资租赁合同甚至规定在租赁期，租赁物因不可抗力等不可归责于双方当事人的事由而导致灭失、被盗及毁损致不能修复的，承租人不但不能解除融资租赁合同，还应向出租人支付规定的赔偿金；在承租人没有故意或过失致租赁物部分灭失时，或残存部分不能达成租赁的目的时，承租人也无权解除融资租赁合同，并应向出租人支付规定的赔偿金。我国的各大租赁公司所使用的融资租赁合同中均有这样的规定。

9.4.3　融资租赁合同的终止

融资租赁合同的终止是指融资租赁合同规定的权利和义务已经消灭或者不再履

行。如果融资租赁合同已按约定履行，则融资租赁合同自然终止。如果承租人自愿提前付清未到期租金，并提前支付赔偿金，则融资租赁合同因承租人自愿而终止。除此之外，融资租赁合同在绝大多数情形下具有不可撤销性，即不可终止，但仍还有些既非自然终止又非自愿终止的特殊情形，主要有：①承租人有严重违反租约的行为，如承租人停止支付租金或一再拖延。一旦这类事件发生，出租人有权在其后的任何时候通知承租人融资租赁合同业已终止。②承租人丧失主体资格，如承租人破产、兼并、解散等情形发生，失去了从事经济活动的能力，融资租赁合同只能终止。③租赁物因不可抗力毁损或灭失。租赁物因自然灾害、战争等不可抗力而灭失，或者租赁物虽然存在，但毁损严重而丧失了使用价值又不可修复或修复费用太高，则此时签订的融资租赁合同的目的已无法实现，融资租赁合同可予终止。④出租人认为承租人营业景况不佳、难以为继，预期将影响交付租金或严重违约，并有确切证据时，可以单方终止履行合同。但是，由于对确切证据的争议颇大，因此目前此类终止尚不多见。

9.4.4　融资租赁合同效力的终止

1）因融资租赁合同的解除而终止

与一般合同一样，在租赁期限届满之前，融资租赁合同的效力也可因当事人一方或双方行使解除权而终止。所不同的是融资租赁合同的解除与一般合同的解除相比有着更为严格的条件。融资租赁合同中一般都有类似"除合同约定条款外（或除特殊情况外），未经对方书面同意，任何一方不得中途变更合同内容或解除合同"的规定，即所谓的"中途禁止解约条款"。合同签订以后，出于主观和客观原因，当事人往往需要变更合同内容，删减或补充合同条款，使合同的履行更有利于合同目的或当事人自身利益的实现。

在法定的条件下，也允许当事人双方或一方行使合同解除权，使合同自始或仅向将来发生消灭（参见《中华人民共和国民法典》第五百六十二条：当事人协商一致，可以解除合同。当事人可以约定一方解除合同的事由。解除合同的事由发生时，解除权人可以解除合同。）然而，如果将这些规定毫无保留地适用于融资租赁合同，将不利于保护融资租赁合同双方当事人的合法权益。这是因为：

一方面，对承租人而言：①承租人之所以要支付比贷款本息高得多的租金向出租人承租租赁物，主要原因是承租人缺乏足够的资金又难以获得贷款购买该物件。承租人在租赁过程中已经投入了相当的资金，若允许出租人单方任意解除融资租赁合同，将使承租人已投入的资金无法收回而遭受损失。②为了使用租赁物，承租人往往需要进行一定的配套设备的投入，出租人如中途解约，会增加承租人的损失。③由于租赁物的特定性，出租人单方中途解约收回租赁物以后，承租人如果要再购进同种物件，不仅相当困难，短期内也难以办到，这样势必给承租人造成更大的损失。

另一方面，对出租人而言：①购买租赁物需要大量资金，这些资金除了出租人的自有资金以外，绝大部分来自第三方的融资，如向国外金融机构融资，出租人除了要支付这些融资的本息外，还承担汇率变动的风险。如果允许承租人中途解约，则出租人很难收回投入的资金，更不用说偿付融资本息。②在融资租赁中，租赁物是由承租人根据自己的具体生产经营条件选定的，一般不具有通用性。如果允许承租人中途解约，即使将租赁物返还给出租人，在一定期间内出租人也很难将退回的租赁物租给新的承租人，更难期待通过出卖租赁物使出租人收回残存租金的相等金额。在这种情况下，出租人不仅要失去数量可观的租金收入，而且要遭受租赁物无形损耗的损失。③租赁物的购入价款、利息、保险费、手续费等，在固定的租赁期内以租金的方式分期偿还，租赁期限届满时将全额收回。如果允许承租人中途解约，将使出租人所投入的各项资金成本难以收回。

因此，无论国外立法还是在融资租赁交易的实践中，均对中途解约进行了严格的限制。限制的方式一般有三种：

①以条文的形式明确规定限制融资租赁合同的中途解约。采取这种形式的典型代表是美国，在《统一商法典》中第2a-407条规定："如果合同不是消费租赁而是融资租赁……则承诺人在租赁合同中做出的承诺在没有得到接受承诺一方同意的情况下不能取消、终止、修改、拒绝、免于履行或替代履行。"

②以判例的形式确定对融资租赁合同中途解约进行限制。例如，德国联邦财产法院判例就形成了中途禁止解约的判例基准。

③在具体的融资租赁合同中以合同条款的形式对融资租赁合同中途解约进行限制。这一形式则以我国为代表。《中华人民共和国民法典》并没有像美国的《统一商法典》一样以条文的形式明确规定中途禁止解约，中途禁止解约的问题都是在具体的融资租赁合同中以特殊条款予以规定的，即所谓的"中途禁止解约条款"。在司法实践中，虽然融资租赁合同中没有明确规定该条款，但在对融资租赁合同解释时，视同此条款存在。

可见，无论从国内外立法、司法实践还是从我国的融资租赁实务来看，融资租赁合同中的"中途禁止解约条款"已得到了普遍的认可。

然而，中途禁止解约也不是绝对的禁止，从"中途禁止解约条款"的定义和有关立法对中途禁止解约的规定，可以看出该规定只是对融资租赁合同在一般情况下中途解除做出的比普通合同解除较为严格的限制。应该认为，在出现法定或约定的特殊情况下，还是允许当事人基于其一方或双方的意思表示使融资租赁合同归于消灭。结合有关立法和实践，所谓的特殊情况应当包括以下几项：

①协议解除，即双方当事人通过协商同意将融资租赁合同解除的行为。这种解除方式的要件是当事人协商一致的意思表示。融资租赁合同的当事人被认为是自身利益的最佳判断者，基于其真实的意思表示而做出的解除融资租赁合同的意思表示是当事人对自身利益进行衡量后做出的取舍，一般而言是能够满足其最大利益的。因此，基于融资租赁合同的自由原则，在不损害国家利益、社会公共利益，不侵犯他人合法权益的前提下，经双方当事人协商同意，应允许当事人通过协议解除融资租赁合同。这也是和融资租赁实务相一致的。事实上，在融资租赁交易中，只要当事人双方同意解除融资租赁合同，同时对双方权利、义务进行约定而又不损害国家利益、社会公共利益，中途解约的情形是存在的，并且有日益增多的倾向。尤其是在一些发展迅速、技

术更新快、新机型不断出现的行业，中途解约的情形更是大量存在。

②依据《中华人民共和国民法典》第七百五十二条的规定：承租人应当按照约定支付租金。承租人经催告后在合理期限内仍不支付租金的，出租人可以请求支付全部租金；也可以解除合同，收回租赁物。这实际上是赋予出租人在承租人违反缴纳租金的义务后享有单方解除权。

知识链接9-1

出租人要求加速支付全部租金的法律要件

③在融资租赁期间，租赁物的所有权属于出租人所有。如果承租人未经出租人同意，擅自将租赁物出售、转让、转租，以租赁物设定担保或投资入股，将侵害出租人的所有权，此时，应该允许出租人解除融资租赁合同。此外，承租人利用租赁物进行违法活动虽未给出租人造成损失，也应当赋予出租人中途解除融资租赁合同的权利。

④租赁期间，如果承租人破产，一般无法继续履行融资租赁合同，此时出租人应享有解除权，收回租赁物。

⑤如前所述，租赁物自交付给承租人以后，其毁损、灭失的风险也就转移给承租人承担了，且承租人负有维修、保管租赁物的义务。（参见《中华人民共和国民法典》第七百一十四条：承租人应当妥善保管租赁物，因保管不善造成租赁物毁损、灭失的，应当承担赔偿责任；第七百五十条规定：承租人应当妥善保管、使用租赁物。承租人应当履行占有租赁物期间的维修义务。）由于出租人的过错致使租赁物毁损灭失的，出租人不可免责，此时，应允许承租人依具体情况或要求减少租金或要求解除融资租赁合同。（参见《中华人民共和国民法典》第七百二十九条：因不可归责于承租人的事由，致使租赁物部分或者全部毁损、灭失的，承租人可以请求减少租金或者不支付租金；因租赁物部分或者全部毁损、灭失，致使不能实现合同目的的，承租人可以解除合同。）

⑥出租人明知租赁物有质量瑕疵而不告知承租人的，承租人有权请求出租人承担相应的责任。（参见《中华人民共和国民法典》第七百四十三条：出租人有下列情形之一，致使承租人对出卖人行使索赔权利失败的，承租人有权请求出租人承担相应的责任：（一）明知租赁物有质量瑕疵而不告知承租人；（二）承租人行使索赔权利时，未及时提供必要协助。出租人怠于行使只能由其对出卖人行使的索赔权利，造成承租人损失的，承租人有权请求出租人承担赔偿责任。）

⑦有效成立的融资租赁合同，在交付期限届满，出卖人未交付租赁物，经承租人催告，在合理的催告期限内仍未交付，如果此时出租人并未将向出卖人索赔的权利转让给承租人，则交付租赁物首先是出租人的义务，承租人应以出租人违反融资租赁合同约定的义务为由要求出租人赔偿损失或解除融资租赁合同。这种做法已经得到《国际统一私法协会国际融资租赁公约》的肯定（参见《国际统一法协会国际融资租赁公约》第十二条）。

⑧此外，当事人还可以在融资租赁合同中约定当事人一方或双方享有解除权的情况，当约定的情况发生时，享有解除权的当事人就可以行使解除权。

除上述情况外，即使发生了不可抗力事件，租赁物不复存在，承租人无法再对租赁物进行占有、使用、获得收益，也不得中途解除合同。

2）因融资租赁合同履行期限届满而终止

融资租赁合同期限届满，当事人已按照融资租赁合同的约定或法律的规定全面正确地履行了自己的义务，此时融资租赁合同终止。

按照法律的规定，在融资租赁期间，租赁物的所有权由出租人享有。在融资租赁期限届满后租赁物的归属，则可以通过双方当事人的约定来确定。一般的做法有：

①退租。在融资租赁合同期限届满后，承租人将租赁物按使用后的状态交还给出租人。

②续租。在融资租赁合同期限届满后，在出租人和承租人之间订立另一个融资租赁合同，或对本合同通过协议进行变更，由承租人按照一定的条件继续对租赁物进行占有、使用、获得收益。

③留购。一般由承租人在融资租赁合同期限届满后象征性地支付一定的价款，充抵租赁物的残值，从而获得租赁物的所有权。

如果当事人对租赁物的归属无约定或约定不明确，则按照融资租赁合同的有关条款或交易习惯确定；如果按以上方法仍不能确定的，租赁物的所有权则归出租人享有。

9.5　融资租赁合同的违约与纠纷

融资租赁合同依法成立后，就具有了法律效力，双方当事人都必须严格遵守，全面履行各自承担的义务。当合同当事人一方或双方未能完全履行合同义务时，就造成了违约，违约方承担相应的违约责任。若双方当事人出现纠纷，既可以采用协商或调解的方式解决，也可以采用仲裁或诉讼的方式解决。

9.5.1　融资租赁合同的违约问题

1）融资租赁合同违约的形式

违约是指由于一方或双方当事人的过错而造成合同不能履行或不能完全履行。在融资租赁业务中，由于出租人和承租人各自承担的义务不同，因此在合同执行中违约事件多发生于承租人。实践中，常见的违约形式有：

（1）付款违约

承租人未按照合同规定的时间或金额支付租金或其他费用。在国际融资租赁业务中，除租金的支付外，通常还涉及对外付款与租赁期起算之间一段时间的融资利息、办理进口的手续费等，这些款项的支付常会出于某些原因发生拖欠或争议。

（2）其他责任违约

承租人违反了在合同中规定履行的其他义务或责任，如承租人未能按合同要求对租赁物做相应的保险，在生产过程中对租赁物使用不当，没有对租赁物进行应尽的维修义务等。

（3）串联违约

串联违约，也称偿还期提前，是指一旦承租人对其他协定（包括构成其负债的任何贷款协议或其他租赁合同）违约，承租人对租赁合同的租金就立即到期。

（4）租赁物被扣押、查封或处置

承租人从事违法经营活动，有关部门将租赁物查封等。

（5）歇业

承租人采取任何一种歇业的措施或行为，实际上这将使其无法继续履约。

2）承担违约责任的原则

（1）过错责任原则

过错责任原则是指哪一方当事人的过错造成违约行为的发生，就由哪一方当事人承担违约责任。过错又分为广义过错和狭义过错。广义过错包括故意和过失，狭义过错只是过失。故意是当事人明知自身的某种行为会引起不履行合同的不良后果，仍然希望或放任这种行为的发生。过失是当事人应预见到自身的某种行为可能引起不履行合同的不良后果，但由于疏忽大意没有预见，或者虽然预见却轻信这种后果可以避免而未采取必要的措施，以致合同不能履行或不能完全履行。由于故意违约比过失违约的过错更严重，因此在贯彻过错责任原则时，对故意违约方应依法从重处罚。

（2）赔偿实际损失原则

赔偿实际损失原则是指一方当事人的违约行为如果给对方造成损失，造成损失的一方当事人必须负责赔偿实际损失。贯彻赔偿实际损失原则，必须解决损失范围和损失计算的问题，采用科学办法计算实际损失，包括财产或收入的减少、损失、灭失和费用的增加。由违约方向对方支付违约金，若违约给对方造成的损失超过违约金，超过部分必须由违约方进行补偿。

（3）违约责任与违约方经济利益相结合原则

违约责任与违约方经济利益相结合原则是指违约方支付的违约金和赔偿金，要从违约方的税后留利或其他自有资金中解决。只有贯彻违约责任与违约方经济利益相结合原则，使违约方真正承担违约责任，才能促使合同双方当事人严肃履行合同义务，维护法律的权威。

3）承担违约责任的形式

（1）违约金

违约金是指违约方应根据合同或法律规定向对方支付一定数额的货币。一方当事人违约，无论这种违约是否造成了对方的实际损失，也无论这种违约是否适用其他责任形式，违约方均应支付违约金，违约金制度具有担保、惩罚和赔偿等功能。

（2）赔偿金

赔偿金是指违约方在给对方造成实际经济损失时，应以货币方式补偿对方。赔偿金责任的成立，应具备以下条件：合同当事人确实发生了不履行或不完全履行合同的违约行为；违约行为的发生是合同当事人的主观过错造成的，包括故意违约行为和过失违约行为；造成合同当事人一方实际损失的直接原因，是违约方行为；违约方给对方造成了实际损失，但合同中没有规定赔偿金或赔偿金总额小于实际损失金额。

（3）定金制裁

定金制裁是指合同当事人一方为了证明合同的成立和担保合同的履行而支付给对方一定数量的货币。定金是为了保证合同的履行，任何一方当事人违约都会受到定金制裁。

（4）继续履行

继续履行是指合同当事人一方违约后，对方要求违约方继续履行合同。双方当事人签订合同的目的是取得一定的经济利益，当各种制裁方式无法实现当事人所希望达到的经济目标时，应继续履行合同。

9.5.2　融资租赁合同纠纷的解决方式

当融资租赁合同发生纠纷时，双方当事人可以通过协商或调解的方式解决纠纷。若当事人不愿意采用协商或调解的方式解决，或者通过协商或调解的方式无法解决当事人之间的纠纷，当事人可以根据合同中的仲裁条款或事后达成的书面仲裁协议，申请仲裁解决纠纷。若当事人在合同中没有订立仲裁条款，事后也没有达成书面仲裁协议，可以向法院提起诉讼。

1）协商

合同发生纠纷后，双方当事人根据合同和各自在合同中应承担的权利、义务，分析合同发生纠纷的原因和双方在纠纷中应承担的责任，以平等、自愿、互相谅解的原则，自行磋商解决纠纷。

协商是合同当事人解决纠纷的一种常用方式，因为它程序简便，节省费用，可以迅速解决问题，避免损失的扩大。当事人通过协商解决纠纷的关键在于，双方当事人不仅要考虑自身的利益，也要考虑对方的利益，互相谅解，适时做出让步，自行磋商找到解决纠纷的最佳方案。

2）调解

合同发生纠纷后，双方当事人在当事人以外的第三方主持下，通过说服的方式，调停双方的纠纷和争议，最终使当事人达成一致意见。第三方可以是法人，也可以是自然人，或者国际调解组织、仲裁机构等。在调解解决纠纷的过程中，应注意：

①调解不具备法律效力，要靠双方当事人自愿履行，具体来说有以下几点：一是双方当事人都愿意接受第三方的调解；二是在调解过程中，应始终坚持自愿的原则，不能强迫当事人单方或双方接受第三方的意见或建议；三是最终达成的调解协议应真实，双方当事人自愿接受。

②第三方应保持客观、公平的立场，开展深入调查，以事实为依据，以法律为准绳进行调解。

③第三方应准确地分辨纠纷性质，分清双方当事人的责任，促成双方当事人尽早达成调解协议。

3）仲裁

仲裁是指由双方当事人选定的仲裁机构对合同的纠纷做出有约束力的裁决。仲裁机构对合同纠纷的裁决权以双方当事人的书面仲裁协议或仲裁条款为依据。仲裁裁决只能一次性仲裁，不能申请再次仲裁。仲裁裁决书送至当事人之时生效，裁决一经生效，双方当事人必须执行，拒不执行方，对方当事人可以请求法院强制执行。

4）诉讼

诉讼是指合同双方当事人请求法院对其纠纷或争议进行裁决，以解决纠纷或争议的方式。诉讼的特点是程序复杂、费用高、周期较长、具有权威性和强制性，是解决纠纷的有效途径，也是最后途径。诉讼裁决实行两审终审制度和再审制度相结合的方式，合同当事人一方对法院做出的一审判决不服时，有权向上一级法院提出上诉。

▶▶▶

同步案例 9-2　　　　　　　　**融资租赁合同纠纷案例**

2021 年 5 月 15 日，甲租赁公司与乙公司签订《融资租赁合同》，约定乙公司以融资租赁形式租赁甲租赁公司所有的钻孔机五台，乙公司须每月向甲租赁公司支付租金。后因乙公司多次拖欠租金，甲租赁公司遂于 2023 年 9 月 14 日诉至法院，主张依据合同约定的违约条款，要求判令乙公司支付全部未付租金及逾期利息。2023 年 9 月 19 日，乙公司向浙江省某市中级人民法院申请破产并获受理。甲租赁公司遂变更诉讼请求，要求判令合同于 2023 年 11 月 19 日（破产申请受理后两个月）解除，要求乙公司返还系争租赁物，并确认甲租赁公司对乙公司享有至合同解除之日止逾期未付租金及逾期利息的债权。

乙公司辩称，依据《中华人民共和国企业破产法》第四十六条的规定，系争《融资租赁合同》应于 2023 年 9 月 19 日（即破产申请受理之日）解除，因此甲租赁公司主张的逾期未付租金和逾期利息都应当计算至该日止。

知识链接9-2

融资租赁出租人对诉讼请求的选择权

【审判】

上海市黄浦区人民法院经审理认为，关于《融资租赁合同》的解除日期，虽然乙公司在甲租赁公司起诉之前已欠付租金，符合合同约定解除权的行使条件，但是根据《中华人民共和国企业破产法》第十八条第一款的规定，管理人对破产申请受理前成立而双方当事人均未履行完毕的合同有权决定解除或者继续履行，但管理人自破产申请受理之日起两个月内未通知对方当事人的，视为解除合同。而乙公司破产申请受理后，其与甲租赁公司均未通知对方解除或履行合同，因此系争《融资租赁合同》的解除日期应为破产申请受理日后的两个月，即 2023 年 11 月 19 日，相应地，法院确认甲租赁公司对乙公司享有计算至该日的逾期未付租金和逾期利息的债权。但在计算逾期利息具体数额的问题上，依据《中华人民共和国企业破产法》第四十六条第二款"附利息的债权自破产申请受理时起停止计息"的规定，法院确定逾期利息应计算至破产申请受理之时（即 2023 年 9 月 19 日）止。

【提示】

在融资租赁合同纠纷案件中，承租人逾期未付租金导致出租人依据法律规定要求承租人支付剩余全部租金时，若在案件审理过程中承租人的破产申请被法院受理，则融资租赁合同在何时解除、出租人是否享有合同解除权、租金及相关利息应如何计算成为此类案件的审理难点。又因为案件牵涉到破产受理法院和融资租赁纠纷案件受理法院之间适用法律的统一性协调，对于此类问题的研究就显得尤为重要。本案法院判决，在出租人未选择解除融资租赁合同的情形下，依据《中华人民共和国企业破产法》第十八条的规定，承租人的破产管理人被法律赋予了对所有未履行完毕的合同选择是否继续履行的权利，同时规定了两个月的除斥期间。当承租人的破产管理人未通知出租人是否继续履行合同，则法律视作承租人解除合同。对于出租人是否享有解除权问题，理论争议较大，法院认为若承租人存在违约事由，出租人依然可以依据合同约定解除合同。相应地，融资租赁的租金应计算至推定的合同解除之日，但租金的利息计算要依据《中华人民共和国企业破产法》第四十六条第二款的规定，利息应自破产申请受理之日起停止计算。

资料来源：作者根据网络融资租赁合同纠纷案例整理。

9.5.3 最高人民法院关于审理融资租赁合同纠纷案件若干问题的规定

为正确审理融资租赁合同纠纷案件，保障当事人的合法权益，根据我国的有关法律规定和审判实践经验，特做如下规定：

①融资租赁合同纠纷案件的当事人应包括出租人、承租人。供货人是否需要列为当事人，由法院根据案件的具体情况决定，但供货合同中有仲裁条款的，则不应当将供货人列为当事人。

②融资租赁合同中的承租人与租赁物的实际使用人不一致时，法院可以根据实际情况决定将实际使用人列为案件的当事人。

③融资租赁合同纠纷案件的当事人，可以协议选择与争议有实际联系地点的法院管辖。当事人未选择管辖法院的，应由被告住所地或合同履行地法院管辖。租赁物的使用地为融资租赁合同的履行地。

④涉外融资租赁合同纠纷案件的当事人可以协议选择处理合同争议所适用的法律；当事人没有选择的，适用承租人所在地的法律。

⑤融资租赁合同所涉及的项目应当报经有关部门批准而未经批准的，应认定融资租赁合同不生效。

⑥有下列情形之一的，应认定融资租赁合同为无效合同：

A.出租人不具有从事融资租赁经营范围的；

B.承租人与供货人恶意串通，骗取出租人资金的；

C.以融资租赁合同形式规避国家有关法律、法规的；

D.依照有关法律、法规规定应认定为无效的。

⑦融资租赁合同被确定为无效后，应区分下列情形分别处理：

A.因承租人的过错造成合同无效，出租人不要求返还租赁物的，租赁物可以不予返还，但承租人应赔偿因其过错给出租人造成的损失；

B.因出租人的过错造成合同无效，承租人要求退还租赁物的，可以退还租赁物，如有损失，出租人应赔偿相应损失；

C.因出租人和承租人的共同过错造成合同无效的，可以返还租赁物，并根据过错大小各自承担相应的损失和赔偿责任。

租赁物正在继续使用且发挥效益的，对租赁物是否返还，可以协商解决；协商不成的，由法院根据实际情况做出判决。

⑧在最高人民法院《关于贯彻执行〈中华人民共和国民法通则〉若干问题的意见（试行）》中规定国家机关不能担任保证人之后，国家机关所做的保证应认定无效。因保证无效而给债权人造成损失的，提供保证的国家机关应当承担相应的赔偿责任。

⑨租赁物从境外购买的，融资租赁合同当事人约定用外币支付租金，应认定为有效。

⑩在租赁合同履行完毕之前，承租人未经出租人同意，将租赁物进行抵押、转让、转租或投资入股，其行为无效，出租人有权收回租赁物，并要求承租人赔偿损失。因承租人的无效行为给第三方造成损失的，第三方有权要求承租人赔偿。

⑪在融资租赁合同有效期间内，出租人非法干预承租人对租赁物的正常使用或者擅自取回租赁物而造成承租人损失的，出租人应承担赔偿责任。

⑫当供货人有迟延交货或交付的租赁物的质量、数量存在问题以及其他违反供货合同约定的行为时，对其进行索赔应区别不同情形予以处理：

A.供货合同或租赁合同中未约定转让索赔权的，对供货人的索赔应由出租人享有和行使，承租人应提供有关证据；

B.在供货合同和租赁合同中均约定转让索赔权的，应由承租人直接向供货人索赔。

⑬有下列情形之一的，当租赁物质量、数量等存在问题，在对供货人索赔不着或不足时，出租人应承担赔偿责任：

A.出租人根据租赁合同的约定完全是利用自己的技能和判断为承租人选择供货人或租赁物的；

B.出租人为承租人指定供货人或租赁物的；

C.出租人擅自变更承租人已选定的供货人或租赁物的。

除以上所列情形外，出租人对租赁物的质量、数量等问题一般不承担责任。

⑭在出租人无过错的情形下，对供货人索赔的费用和结果，均由承租人承担和享有。如因出租人的过错造成索赔逾期或索赔不着，出租人应承担相应的责任。

⑮因租赁物的质量、数量等问题对供货人索赔，如出租人无过错，不影响出租人向承租人行使收取租金的权利。

⑯承租人未按合同约定支付部分或全部租金，属违约行为，承租人应按合同约定

支付租金、逾期利息，并赔偿出租人相应的损失。

⑰在承租人破产时，出租人可以将租赁物收回；也可以申请受理破产案件的法院拍卖租赁物，将拍卖所得款用于清偿承租人所欠出租人的债务。租赁物价值大于出租人债权的，其超出部分应退还承租人；租赁物价值小于出租人债权的，其未受清偿的债权应作为一般债权参加破产清偿程序，或者要求承租人的保证人清偿。

⑱在承租人破产时，出租人可以作为破产债权人申报债权，参加破产程序；出租人的债权有第三方提供保证的，出租人也可以要求保证人履行保证责任。

⑲出租人在参加承租人破产清偿后，其债权未能全部受偿的，可就不足部分向保证人追偿。

⑳出租人决定不参加承租人破产程序的，应及时通知承租人的保证人，保证人可以就保证债务的数额申报债权参加破产分配。

㉑融资租赁合同当事人请求法院保护其权利的诉讼时效应适用《中华人民共和国民法典》的规定。

同步案例 9-3   第三人代付约定之法律性质的认定

【要旨】

区分第三人代为履行与债务承担的关键在于是否有明确的债务承担的意思表示。

【案情】

2023 年 9 月 13 日，甲租赁公司与乙公司签订《融资回租合同》，约定：甲租赁公司根据乙公司的要求，购买乙公司所有的一系列设备并回租给乙公司，转让价款为 231 万元，乙公司则须按期向原告支付首付款和 36 期租金共计 267 万元。丙公司向甲租赁公司出具《款项代付说明》，表示其代乙公司向原告支付系争《融资回租合同》项下的应付款项。之后，甲租赁公司按约向乙公司支付了租赁设备的货款，并由其签收了《租赁物接收证书》。后因乙公司欠付租金，甲租赁公司诉讼至法院，要求判令解除《融资回租合同》，乙公司返还租赁设备、支付到期未付租金及逾期利息，并要求丙公司承担连带保证责任。

知识链接 9-3

租赁期内租赁物完成物权登记不能对抗所有权约定

被告丙公司辩称，对原告要求其承担连带保证责任的请求不予认可，因为其向原告出具的《款项代付说明》仅表示委托付款关系，并不代表其愿意承担连带清偿责任，应驳回原告的该项请求。

【审判】

××市××区人民法院经审理认为，本案争议的主要焦点在于丙公司向甲租赁公司出具的《款项代付说明》的法律性质应当如何认定。甲租赁公司依据丙公司向其出具的《款项代付说明》，要求丙公司对乙公司的债务承担连带清偿责任，而丙公司认为《款项代付说明》中文字表述的"代乙公司向原告支付系争

《融资回租合同》项下的应付款项"，仅表明存在委托付款关系，不能证明其有承担连带清偿责任的意思表示。从丙公司向原告出具的《款项代付说明》的性质和内容来看，丙公司作为系争《融资回租合同》的第三人，有代为履行的意思表示，但并无加入系争债务关系、与乙公司共同承担责任的意思表示，且没有证据证明该意思表示已经转化为债务转移。因此，债务承担的主体仍是乙公司，而丙公司仅仅是履行人，不是合同的当事人，据此判决丙公司无须承担连带清偿责任，驳回了原告的该项诉请。

【提示】

在金融类案件中经常出现合同关系外第三人向债权人出具愿意就债务人的款项代为支付的承诺书，但对于第三人此类表述的法律性质如何认定，在理论和实务界均有不同的看法。本案在处理该问题上树立了一个较好的审判思路。首先，在法院主动释明的基础上，要求甲租赁公司明确第三人承担责任的请求权基础是第三人代为履行、债务转让、并存的债务承担或保证。其次，待请求权基础明确之后再对该主张是否成立进行判定，法院应从当事人书面文件的文字表述分析出发，结合合同履行具体情况准确界定第三人的意思表示，结合债务承担相应的法律特征，对每个案件中第三人的表述做出准确的厘清和界定：债务转让中第三人作为新债务人在法律地位上具有替代性，若原债务人依然处在合同关系中履行合同义务，则不宜认定为债务转让；保证的意思应当明确而不应推定；并存的债务承担与保证高度类似，也应当有当事人明确的意思表示。本案中，甲租赁公司主张第三人丙公司承担责任的请求权基础是保证，而丙公司出具的《款项代付说明》中并无债务承担的明确意思表示，因此丙公司无须承担连带清偿责任。

本章小结

融资租赁合同按照适用对象分为两类：一类是标准合同；另一类是非标准合同。

签订融资租赁合同的程序可概括为以下步骤：选择租赁设备、租赁委托（选择出租人）、项目受理、签订购买合同、签订租赁合同。

签订购买合同的程序和购买合同的主要内容，以及融资租赁合同的主要内容和特殊性条款。

融资租赁合同履行的基本原则、主要内容和特殊事项。

融资租赁合同的变更是指双方当事人对原合同的某些条款进行修改补充，并产生新的合同法律关系的行为。所谓租赁合同的解除，是指双方当事人经协商或单方面提前终止合同效力的行为。合同解除后，双方当事人约定的权利、义务关系即告终止。

融资租赁合同纠纷的解决方式有：协商、调解、仲裁、诉讼。

重点概念

标准合同　　非标准合同　　约定解除　　融资租赁合同的终止

复习思考题

一、单项选择题

1.融资租赁合同谈判的核心问题是（　　）。

A.租期　　　　　　　　B.租金　　　　　　　C.支付方式　　　　D.担保

2.企业将自己的设备卖给租赁公司后又从租赁公司租回使用的租赁方式称为（　　）。

A.售后回租　　　　　　B.杠杆租赁　　　　　C.制度租赁　　　　D.综合租赁

二、多项选择题

1.非标准融资租赁合同包括（　　）。

A.租赁委托书　　　　　B.购买合同　　　　　C.担保函　　　　　D.租赁合同

E.产权转让书

2.签订融资租赁合同的程序可概括为（　　）。

A.租赁委托　　　　　　B.项目受理　　　　　C.签订租赁合同　　D.选择租赁设备

E.签订购买合同

3.租赁项目的评估包括（　　）。

A.财务评估　　　　　　B.效益评估　　　　　C.可行性评估　　　D.技术评估

E.风险评估

4.合同的履行可分为（　　）。

A.部分履行　　　　　　B.主动履行　　　　　C.全面履行　　　　D.不履行

E.被动履行

5.租赁期满后租赁物的处置方法有（　　）。

A.留购　　　　　　　　B.转租　　　　　　　C.续租　　　　　　D.转卖

E.退租

三、判断题

1.融资租赁合同的标的物包括有形的物质财产和商标、专利、商誉等无形财产。

（　　）

2.在出租期间，如果承租人对租赁物不满意，可以根据自身的需要要求出租人解约。　　　　　　　　　　　　　　　　　　　　　　　　　　　　（　　）

3.在整个融资租赁业务中，总揽整个交易的合同是租赁委托书。　　　（　　）

4.承租人由于可获得租赁物的占有权、使用权和收益权，因此可以将租赁物自行转租给他人使用。　　　　　　　　　　　　　　　　　　　　　（　　）

5.出租人对外代办接货、报关和国内运输所发生的有关费用，如海关关税、增值税等，通常先行垫付。　　　　　　　　　　　　　　　　　　　　　（　　）

6.执行国家定价，逾期交货时，价格上涨的，按新价格执行；价格下降的，按原价格执行。逾期付租金时，价格上涨的，按原价格执行；价格下降的，按新价格执行。　　　　　　　　　　　　　　　　　　　　　　　　　　　　（　　）

7.一方当事人违约，无论这种违约是否造成了对方的损失，也无论这种违约是否适用其他责任形式，违约方均应支付违约金。　　　　　　　　　　　　（　　）

8.诉讼是解决纠纷的有效途径，也是最后途径，因此一经裁决双方当事人必须执行，不得提出上诉。　　　　　　　　　　　　　　　　　　　　　　　（　　）

四、简答题

1.融资租赁合同与买卖合同、分期付款合同、借款合同、传统租赁合同相比有哪些异同？

2.融资租赁合同中双方当事人的权利和义务有哪些？

3.签订融资租赁合同需要遵循哪些基本原则？

4.融资租赁合同的变更和解除应遵循哪些原则？

5.融资租赁合同的变更和解除有哪些必备条件？

6.融资租赁合同终止的原因有哪些？

7.简述融资租赁合同纠纷的解决方式。

五、案例分析题

［案例一］　　　　　　　　　　　　**融资租赁合同纠纷案**

［案情］

2020年8月28日，A中心与B中心签订《承包合同书》，约定：A中心将整套冲印设备承包给B中心经营，其承包期限为3年（自2020年9月15日至2023年9月14日止），每月租金为1.3万元，3年租金共计46.8万元，并约定B中心在承包期间内付完或一次性付完46.8万元租金后，A中心的冲印设备全部归B中心所有。其违约条款为：如一方当事人违约，就赔偿对方人民币10万元；如B中心拖延交付租金，A中心有权终止合同并没收B中心10万元的保证金。在合同履行的过程中，B中心欠A中心租金25.85万元，A中心于2023年5月12日向法院提起诉讼：请求法院判令B中心还清欠款25.85万元及其利息，并解除承包合同，负担本案的各种费用，没收10万元的保证金，并且于2023年5月12日向法院提供担保申请诉前保全。

被告B中心辩称，B中心交的保证金10万元应折抵租金，因此B中心欠A中心的租金不是25.85万元，而是15.85万元。同时，B中心提出本案应属于分期付款的买卖合同，并提出A中心申请法院查封租赁物不当，B中心对冲印设备仍有使用权，合同还未到期，造成其不能经营，应赔偿4个月的经济损失约12万元（每天按1 000元计算），房屋装修费1万元。

问题：

（1）请分析该合同是融资租赁合同还是分期付款合同？原因是什么？

（2）结合案例谈谈应如何完善融资租赁合同的纠纷管理。

[案例二]　　　　　　　　　**融资租赁合同案例分析**

[案情]

2021年2月5日，甲公司与乙公司签订融资租赁合同。双方约定，出租人甲公司应按照承租人乙公司的要求，从国外购进浮法玻璃生产线及附属配件租赁给乙公司，租金总额为18万美元，租期为24个月。最后一期的到期日为2023年5月30日，若乙公司不支付租金，甲公司可要求即时付清租金的一部分或全部，或终止合同，收回租赁物，并由乙公司赔偿损失。丙公司为乙公司提供了支付租金的担保。丙公司向甲公司出具的租金偿还保证书中约定，丙公司保证和负责乙公司切实履行融资租赁合同的各项条款，若乙公司不能按照合同的约定向甲公司交纳其应付的租金及其他款项时，担保人应按照融资租赁合同的约定，无异议地代替乙公司将上述租金及其他款项交付给甲公司。

2022年5月5日，甲公司将购进的全套设备全部运抵目的地，按照乙公司的要求，将设备安装在丁工厂使用。设备投产后，因生产原料需从国外进口，成本较高，销路较差，致使开工后就停产。承租人和丁工厂仅支付了甲公司设备租金6万美元。

甲公司多次催要，乙公司和丁工厂仍未能支付剩余租金，于是甲公司向法院提起诉讼，要求乙公司和丁工厂立即偿付所欠租金及利息，并由丙公司承担保证责任。乙公司辩称：甲公司在丁工厂经营不善的情况下，未能收回租赁物，致使损失扩大，乙公司不应承担责任。丙公司辩称：甲公司应在承租人无力偿付租金的情况下及时收回租赁物，防止损失扩大，但甲公司却采取放任态度，致使损失扩大，甲公司无权就扩大的损失要求赔偿。人民法院受理后，将丁工厂列为本案的第三人参与诉讼。丁工厂辩称：自己不是融资租赁合同的当事人，不应承担租金偿付义务。

资料来源：作者根据网络融资租赁合同案例分析整理。

问题：

（1）该融资租赁合同是否合法有效？

（2）甲公司未收回租赁物是否造成损失扩大？

（3）丁工厂是否应承担偿付租金的责任？

第10章

租金

学习目标

通过本章的学习，你应该能够：

1. 掌握租金的构成要素；
2. 了解影响租金的因素及租金的支付方式；
3. 明晰计算租金时常用的几个概念；
4. 熟练地掌握租金的计算方法；
5. 熟知租金计算中应注意的问题。

▶▶▶

引例　　　　　　　　　　**融资租赁合同租金给付纠纷案**

　　原告：××国际租赁有限公司（以下简称租赁公司）。

　　法定代表人：王××（总经理）。

　　被告：××省大理石总厂（以下简称大理石厂）。

　　法定代表人：李××（厂长）。

　　被告：××省农牧厅（以下简称农牧厅）。

　　法定代表人：张××（厅长）。

　　被告：××省科技交流中心（以下简称交流中心）。

　　法定代表人：冯××（交流中心主任）。

　　2019年4月1日和5日，大理石厂根据省计经委批件，书面委托租赁公司作为商务代理，以融资租赁方式引进花岗石薄板生产线、花岗石矿山开采设备各一套，农牧厅和交流中心分别为其提供担保。租赁公司审定、确认后，正式受理了委托，并在租赁委托书上加盖了公章。此后，租赁公司会同大理石厂与国外供货人进行了技术和商务谈判，于2019年4月23日、5月15日分别与意大利某公司、中国香港某公司签订了85SWL-4028J、85SWL-4015SY进口购货合同，引进花岗石矿山开采设备和花岗石薄板生产线各一套。上述合同由××省对外经济贸易厅批复生效。2019年5月14日，租赁公司和大理石厂签订了租赁合同，约定：租赁公司根据大理石厂的要求，购买花岗石薄板生产线及花岗石矿山开采设备各一套，交大理石厂承租；租期为3年；大理石厂分6次付租金给租赁公司，租金以外汇计付，币种为日元；大理石厂若未按约定支付到期租金，则应按外汇10%的利率加付迟延利息；起租日为租赁物的提单日（之后双方将其变更为2020年5月30日）；租赁物在租赁期满时，大理石厂应向租赁公司支付设备成本的3‰作为名义货价，并将设备所有权转移给大理石厂。合同还约定，租赁委托书、购货合同是租赁合同的附件。担保人未在该合同上盖章。合同签订后，租赁公司按期开出信用证并用美元付了货款。2020年8月5日、8月15日，租赁公司先后将设备和生产线交付大理石厂验收。租赁公司根据实际成本结算了租金，租金总额为191 687 281日元，并向大理石厂发出租金支付通知书。大理石厂于2021年1月支付了22万美元租金，2023年11月30日支付了5万美元租金，其余租金及迟延利息237 703 185日元，折合人民币为7 864 288.55元，折合美元为1 442 262.03美元（已扣除偿还部分），一直未付。

据此，租赁公司向××省××市中级人民法院提起诉讼，要求被告大理石厂、农牧厅、交流中心偿付租金及迟延利息，支付诉讼费，并申请财产保全。

该案件经法院审理后，提出如下意见：租赁公司与大理石厂签订的融资租赁合同合法有效。大理石厂未按合同规定按时支付租金，应承担违约责任，并应支付迟延利息。交流中心是事业单位，具备担保资格，为大理石厂租赁花岗石矿山开采设备提供的担保有效，应承担连带责任。农牧厅为国家行政机关，不具备担保资格，因此农牧厅为大理石厂租赁花岗石薄板生产线提供的担保无效，但仍应对大理石厂未履行合同规定所造成的后果承担连带责任。

法院根据《中华人民共和国民法典》第七百五十二条、第七百五十九条的规定，做出如下判决：（1）大理石厂偿付租赁公司租金及迟延利息237 703 185日元，折合人民币为7 864 288.55元，折合美元为1 442 262.03美元。在租金给付完毕，并将双方签订租赁合同时规定的给付设备成本的3‰作为名义价给付之后，设备所有权即归大理石厂所有。（2）农牧厅为大理石厂担保的花岗石薄板生产线的租金及迟延利息183 712 032日元，折合人民币为6 078 427.33元，折合美元为1 174 699.52美元，其应承担连带清偿责任。（3）交流中心为大理石厂担保的花岗石矿山开采设备的租金及迟延利息53 991 153日元，折合人民币为1 785 861.22元，折合美元为267 562.51美元，其应承担连带清偿责任。（4）以上应偿付的金额，应在本判决产生法律效力后6个月内付清，逾期则应按中国人民银行关于延期付款的规定给付违约金，并按双方签订的租赁合同规定的币种进行结算。

资料来源：作者根据××国际租赁有限公司诉××省大理石总厂融资租赁合同租金给付纠纷案整理。

10.1   租金的构成要素、影响因素及支付方式

租金是租赁机构通过转让某种资产的使用权而分次取得的补偿和收益，即承租人因使用租赁物而支付给租赁机构的费用。

由于租金直接关系到租赁业务双方的经济利益，因此租金的构成和计算是双方最关心的问题。事实上，租金是租赁业务中敏感性最强的问题，也是签订租赁合同的一项重要内容。传统租赁是依据承租人租赁物的使用时间来计算租金的；而融资租赁的主要目的是实现融资，即以承租人占用出租人资金的时间来计算租金。

在融资租赁中，租金不仅是商品交换的价格，也是融通资金的价格，具有贷款本息的性质。出租人要从收取的租金中，获得出租资产的价值补偿和效益，既要收回资产购置成本、贷款利息、营业费用，还要获取必要的利润；而承租人则应比照租金和租赁资产使用后获得的收入来进行成本和收入核算，即使用租赁资产生产的产品所获得的收入，除抵补租金外，还要留存一定的盈利。

10.1.1   租金的构成要素

1）租赁设备的购置成本

租赁设备的购置成本是计算租金的基础，也是租金的主要组成部分，由租赁设备原价、运输价、保险费三个部分构成。在融资租赁中，对于从国外进口的租赁设备，还应考虑资产价款与进出口货价之间的关系。如果设备进口价为到岸价（CIF），则到岸价即为设备价款；如果设备进口价为运费在内价（C&F），则还应加上途中保险费构成设备价款；如果设备进口价为离岸价（FOB），则还应加上运输费和途中保险费构成设备价款。

不同的租赁方式所遵循的租赁设备购置成本的确定原则也是不同的。在经营租赁中，由于租期较短，出租人在租期内只能收回部分租赁设备的购置成本，因此所计算的租金仅包含租赁设备购置成本的部分价值；而在融资租赁中，所计算的租金包含了租赁设备购置成本的大部分价值或全部价值。这里值得注意的是，当承租人在租赁期满后要获得设备的所有权时，通常承租人最后要向出租人支付一定的"设备残值的名义价款"，因此"设备残值的名义价款"不应成为租金的组成部分，而应从租赁设备的总成本中将其扣除。

2）租赁期间的利息

由于出租人要出资购买租赁设备，且无论出租人的资金来源于什么渠道，是占用出租人的自有资金，还是向银行借款，总之都是承租人占用了出租人的资金，因此在租金的核算中要包括其在租赁期间的利息。租金利息是指以租赁标的物的成本为本金，以租赁利率为计息利率，在租赁期限内所产生的利息。影响利息的因素有租赁标的物的成本、租赁利率、租赁期限、计息方式、租金支付方式等。租赁利率的确定主要取决于租赁双方签订租赁合同时的金融市场利率、资金来源的性质、租赁期限、计息方式、租金支付方式等。

3）其他费用

其他费用主要包括两个部分：一部分是出租人在办理租赁业务过程中所发生的费用，即营业费用，包括办公费、工资和差旅费等；另一部分是出租人必要的盈利，即净利润。在实际业务中，一部分的其他费用在租赁期间的利息之中，另一部分的其他费用则以手续费的形式体现在收入中。事实上，手续费本身并不是租金的组成部分。一般情况下，在合同签订并生效时，承租人会将手续费一次性支付给出租人；当承租人资金周转困难时，也可将手续费转化为租金，出租人分次收取。

10.1.2　影响租金的因素

1）利率

在租赁物成本（即本金）一定的情况下，利率是影响租金总额的重要因素之一。若其他因素不变，则利率越高，租金总额就越大；反之亦然。事实上，租赁利率的高低取决于多种因素，若采用固定利率计算租金利息，则固定利率值一般要高于同期的浮动利率值，这是出租人为防止租期内因利率变化带来损失而采取的合理的保值措施。当以浮动利率计算租金利息时，某期租金支付日确定的租赁利率即为计算下期租金利息的计息利率，并随租金支付日的推移而逐次发生浮动变化。浮动利率一般以LIBOR（即伦敦银行间同业拆借利率）或某种优惠利率为基准。

2）付租间隔期

付租间隔期是指上期租金支付日与当前租金支付日之间的时间间隔。付租间隔期一般分为年、半年、季、月等。在租期确定的情况下，付租间隔期越长，付租频率就越低；反之亦然。

3）付租方式

按承租人占用资金的时间来划分，付租方式可分为期初付租与期末付租两种方式。期初付租是指承租人在各个付租间隔期间发生的期初支付租金。期末付租是指承租人在各个付租间隔期间发生的期末支付租金。期初付租时，承租人占用出租人资金的时间相对较短，因此租金总额较少；而期末付租时，租金则要相对有所增加。也就是说，占用资金的时间越长，租金总额就越高；反之亦然。

按租金的金额来划分，付租方式可分为等额租金支付方式、变额租金支付方式、等额本金支付方式和变额本金支付方式。等额租金支付方式是指每期的租金额均等。等额本金支付方式是指各期租金中本金额是相等的。事实上，在等额租金支付方式下，各期所含的本金额是依次递增的，其租金总额自然要大于等额本金支付方式下的租金总额。

4）租赁期限

租赁期限直接影响租金的总额。因为租赁期限越长，承租人占用出租人资金的时间也就越长，利息负担也就越重，所以租赁期限与租金总额成正比，租赁期限越长，租金总额就越大；反之亦然。

5）起租日与计息日

起租日是核算租赁物的实际成本之日，是计算租金的起始日期。计息日是在核算租赁物的实际成本前，对出租人已付出的各款项开始计息之日。由于起租日与计息日有着不同的确定方法，因此起租日与计息日之间的时间间隔不同，利息也就不同，最后核算出来的实际成本也不同，进而将会对租金总额产生一定的影响。

6）支付币种

在跨国租赁业务中，国内承租人承租国外租赁设备时应考虑租金的支付币种。由于在国际金融市场上各种货币的利率和汇率是瞬息万变的，因此汇率的波动将会影响到本国货币与支付币种的兑换比率，进而影响到租金总额。在能比较准确地判断汇率的变化趋势时，正确选择合适的支付币种不仅能够避免汇率风险，而且能够从中受益。

7）租赁保证金

租赁保证金是承租人在签订租赁合同时向出租人缴纳的一定数额的资金，并将其作为履行合同的保证。保证金支付额的大小，以及保证金是从租赁设备的成本中扣除，还是用作抵交全部或部分租金，对租金总额来说影响很大。若将保证金从成本中扣除，则租金总额最小，对承租人最有利。但这只是一种理论概念，在实际业务中很少采用，因为它已不再具有保证金原有的意义。

8）手续费

手续费本身并不是租金的组成部分，而是在租赁交易中由承租人向出租人支付的一部分劳动报酬。一般情况下，承租人应在租赁合同签订生效时将手续费支付给出租人，但也可以将手续费转为租金，增加了租金总额。

10.1.3 租金支付方式

1）租金的支付时间

一般而言，租金的支付时间有三种情况：一是期初付租，即承租人在各付租间隔期的期初支付租金。在期初付租的情况下，第一期租金须在起租日支付。二是期末付租，即承租人在各付租间隔期的期末支付租金。期末付租可使租金的支付时间整整向后推迟了一个间隔期。三是有付租宽限期的期末付租，即从起租日起，确定一个期限作为承租人付租宽限期。在宽限期内，承租人可以不支付租金，但要计息，宽限期的利息可计入租赁物的总成本之中，然后再计算租金。

2）均等支付和不均等支付

均等支付是指每期支付的租金相等。不均等支付则是根据承租人具体的资金情况再来商定各期的租金数额。不均等支付的形式多种多样。例如，季节性支付，即根据承租人收入的季节性变化特点，对不同收入确定不同的租金数额。又如，逐期递增的支付，即每期租金数额会随时间的推移而逐期增加，从而使每一期的租金水平与前一期的租金水平相比都增加同样的比例或同样的数额，以适应承租人在投产前收入不多、以后才逐步增加的情况。再如，逐期递减的支付，其原理与逐期递增的支付方式基本相同，表现为每一期的租金水平与前一期的租金水平相比都减少同样的比例或同样的数额。

3）租金的货币种类

租金支付货币的使用原则是：以何种货币签订租赁合同，就以何种货币完成支付行为。当国内企业承租国外设备时，在其他条件不变的情况下，应选择软货币为宜，但具体情况还要视利率和汇率水平进行综合考虑来确定。

4）租金付款方式

租金可通过期票或银行汇款的方式支付。凭期票付款，应在租赁期开始时发出标有各付款约定日与付款次数的期票。利用银行汇款方式付款，则应凭租赁公司每次发送的账单，在约定日通过银行向租赁公司指定户头汇款。

5）租金的支付日期

（1）起租日

起租日，即租赁期的起算日。起租日的确定一般有三种情况：一是自租赁标的物装运提单所标日期起计算租赁期；二是自租赁公司向供货人支付租赁标的物价款之日起计算租赁期；三是自租赁标的物运抵承租人工厂之日起计算租赁期。在签订租赁合同时，应根据双方当事人的协议，确定租赁起租日，并在合同中加以明确。

（2）租金的支付日期

有关租金支付日期的确定，国际上的习惯做法是"算尾不算头"。例如，有一笔租赁交易，出租人与供货人签订合同所列的实际付款日期是2023年1月1日，且租赁合同中规定的租金支付方式是每半年支付一次，则第一期支付租金的到期日是2023年6月30日。在计算时，应包括6月30日（为下一期的"头"），但不包括1月1日这一天。以后，支付各期租金的到期日可依此类推。

6）租金的提前支付问题

在一笔租赁交易中，租赁双方通常会事先约定租金支付的次数及每期支付租金的数额和日期。此外，出租人一般还会要求承租人不得提前支付租金，否则，要对提前支付的部分加收惩罚性利息。若承租人不按原定的租金支付计划付息，而要求提前付息，出租人不但会因提前回收租金而少收部分利息，甚至其资金运筹计划也会被打乱，从而产生资金闲置或其他相关问题。另外，出租人还会因寻找合适的新客户而承担汇价风险。因此，出租人一般不会同意承租人提前支付租金。如果出租人同意承租人提前支付租金，则会以承租人负担其闲置资金的利息损失为前提。

10.2　租金的计算

10.2.1　计算租金时常用的几个概念

1）单利与复利

（1）单利

单利是指根据本金及未付利息的期间数计算出来的利息。单利的计算公式为：

$$I=Pni$$

$$S=P+Pni=P（1+ni）\tag{10.1}$$

式中：I为依据单利法计算出来的利息；P为本金；n为期间数；i为利率；S为依

据单利法计算出来的本利和。

【例10-1】依据单利法计算本利和的应用

某融资租赁公司从某商业银行借入1 000万元人民币，年利率5%，借期3年，则采用单利法计算到期的本利和是多少？

解析：依据公式（10.1），计算到期的本利和为：

S=1 000+1 000×5%×3=1 150（万元）

（2）复利

复利是指根据本金和以前未支付的利息之和所计算出来的利息。在以复利计息的情况下，当期期末未支付的利息要计入下期本金，即俗称的"利滚利"。复利的计算公式为：

$I=P[(1+i)^n-1]$

$F=P(1+i)^n$ (10.2)

式中：I为依据复利法计算出来的利息；F为依据复利法计算出来的本利和；i为利率；n为期间数。

【例10-2】依据复利法计算本利和的应用

承接【例10-1】，采用复利法计算到期的本利和是多少？

解析：依据公式（10.2），计算到期的本利和为：

$F=1 000×(1+5\%)^3=1 157.63$（万元）

2）复利终值、复利现值和计息频率

（1）复利终值

复利终值是指一定量的货币本金，按复利计算所得到的若干期后的本利和。复利终值的计算公式为：

$F=P(1+i)^n$ (10.3)

式中：F为复利终值；P为复利现值；i为利率；n为期间数；$(1+i)^n$为复利终值系数，记作（F/P，i，n）。该系数既可利用公式来计算，也可直接根据i和n的值，通过查终值系数表得到。于是，上述计算公式可以写成：

F=P（F/P，i，n）

【例10-3】复利终值的应用

承接【例10-1】，计算到期的复利终值是多少？

解析：依据公式（10.3），计算到期的复利终值为：

$F=1 000×(1+5\%)^3=1 000×1.15763=1 157.63$（万元）

也可查复利终值系数表求得：

F=P（F/P，i，n）=1 000×（F/P，5%，3）=1 000×1.15763=1 157.63（万元）

（2）复利现值

复利现值是指未来某期的一定量货币，按复利计算所得的现在价值。复利现值为复利终值的逆运算，因此由公式$F=P(1+i)^n$可以得到复利现值的计算公式为：

$$P=\frac{F}{(1+i)^n}$$ (10.4)

式中：P为复利现值；F为复利终值；i为利率；n为期间数；$\dfrac{1}{(1+i)^n}$为复利现值系数，记作（P/F，i，n）。该系数既可利用公式来计算，也可直接根据i和n的值，通过查现值系数表得到。于是，上述计算公式可以写成：

P=F（P/F，i，n）

复利现值和复利终值之间的关系式为：

复利终值=复利现值+复利利息

【例10-4】复利现值的应用

某租赁公司借款年利率为5%，3年后的本利和为1 157.63万元，则当初应借入多少资金？

解析：依据公式（10.4），计算当初应借款为：

$P=\dfrac{1\,157.63}{(1+5\%)^3}=1\,157.63\div1.15763=1\,000$（万元）

还可查复利现值系数表求得：

P=F（P/F，i，n）=1 157.63（P/F，5%，3）=1 157.63×0.86383=1 000（万元）

（3）计息频率

为了计算每年计息超过一次的复利和复利终值或复利现值，要用计息频率将年利率换算成各计息期的利率。因此，计息频率是指一年内计息的次数，用m表示。

设r为年利率，m为计息频率，i为各计息期的利率，t为年限数，n为总计息次数（期数），则：

$i=\dfrac{r}{m}$

n=tm

计息频率是为了将年利率换算成各计息期的利率，一年内需计息的次数。

那么，复利终值的计算公式为：

$$F=P\left(1+\dfrac{r}{m}\right)^{tm} \tag{10.5}$$

3）年金现值与年金终值的计算

年金是指在利率不变、时间间隔相等（年、半年、季、月）的条件下，连续支付或收取的一系列等额款项。年金按发生时点的不同可分为普通年金、即付年金、递延年金和永续年金。于每期期末支付或收取的年金称为普通年金，或后付年金。于每期期初支付或收取的年金称为即付年金，或预付年金。在第一期期末以后的某一时间点开始支付或收取的年金称为递延年金。无限期连续支付或收取的年金称为永续年金。

（1）年金现值

年金现值是指未来每期支付或收取的等额货币按复利计算的现时总价值。

设i为当期利率，n为期数，A为未来每期期末支付或收取的等额货币，P_A为年金现值总额，则：

$$P_A = \frac{A}{1+i} + \frac{A}{(1+i)^2} + \frac{A}{(1+i)^3} + \cdots + \frac{A}{(1+i)^n}$$

$$P_A = A\frac{(1+i)^n - 1}{i(1+i)^n} \tag{10.6}$$

式中：$\frac{(1+i)^n - 1}{i(1+i)^n}$ 的值称为年金现值系数，记作 $(P_A/A，i，n)$。该系数既可利用公式来计算，也可通过查年金现值系数表得到。

年金现值公式也可表示为：

$P_A = A (P_A/A，i，n)$

【例10-5】年金现值的应用

某人计划连续4年在每年年末支取 100 000 元，年利率为5%，则此人最初（第1年年初）应一次存入的资金是多少？

解析：分别将4年的终值换算成现值，即：

第1年的现值 $\frac{A}{1+i} = \frac{100\,000}{1+5\%} = 95\,238.1$（元）

第2年的现值 $\frac{A}{(1+i)^2} = \frac{100\,000}{(1+5\%)^2} = 90\,702.9$（元）

第3年的现值 $\frac{A}{(1+i)^3} = \frac{100\,000}{(1+5\%)^3} = 86\,383.8$（元）

第4年的现值 $\frac{A}{(1+i)^4} = \frac{100\,000}{(1+5\%)^4} = 82\,270.2$（元）

此人最初应一次存入的资金为上述值的总和，即：

$$P_A = \frac{A}{1+i} + \frac{A}{(1+i)^2} + \frac{A}{(1+i)^3} + \frac{A}{(1+i)^4} = 95\,238.1 + 90\,702.9 + 86\,383.8 + 82\,270.2 = 354\,595（元）$$

也可直接利用公式（10.6）计算求得：

$$P_A = A\frac{(1+i)^n - 1}{i(1+i)^n} = 100\,000 \times \frac{(1+5\%)^4 - 1}{5\% \times (1+5\%)^4} = 354\,595（元）$$

还可查年金现值系数表求得：

$P_A = A (P_A/A，i，n) = 100\,000 \times (P_A/A，5\%，4) = 100\,000 \times 3.54595 = 354\,595（元）$

（2）年金终值

年金终值是指每期支付或收取的等额货币按复利计算出来的未来一定时期内的总价值。

设i为当期利率，n为期数，A为每期期末支付或收取的等额货币，F_A为年金终值总额，则：

$F_A = A + A (1+i)^1 + \cdots + A (1+i)^{n-1}$

$$F_A = A\frac{(1+i)^n - 1}{i} \tag{10.7}$$

式中：$\frac{(1+i)^n - 1}{i}$ 的值称为年金终值系数，记作 $(F_A/A，i，n)$，可利用公式计算结果，也可通过查年金终值系数表得到。

年金终值公式又可表示为：

$F_A=A\ (F_A/A,\ i,\ n)$

【例10-6】年金终值的应用

职工大李将在4年后退休，他计划从现在起储蓄退休金，在每年年末存入等额年金8 000元，年利率为10%，则4年后他能取出多少钱？

解析：分年计算终值，即：

第1年存入的终值 $A\ (1+i)^3=8\ 000\times(1+10\%)^3=10\ 648$（元）

第2年存入的终值 $A\ (1+i)^2=8\ 000\times(1+10\%)^2=9\ 680$（元）

第3年存入的终值 $A\ (1+i)\ =8\ 000\times(1+10\%)=8\ 800$（元）

第4年存入的终值 $A=8\ 000$元

4年后职工大李取出的资金是上述终值之和，即：

$F_A=A\ (1+i)^3+A\ (1+i)^2+A\ (1+i)\ +A=10\ 648+9\ 680+8\ 800+8\ 000=37\ 128$（元）

也可以直接利用公式（10.7）计算得出：

$$F_A=A\frac{(1+i)^n-1}{i}=8\ 000\times\frac{(1+10\%)^4-1}{10\%}=37\ 128\ (\text{元})$$

还可查年金终值系数表求得：

$F_A=A\ (F_A/A,\ i,\ n)=8\ 000\times(F_A/A,\ 10\%,\ 4)=8\ 000\times4.641=37\ 128$（元）

10.2.2 租金的计算方法

1）附加率法

附加率法是指在租赁资产的价款或概算成本的基础上再考虑一个特定的比率来计算租金的方法。租赁公司可以根据营业费用、利润等因素来确定这一特定的比率。这种方法是一种传统的计算方法。

设R为每期租金，P为租赁资产的价款或概算成本，n为租金支付次数，i为每期利率，r为每期附加率，则每期租金的计算公式为：

$$R=\frac{P(1+ni)}{n}+Pr \qquad (10.8)$$

该公式为单利计算公式，也可写成：

$$R=\frac{P}{n}+Pi+Pr$$

该公式表明，除分期等额还本 $\frac{P}{n}$，每期均按租赁资产的价款或概算成本支付利息（Pi）外，还另收取按附加率计算的附加费（Pr），因此按这种方法计算的租金相对较高，对承租人不利，一般不会被采用。

【例10-7】使用附加率法计算租金的应用

假定某设备的概算成本为100万元，分4年（8期）偿还租金，年利率为8%，附加率为5%，则平均每期租金和租金总额分别是多少？

解析：每期利率 $i=\frac{8\%}{2}=4\%$，租期数n=8，根据公式（10.8）可以求出每期租金和租金总额分别为：

$$R=\frac{1\ 000\ 000\times(1+8\times4\%)}{8}+1\ 000\ 000\times5\%=215\ 000\ (\text{元})$$

R$_总$=8R=8×215 000=1 720 000（元）

2）年金法

年金法是指以现值理论为基础计算租金的方法，即将某一租赁资产在未来各期的租金按一定利率换算成现值，使现值总和等于租赁资产成本的计算方法。年金法又分为等额年金法和变额年金法，具体的分类如图10-1所示。

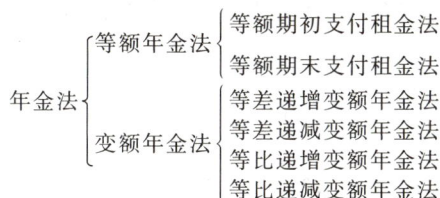

$$\text{年金法}\begin{cases}\text{等额年金法}\begin{cases}\text{等额期初支付租金法}\\\text{等额期末支付租金法}\end{cases}\\\text{变额年金法}\begin{cases}\text{等差递增变额年金法}\\\text{等差递减变额年金法}\\\text{等比递增变额年金法}\\\text{等比递减变额年金法}\end{cases}\end{cases}$$

图10-1　年金法分类

（1）等额年金法

等额年金法是指运用年金法使各期租金均等的计算方法。等额年金法又分为等额期初支付租金法和等额期末支付租金法。

①等额期初支付租金法。该方法规定租金应于每个租金支付期开始日支付。

根据复利计算原理，等额期初支付租金法的计算公式为：

$$R=P\cfrac{i}{1+i-\cfrac{1}{(1+i)^{n-1}}}$$

$$\text{或 }R=P\frac{i(1+i)^{n-1}}{(1+i)^n-1} \tag{10.9}$$

【例10-8】等额期初支付租金法的应用

某租赁设备的概算成本为100万元，分3年（6期）等额偿还租金，租金于每期期初支付，年利率为8%，则每期租金和租金总额分别是多少？

解析：每期利率$i=\frac{8\%}{2}=4\%$，租期数n=6，依据公式（10.9）可以求出每期租金和租金总额分别为：

$$R=1\,000\,000×\frac{4\%×(1+4\%)^{6-1}}{(1+4\%)^6-1}=183\,424.93\text{（元）}$$

R$_总$=6R=6×183 424.93=1 100 549.58（元）

②等额期末支付租金法。该方法与期初支付租金的计算方法基本相同，区别在于租金应于每个租金支付期期末支付。

根据复利计算原理，等额期末支付租金法的计算公式为：

$$R=P\cfrac{i}{1-\cfrac{1}{(1+i)^n}}$$

$$\text{或 }R=P\frac{i(1+i)^n}{(1+i)^n-1} \tag{10.10}$$

式中：$\dfrac{i}{1-\dfrac{1}{(1+i)^n}}$ 为年金现值系数的倒数，因此公式也可写为：

$$R=\dfrac{P}{(P_A/A,\ i,\ n)}$$

解析：每期利率 $i=\dfrac{8\%}{2}=4\%$，租期数 $n=6$，依据公式（10.10）可以求出每期租金和租金总额分别为：

$$R=1\,000\,000\times\dfrac{4\%\times(1+4\%)^6}{(1+4\%)^6-1}=190\,761.91（元）$$

或 $R=\dfrac{P}{(P_A/A,\ i,\ n)}=\dfrac{1\,000\,000}{(P_A/A,4\%,6)}=1\,000\,000\div5.2421367=190\,761.91（元）$

$R_{总}=6R=6\times190\,761.91=1\,144\,571.46（元）$

【例10-9】等额期末支付租金法的应用

如果【例10-8】中的租金改为每期期末支付，则每期租金和租金总额分别是多少？

从【例10-8】和【例10-9】中我们可以看出，在其他条件不变的情况下，与期末支付相比，采用期初支付每期租金可少付 7 336.98 元。对承租人来说，在租赁物尚未被正式使用之时就支付第一期租金，负担比较重，因此在实际操作中较少采用期初支付租金的方式。

（2）变额年金法

变额年金法是指运用年金法，从第二期开始，每期租金比前期增加或减少一个常数的租金计算方法。变额年金法又分为等差变额年金法和等比变额年金法。

①等差变额年金法。等差变额年金法是指运用年金法，并从第二期开始，使每期租金比前一期增加或减少一个常数 d 的计算方法。

根据货币时间价值理论，等差变额年金法的计算公式为：

$$R_1=\dfrac{1}{(P_A/A,\ i,\ n)}\left\{P\dfrac{d}{i}\left[n-(P_A/A,\ i,\ n)\right]\right\}-nd \qquad (10.11)$$

式中：d 为每期租金比前一期增加或减少的常数。

该公式是等差变额年金法第一期租金的计算公式。当 $d>0$ 时，则是等差递增变额年金法；当 $d<0$ 时，则是等差递减变额年金法；当 $d=0$ 时，则是等额年金法。等额年金法是等差变额年金法的特例。

根据第一期租金的计算结果，可求出其余各期租金和租金总额，即：

$$R_{总}=R_1+(R_1+d)+(R_1+2d)+\cdots+\left[R_1+(n-1)d\right]$$

$$R_{总}=\dfrac{n}{2}\left[2R_1+(n-1)d\right] \qquad (10.12)$$

【例10-10】等差变额年金法的应用

假定某租赁设备的概算成本为100万元，租期为4年（8期），每半年支付一次租金，年利率为8%，从第二期起每期租金比前一期多20 000元，则第一期租金和租金总额分别是多少?

解析:每期利率 $i=\dfrac{8\%}{2}=4\%$,租期数 n=8,根据公式(10.11)和公式(10.12),可以求出第一期租金和租金总额,即:

$$R_1=\frac{1}{(P_A/A,\ 4\%,\ 8)}\times\left\{1\,000\,000+\frac{20\,000}{4\%}\left[8-(P_A/A,4\%,8)\right]\right\}-8\times20\,000=82\,639.63\ (元)$$

$$R_总=\frac{8}{2}\left[2\times82\,639.63+(8-1)\times20\,000\right]=1\,221\,117.04\ (元)$$

②等比变额年金法。等比变额年金法是指运用年金法,并从第二期开始,使每期租金与前一期的比值是一个常数 q 的计算方法。

根据货币时间价值理论,等比变额年金法的计算公式为:

$$R_1=\frac{P(1+i-q)}{1-\left(\dfrac{q}{1+i}\right)^n}\quad(q\neq1+i)$$

$$或\ R_1=\frac{P(1+i-q)(1+i)^n}{(1+i)^n-q^n}\quad(q\neq1+i) \tag{10.13}$$

式中:q 为每期租金与前一期的比值。

该公式是等比变额年金法第一期租金的计算公式。当 q>1 时,则是等比递增变额年金法;当 q<1 时,则是等比递减变额年金法;当 q=1 时,则是等额年金法。等额年金法是等比变额年金法的特例。

根据第一期租金的计算结果,可求出其余各期租金和租金总额,即:

$$R_总=R_1+R_1q+R_1q^2+\cdots+R_1q^{n-1}$$

$$R_总=\frac{R_1(1-q^n)}{(1-q)} \tag{10.14}$$

【例 10-11】等比变额年金法的应用

承接【例 10-10】,假定从第二期起,每期租金比前一期递增10%,则第一期租金和租金总额分别是多少?

解析:根据公式(10.13)和公式(10.14),可得第一期租金和租金总额分别为:

$$R_1=1\,000\,000\times\frac{[1+4\%-(1+10\%)]}{1-[\dfrac{1+10\%}{1+4\%}]^8}=105\,954.65\ (元)$$

$$R_总=\frac{105\,954.65\times[1-(1+10\%)^8]}{1-(1+10\%)}=1\,211\,686.8\ (元)$$

3)成本回收法

成本回收法是指租赁双方在签订租赁合同时,商定各期按照一定的规律收回本金,再加上当期应收利息的总和为各期租金。对各期租金而言,没有统一的计算公式,各成本的回收额经双方商定,可以是等额的,也可以是等差或等比变额的,甚至可以是无规律的。

【例 10-12】成本回收法的应用

设某租赁设备的概算成本为100万元,租期为3年(6期),每半年等额还本一次，年利率为8%，则各期租金和租金总额分别是多少？

解析：每期利率 $i=\dfrac{8\%}{2}=4\%$，有关各期租金和租金总额的计算见表10-1。

表 10-1　　　　　　　　　　　　各期租金和租金总额　　　　　　　　　　　单位：元

期数	各期租金① （①=②+③）	利息② （②=④×4%）	收回的成本③ （③=1 000 000÷6）	未收回的成本④
1	206 666.67	40 000.00	166 666.67	1 000 000.00
2	200 000.00	33 333.33	166 666.67	833 333.33
3	193 333.34	26 666.67	166 666.67	666 666.67
4	186 666.67	20 000.00	166 666.67	500 000.00
5	180 000.00	13 333.33	166 666.67	333 333.33
6	173 333.34	6 666.67	166 666.67	166 666.67
合计	1 140 000.00	140 000.00	1 000 000.00	0

4）不规则租金法

不规则租金法是对有付租宽限期的租金的计算方法。承租人引进设备，从安装、调试到投产需要一定的时间，在这段时间内承租人没有偿还租金的资金来源，针对这种情况，租赁双方可以商定从起租日起确定一个时间期限（如3个月或半年等）并在该期限过后开始付租，这段时间期限称为付租宽限期。在付租宽限期内承租人可以不付租金，但要计算利息。付租宽限期内累计的利息应计入租赁设备的概算成本中，然后再计算租金。

【例10-13】不规则租金法的应用

设某租赁设备的概算成本为100万元，年利率为10%，租期为3年（5期），每期期末支付租金，第一期租金在使用后的第一年年末支付，第一期支付的租金金额为成本的1/5再加上当期利息，以后四期按等额支付，则每期租金与租金总额分别是多少？

解析：第一期租金为：

$R_1=\dfrac{1}{5}\times 1\,000\,000+1\,000\,000\times 10\%=300\,000$（元）

第二期到第五期的租金为：

$R_{2-5}=\dfrac{1\,000\,000-300\,000}{(P_A/A,5\%,4)}=\dfrac{700\,000}{3.54595}=197\,408.31$（元）

$R_{总}=300\,000+4\times 197\,408.31=1\,089\,633.24$（元）

【例10-14】承接【例10-13】，若将第一个半年的利息加入概算成本中，以后两年半分5次等额偿还利息，租金均在期末支付，则各期租金和租金总额分别是多少？

解析：租赁设备的概算成本、每期租金和租金总额分别为：

$P=1\,000\,000\times(1+5\%)=1\,050\,000$（元）

$$R = \frac{1\,050\,000}{(P_A/A,5\%,5)} = 1\,050\,000 \div 30.30636 = 34\,646.19 \text{（元）}$$

$$R_\text{总} = 5 \times 34\,646.19 = 173\,230.95 \text{（元）}$$

5）浮动利率法

在实际应用中，利率会随市场的变化而变化，这时租金计算方法就是浮动利率法。浮动利率一般采用伦敦银行间同业拆借利率（LIBOR），并加一定的利差作为租赁利率。一般以起租日的伦敦银行间同业拆借利率加利差作为计算第一期租金的利率；第一期租金偿还日的伦敦银行间同业拆借利率加利差则可作为计算第二期租金的利率，依次类推，便可计算第三期、第四期、…、第n期的利率。

【例 10-15】浮动利率法的应用

设某租赁设备的概算成本为 100 万元，租期为 3 年（6 期），每半年支付一次租金。第一期按年利率 7.625%（伦敦银行间同业拆借利率加利差）支付，由于租期内金融市场所发生的变化，第二期至第六期的利率分别为上期租金偿还日的伦敦银行间同业拆借利率加利差，即 8.125%、8.625%、9.125%、9.625%、10.125%，则各期租金和租金总额分别是多少？

解析：若每期租金按给定利率在所余支付期内按等额支付计算，鉴于利率是逐期变化的，租期数是逐期递减的，则：

第一期支付的租金为：

$$R_1 = 1\,000\,000 \times \frac{\dfrac{7.625\%}{2}}{1 - (1 + \dfrac{7.625\%}{2})^{-6}} = 189\,599.09 \text{（元）}$$

第一期租金中的利息为：

$$I_1 = 1\,000\,000 \times \frac{7.625\%}{2} = 38\,125 \text{（元）}$$

第一期租金中收回的成本为：

$$189\,599.09 - 38\,125 = 151\,474.09 \text{（元）}$$

支付第一期租金后，尚未收回的成本为：

$$P_2 = 1\,000\,000 - 151\,474.09 = 848\,525.91 \text{（元）}$$

第二期支付的租金为：

$$R_2 = 848\,525.91 \times \frac{\dfrac{8.125\%}{2}}{1 - (1 + \dfrac{8.125\%}{2})^{-5}} = 190\,936.70 \text{（元）}$$

第二期租金中的利息为：

$$I_2 = 848\,525.91 \times \frac{8.125\%}{2} = 34\,471.37 \text{（元）}$$

第二期租金中收回的成本为：

$$190\,936.70 - 34\,471.37 = 156\,465.33 \text{（元）}$$

支付第二期租金后，尚未收回的成本为：

$$P_3 = 848\,525.91 - 156\,465.33 = 692\,060.58 \text{（元）}$$

第三期支付的租金为：

$$R_3 = 692\ 060.58 \times \frac{\dfrac{8.125\%}{2}}{1 - (1 + \dfrac{8.125\%}{2})^{-4}} = 192\ 061.92\ (元)$$

第三期租金中的利息为：

$I_3 = 692\ 060.58 \times 8.125\% \div 2 = 29\ 845.11$（元）

第三期租金中收回的成本为：

$192\ 061.92 - 29\ 845.11 = 162\ 216.81$（元）

支付第三期租金后，尚未收回的成本为：

$P_4 = 692\ 060.58 - 162\ 216.81 = 529\ 843.77$（元）

依次类推，计算结果见表10-2。

表10-2　　　　　　　　　　　各期租金和租金总额　　　　　　　　　　单位：元

期数	各期租金	利息	收回的成本	未收回的成本
1	189 599.09	38 125.00	151 474.09	1 000 000.00
2	190 936.70	34 471.37	156 465.33	848 525.91
3	192 061.92	29 845.11	162 216.81	692 060.58
4	192 970.26	24 174.12	168 796.14	529 843.77
5	193 657.44	17 375.42	176 282.02	361 047.63
6	194 119.37	9 353.76	184 765.61	184 765.61
总计	1 153 344.78	153 344.78	1 000 000.00	0

10.2.3　租金计算中应注意的问题

1）租赁手续费的计算方式

租赁公司在开展融资租赁业务时，要收取一定的手续费。手续费是租赁公司的一项收入，因而也是承租人的一项经济支出。租赁手续费的计算方法不同，会对每期租金和租金总额产生影响。目前，常用的租赁手续费的计算方法有以下五种：

（1）按租赁物价款单独计算，并于租赁开始时一次性收取

租赁手续费=租赁物的成本×租赁手续费率

（2）按租金总额单独计算，并于租赁开始时一次性收取

租赁手续费=租金总额×租赁手续费率

（3）将租赁手续费率纳入利率，提高租赁利率水平，在租赁期内并入租金分次收取

在这种情况下，计算租金实际使用的利率会有所上升，因此租金总额会增加。

实际利率=原定利率+租赁手续费率

（4）将租赁手续费计入租赁物的概算成本中，在租赁期内逐步回收

这种计算方法增加了租赁物的概算成本，因此会在一定程度上增加承租人的经济负担。

租赁物的概算成本=原租赁物价款+租赁手续费

（5）将租赁手续费率换算成年费率，再纳入利率计算

$$实际利率=原定利率+\frac{租赁手续费率}{平均贷款期限}$$

2）租赁保证金的处理方式

为确保承租人及时足额地支付租金，防范承租人的信用风险，租赁公司往往会要求承租人在租赁开始时提供保证金。租赁保证金的处理方式有两种：一种是在计算租金时，将承租人已付的保证金从概算成本中扣除；另一种是保证金不冲减概算成本，只是在最后一期租金中予以抵免。事实上，第一种方式对承租人而言较为有利，因为用租赁保证金冲减概算成本后，计算出来的租金总额会有所减少，可减轻承租人的经济负担。然而，出租人往往希望采用第二种方式处理，因为这种方式相当于租赁公司从承租人手中取得了一部分资金（保证金）却不用付利息，并只需在最后一期租金中予以抵免，这对租赁公司十分有利。

3）租赁物残值的确定

残值，即租赁物的残余价值。租赁物的残值是指租赁期限届满后，按租赁物的市场售价估算的租赁物的残余价值，通常是根据租赁物的种类、性能以及市场情况等条件来计算确定的。计算租金时，残值应从租赁物的价值中扣除。因此，实际上，残值对租金的影响是很大的。

在国际上，租赁期限届满后，承租人要想获得租赁物的所有权，就必须按合同规定的残值（原值的10%~20%）支付残值费。在美国，出租人只能将租赁物原值的80%租给承租人，留有20%的残值。可见，残值在国外租赁业中是非常重要的经济概念。残值不仅为承租人减轻了经济负担，还为租赁公司提供了获利的重要来源。

4）租赁物概算成本的调整

概算成本是指出租人与承租人在签订租赁合同时，根据租赁物的价格再加上有关费用，如运输费、保险费等所估算出来的成本。概算成本是计算租金的重要依据。由于概算成本是估算的，因此当发生实际费用时，概算出的租金和保证金应根据实际支出做出相应调整。

本章小结

租金是租赁机构通过转让某种资产的使用权而分次取得的补偿和收益，即承租人因使用租赁物而支付给租赁机构的费用。

租金的确定应以耗费在租赁资产上的价值为基础。事实上，出租人耗费在租赁资产上的价值包括三个部分：一是租赁设备的购置成本；二是出租人为承租人购买设备

而垫付资金所应收到的利息；三是其他费用。

影响租金的因素主要包括利率、付租间隔期、付租方式、租赁期限、起租日与计息日、支付币种、租赁保证金、手续费。

租金支付方式有期初付租、期末付租、有付租宽限期的期末付租；均等支付和不均等支付。

附加率法是指在租赁资产的价款或概算成本的基础上再附加一个特定的比率来计算租金的方法。租赁公司会根据营业费用、利润等因素来确定这一特定比率。这种方法是一种传统的计算方法。

年金法是指以现值理论为基础计算租金的方法，即将某一租赁资产在未来各期的租金按一定利率换算成现值，使现值总和等于租赁资产成本的计算方法。年金法又分为等额年金法和变额年金法。

等额年金法是指运用年金法使各期租金均等的计算方法。等额年金法又分为等额期初支付租金法和等额期末支付租金法。

等额期初支付租金法的计算公式为：

$$R=P\dfrac{i}{1+i-\dfrac{1}{(1+i)^{n-1}}}$$

或 $R=P\dfrac{i(1+i)^{n-1}}{(1+i)^n-1}$

等额期末支付租金法的计算公式为：

$$R=P\dfrac{i}{1-\dfrac{1}{(1+i)^n}}$$

或 $R=P\dfrac{i(1+i)^n}{(1+i)^n-1}$

成本回收法是指租赁双方在签订租赁合同时，商定各期按照一定的规律收回本金，再加上当期应收的利息为各期租金。各期租金没有统一的计算公式，各成本的回收额经双方商定，可以是等额的，也可以是等差或等比变额的，甚至可以是无规律的。

不规则租金法是对有付租宽限期的租金的计算方法。承租人引进设备，从安装、调试到投产需要一定的时间，在这段时间内承租人没有偿还租金的资金来源，针对这种情况，租赁双方可以商定从起租日起确定一个时间期限（如3个月或半年等）并在该期限过后开始付租，这段时间期限称为付租宽限期。在付租宽限期内，承租人可以不付租金，但要计算利息。付租宽限期内累计的利息应计入租赁设备的概算成本中，然后再计算租金。

在实际应用中，利率是随市场的变化而变化的，这种租金计算方法就是浮动利率法。浮动利率一般采用伦敦银行间同业拆借利率（LIBOR），并加一定的利差作为租赁利率。

重点概念

　　租金　起租日　单利　复利　复利终值　复利现值　年金终值　年金现值　附加率法　等额年金法　变额年金法　等差变额年金法　等比变额年金法　成本回收法　不规则租金法　浮动利率法

复习思考题

一、单项选择题

1.每期支付的租金相同的是（　　　）。

A.均等支付　　　　　　　　　　　　B.季节性支付

C.逐期递增支付　　　　　　　　　　D.逐期递减支付

2.某人计划连续 4 年在每年年末支取存款 10 000 元，年利率为 5%，此人最初应一次存入资金为（　　　）。

A.486 895 元　　　　　　　　　　　B.354 595 元

C.56 757.3 元　　　　　　　　　　　D.28 696 元

二、多项选择题

1.租赁业务谈判的内容包括（　　　）。

A.技术谈判　　　　　　　　　　　　B.商务谈判

C.租赁谈判　　　　　　　　　　　　D.价格谈判

2.计算租金时，应注意的问题包括（　　　）。

A.租赁物概算成本　　　　　　　　　B.租赁手续费

C.租赁保证金　　　　　　　　　　　D.租赁物残值

三、判断题

1.单利是根据本金及以前未支付的利息之和来计算的利息。　　　　　（　　　）

2.复利终值是指一定量的货币按复利计算的若干期后的本利总和。　　（　　　）

3.附加率法是指在租赁资产的价款或概算成本上再加上一个特定的比率来计算租金的方法。　　　　　　　　　　　　　　　　　　　　　　　　　　（　　　）

四、简答题

1.简述租金的构成要素。

2.影响租金的因素有哪些？

3.常用的租金计算方法有哪些？

4.在租金计算中应注意哪些问题？

5.租金的支付方式有哪些？它们之间有什么区别？

五、计算题

1.某租赁公司将某设备出租给Y企业使用，租赁设备的概算成本为100万元，租期为3年，双方约定每隔半年付一次租金，年利率为10%，每次付租的附加率为4%。按附加率法计算各期租金和租金总额分别是多少？

2.某租赁设备的概算成本为100万美元，分2年（4期）支付租金，年利率为10%。每期采用等额本金法支付租金，求第二期的租金。（采用列表方法，详见表10-3）

表10-3　　　　　　　　　　租金计算列表　　　　　　　　　　单位：美元

租期数	本金余额	应付本金	应付利息	应付租金
0				
1				
2				

3.2019年2月1日，出租人支付租赁物的货款200万美元；2019年3月1日，出租人支付运输费和运输保险费共计15万美元；2019年4月1日开始起租，年利率为10%。求起租时出租人的租赁成本是多少？

4.某租赁设备的概算成本为1 000万美元，分3年（6期）支付租金，年利率为10%。按等额年金法支付租金，求每期租金分别是多少？

第11章
金融租赁公司管理

学习目标

通过本章的学习，你应该能够：

1. 了解金融租赁公司的设立、业务范围、经营规则、监督管理与组织机构；
2. 明晰金融租赁公司的资金来源管理；
3. 掌握金融租赁公司的资金运用管理；
4. 熟知金融租赁业务的风险管理。

引例　　　　　　　　金融租赁公司介绍

金融租赁公司是指经国家金融监督管理总局批准，以经营融资租赁业务为主的非银行金融机构。《金融租赁公司管理办法》规定，金融租赁公司名称中应当标明"金融租赁"字样。未经国家金融监督管理总局批准，任何单位不得在其名称中使用"金融租赁"字样。

金融租赁融资渠道更多，享有更低的融资成本，金融租赁公司可以吸收股东3个月以上的存款、发行金融债券、进入同业拆借市场借款、进行固定收益证券投资。同时，金融租赁公司可享有12.5倍杠杆，而普通融资租赁公司的杠杆不能超过10倍。

截至2022月6月末，全国银行业金融机构法人4 599家，其中全国金融租赁公司共计有71家，这些金融租赁公司的经营范围包括融资租赁业务、转让和受让融资租赁资产、固定收益类证券投资业务、向金融机构借款、境外借款、经济咨询等业务。

在成立的金融租赁公司中多为银行系，由国有银行、股份制银行、城商行、农商行控股或参股48家。目前，金融租赁公司的业务范围主要集中在城市公用事业、大型设备、航空航运、医疗健康、轨道交通、车辆运输、工程机械、绿色能源、教育文化和三农领域。

3家金融租赁公司专业子公司分别是：交银航空航运金融租赁有限责任公司、招银航空航运金融租赁有限公司、华融航运金融租赁有限公司。

资料来源：作者根据网络相关资料整理。

11.1　金融租赁公司概述

11.1.1　金融租赁公司的设立、变更、解散、破产

我国对金融租赁公司实行特殊的市场准入制度。按照《金融租赁公司管理办法》（中国银行业监督管理委员会令2014年第3号）和《商务部、国家税务总局关于从事融资租赁业务有关问题的通知》（商建发〔2004〕560号）的规定，金融租赁公司是由国家金融监督管理总局批准设立，以经营融资租赁业务为主的非银行金融机构；外商投资融资租赁公司由商务部批准设立，由于这类公司并无金融许可证，因此未被列入金融机构；另外，商务部已经着手有关设立内资融资租赁公司的试点工作。金融租赁公司的设立条件和经营范围已被严格限定。

1）金融租赁公司的设立

（1）申请设立金融租赁公司的条件

①有符合《中华人民共和国公司法》和国家金融监督管理总局规定的公司章程；

②有符合规定条件的发起人；

③注册资本为一次性实缴货币资本，最低限额为1亿元人民币或等值的可自由兑换货币；

④有符合任职资格条件的董事、高级管理人员，并且从业人员中具有金融或融资租赁工作经历3年以上的人员应当不低于总人数的50%；

⑤建立了有效的公司治理、内部控制和风险管理体系；

⑥建立了与业务经营和监管要求相适应的信息科技架构，具有支撑业务经营的必要、安全且合规的信息系统，具备保障业务持续运营的技术与措施；

⑦有与业务经营相适应的营业场所、安全防范措施和其他设施；

⑧国家金融监督管理总局规定的其他审慎性条件。

（2）金融租赁公司的发起人

金融租赁公司的发起人包括在中国境内外注册的具有独立法人资格的商业银行，在中国境内注册的、主营业务为制造适合融资租赁交易产品的大型企业，在中国境外注册的融资租赁公司以及国家金融监督管理总局认可的其他发起人。金融租赁公司至少应当有1名符合规定的发起人，且其出资比例不低于拟设金融租赁公司全部股本的30%。金融租赁公司发起人应当在金融租赁公司章程中约定，在金融租赁公司出现支付困难时，给予流动性支持；当经营损失侵蚀资本时，及时补足资本金。

➤在中国境内外注册的具有独立法人资格的商业银行作为金融租赁公司的发起人，应当具备以下条件：

①满足所在国家或地区监管当局的审慎监管要求；

②具有良好的公司治理结构、内部控制机制和健全的风险管理体系；

③最近1年年末总资产不低于800亿元人民币或等值的可自由兑换货币；

④财务状况良好，最近2个会计年度连续盈利；

⑤为拟设金融租赁公司确定了明确的发展战略和清晰的盈利模式；

⑥遵守注册地法律、法规，最近 2 年内未发生重大案件或重大违法违规行为；

⑦境外商业银行作为发起人的，其所在国家或地区金融监管当局已经与国家金融监督管理总局建立良好的监督管理合作机制；

⑧入股资金为自有资金，不得以委托资金、债务资金等非自有资金入股；

⑨承诺 5 年内不转让所持有的金融租赁公司股权、不将所持有的金融租赁公司股权进行质押或设立信托，并在拟设公司章程中载明；

⑩国家金融监督管理总局规定的其他审慎性条件。

➤在中国境内注册的、主营业务为制造适合融资租赁交易产品的大型企业作为金融租赁公司的发起人，应当具备以下条件：

①有良好的公司治理结构或有效的组织管理方式；

②最近 1 年的营业收入不低于 50 亿元人民币或等值的可自由兑换货币；

③财务状况良好，最近 2 个会计年度连续盈利；

④最近 1 年年末净资产不低于总资产的 30%；

⑤最近 1 年主营业务销售收入占全部营业收入的 80% 以上；

⑥为拟设金融租赁公司确定了明确的发展战略和清晰的盈利模式；

⑦有良好的社会声誉、诚信记录和纳税记录；

⑧遵守国家法律、法规，最近 2 年内未发生重大案件或重大违法违规行为；

⑨入股资金为自有资金，不得以委托资金、债务资金等非自有资金入股；

⑩承诺 5 年内不转让所持有的金融租赁公司股权、不将所持有的金融租赁公司股权进行质押或设立信托，并在拟设公司章程中载明；

⑪国家金融监督管理总局规定的其他审慎性条件。

➤在中国境外注册的具有独立法人资格的融资租赁公司作为金融租赁公司的发起人，应当具备以下条件：

①具有良好的公司治理结构、内部控制机制和健全的风险管理体系；

②最近 1 年年末总资产不低于 100 亿元人民币或等值的可自由兑换货币；

③财务状况良好，最近 2 个会计年度连续盈利；

④遵守注册地法律、法规，最近 2 年内未发生重大案件或重大违法违规行为；

⑤所在国家或地区经济状况良好；

⑥入股资金为自有资金，不得以委托资金、债务资金等非自有资金入股；

⑦承诺 5 年内不转让所持有的金融租赁公司股权、不将所持有的金融租赁公司股权进行质押或设立信托，并在拟设公司章程中载明；

⑧国家金融监督管理总局规定的其他审慎性条件。

➤其他境内法人机构作为金融租赁公司的发起人，应当具备以下条件：

①有良好的公司治理结构或有效的组织管理方式；

②有良好的社会声誉、诚信记录和纳税记录；

③经营管理良好，最近 2 年内未发生重大案件或重大违法违规行为；

④财务状况良好，最近 2 个会计年度连续盈利；

⑤入股资金为自有资金，不得以委托资金、债务资金等非自有资金入股；

⑥承诺5年内不转让所持有的金融租赁公司股权，不将所持有的金融租赁公司股权进行质押或设立信托，并在拟设公司章程中载明；

⑦国家金融监督管理总局规定的其他审慎性条件。

其他境内法人机构为非金融机构的，最近1年年末净资产不得低于总资产的30%；其他境内法人机构为金融机构的，应当符合与该类金融机构有关的法律、法规、相关监管规定要求。

➤其他境外金融机构作为金融租赁公司的发起人，应当具备以下条件：

①满足所在国家或地区监管当局的审慎监管要求；

②具有良好的公司治理结构、内部控制机制和健全的风险管理体系；

③最近1年年末总资产原则上不低于10亿美元或等值的可自由兑换货币；

④财务状况良好，最近2个会计年度连续盈利；

⑤入股资金为自有资金，不得以委托资金、债务资金等非自有资金入股；

⑥承诺5年内不转让所持有的金融租赁公司股权、不将所持有的金融租赁公司股权进行质押或设立信托，并在拟设公司章程中载明；

⑦所在国家或地区金融监管当局已经与国家金融监督管理总局建立良好的监督管理合作机制；

⑧具有有效的反洗钱措施；

⑨所在国家或地区经济状况良好；

⑩国家金融监督管理总局规定的其他审慎性条件。

➤有以下情形之一的企业不得作为金融租赁公司的发起人：

①公司治理结构与机制存在明显缺陷；

②关联企业众多、股权关系复杂且不透明、关联交易频繁且异常；

③核心主业不突出且其经营范围涉及行业过多；

④现金流量波动受经济景气影响较大；

⑤资产负债率、财务杠杆率高于行业平均水平；

⑥其他对金融租赁公司产生重大不利影响的情况。

2）金融租赁公司的变更

金融租赁公司有下列变更事项之一的，须报经国家金融监督管理总局或其派出机构批准：

①变更公司名称；

②变更组织形式；

③调整业务范围；

④变更注册资本；

⑤变更股权或调整股权结构；

⑥修改公司章程；

⑦变更公司住所或营业场所；

⑧变更董事和高级管理人员；

⑨合并或分立；

⑩国家金融监督管理总局规定的其他变更事项。

3）金融租赁公司的解散

金融租赁公司有以下情况之一的，经国家金融监督管理总局批准后可以解散：

①公司章程规定的营业期限届满或者公司章程规定的其他解散事由出现；

②股东决定或股东（大）会决议解散；

③因公司合并或者分立需要解散；

④依法被吊销营业执照、责令关闭或者被撤销；

⑤其他法定事由。

4）金融租赁公司的破产

金融租赁公司有以下情形之一的，经国家金融监督管理总局批准后可以向法院申请破产：

①不能支付到期债务，自愿或债权人要求申请破产的；

②因解散或被撤销而清算，清算组发现财产不足以清偿债务，应当申请破产的。

金融租赁公司不能清偿到期债务，并且资产不足以清偿全部债务或者明显缺乏清偿能力的，国家金融监督管理总局可以向人民法院提出对该金融租赁公司进行重整或者破产清算的申请。

金融租赁公司因解散、依法被撤销或被宣告破产而终止的，其清算事宜，按照国家有关法律法规办理。

金融租赁公司的设立、变更、终止以及董事、高管人员任职资格核准的行政许可程序，按照国家金融监督管理总局相关规定执行。

11.1.2　金融租赁公司的业务范围

1）经国家金融监督管理总局批准，金融租赁公司可以经营下列部分或全部本外币业务

①融资租赁业务。

②转让和受让融资租赁资产。

③固定收益类证券投资业务。

④接受承租人的租赁保证金。

⑤吸收非银行股东3个月（含）以上定期存款。

⑥同业拆借。

⑦向金融机构借款。

⑧境外借款。

⑨租赁物变卖及处理业务。

⑩经济咨询。

2）经国家金融监督管理总局批准，经营状况良好、符合条件的金融租赁公司可以开办下列部分或全部本外币业务

①发行债券。

②在境内保税地区设立项目公司开展融资租赁业务。

③资产证券化。

④为控股子公司、项目公司对外融资提供担保。

⑤国家金融监督管理总局批准的其他业务。

金融租赁公司开办上述业务的具体条件和程序，按照有关规定执行。

金融租赁公司在业务经营中涉及外汇管理事项的，须遵守国家外汇管理有关规定。

3）外商投资融资租赁公司的业务范围

①融资租赁业务。外商投资融资租赁公司可以采取直接租赁、转租赁、售后回租、杠杆租赁、委托租赁、联合租赁等不同形式开展融资租赁业务。

②经营租赁业务。

③向国内外购买租赁资产，包括：

A.生产设备、通信设备、医疗设备、科研设备、检验检测设备、工程机械设备、办公设备等各类动产及其附带的软件、技术等无形资产，且附带的无形资产的价值不得超过此类动产价值的1/2；

B.飞机、汽车、船舶等各类交通工具及其附带的软件、技术等无形资产，且附带的无形资产价值不得超过此类交通工具价值的1/2。

④租赁资产的残值处理及维修。

⑤租赁交易咨询和担保。

⑥审批部门批准的其他业务。

4）内资融资租赁公司（试点）的业务范围

内资融资租赁公司（试点）应严格遵守国家有关的法律、法规，除规定允许的租赁业务外，不得从事下列业务：

①吸收存款或变相存款。

②向承租人提供租赁项下的流动资金贷款和其他贷款。

③有价证券投资、金融机构股权投资。

④同业拆借业务。

⑤未经国家金融监督管理总局批准的其他金融业务。

11.1.3　金融租赁公司的经营规则

（1）金融租赁公司应当建立以股东或股东（大）会、董事会、监事（会）、高级管理层等为主体的组织架构，明确职责划分，保证相互之间独立运行、有效制衡，形成科学高效的决策、激励和约束机制。

（2）金融租赁公司应当按照全面、审慎、有效、独立的原则，建立健全内部控制制度，防范、控制和化解风险，保障公司安全稳健运行。

（3）金融租赁公司应当根据其组织架构、业务规模和复杂程度建立全面的风险管理体系，对信用风险、流动性风险、市场风险、操作风险等各类风险进行有效的识别、计量、监测和控制，同时应当及时识别和管理与融资租赁业务相关的特定风险。

（4）金融租赁公司应当合法取得租赁物的所有权。

（5）租赁物属于国家法律、法规规定的其所有权转移必须到登记部门登记的财产类别的，金融租赁公司应当进行相关登记；租赁物不属于需要登记的财产类别的，金融租赁公司应当采取有效措施保障对租赁物的合法权益。

（6）售后回租业务的租赁物必须由承租人真实拥有，并有权处分。金融租赁公司不得接受已设置任何抵押、权属存在争议或已被司法机关查封、扣押的财产或所有权存在瑕疵的财产作为售后回租业务的租赁物。

（7）金融租赁公司应当在签订融资租赁合同或明确融资租赁业务意向的前提下，按照承租人的要求购置租赁物。在特殊情况下需要提前购置租赁物的，应当与自身现有业务领域或业务规划保持一致，且与自身风险管理能力和专业化经营水平相符。

（8）金融租赁公司应当建立健全租赁物价值评估和定价体系，根据租赁物的价值、其他成本和合理利润等来确定租金水平。

（9）在售后回租业务中，金融租赁公司对租赁物的买入价格应当以合理的、不违反会计准则的定价依据作为参考，不得低值高买。

（10）金融租赁公司应当重视租赁物的风险缓释作用，密切监测租赁物价值对融资租赁债权的风险覆盖水平，制定有效的风险应对措施。

（11）金融租赁公司应当加强租赁物未担保余值的估值管理，定期评估未担保余值，并开展减值测试。当租赁物未担保余值出现减值迹象时，应当按照会计准则要求计提减值准备。

（12）金融租赁公司应当加强未担保余值风险的限额管理，根据业务规模、业务性质、复杂程度和市场状况，对未担保余值比例较高的融资租赁资产设定风险限额。

（13）金融租赁公司应当加强对租赁期限届满返还或因承租人违约而取回的租赁物的风险管理，建立完善的租赁物处置制度和程序，降低租赁物的持有期风险。

（14）金融租赁公司应当严格按照会计准则等相关规定，真实反映融资租赁资产转让和受让业务的实质和风险状况。

（15）金融租赁公司应当建立健全风险管理体系，有效防范和分散经营风险。

（16）金融租赁公司应当建立严格的关联交易管理制度，其关联交易应当按照商业原则，以不优于非关联方同类交易的条件进行。

（17）金融租赁公司与其设立的控股子公司、项目公司之间的交易，不适用《金融租赁公司管理办法》对关联交易的监管要求。

（18）金融租赁公司的重大关联交易应当经董事会批准。

重大关联交易是指金融租赁公司与一个关联方之间单笔交易金额占金融租赁公司资本净额5%以上的交易，或金融租赁公司与一个关联方发生交易后，金融租赁公司与该关联方的交易余额占金融租赁公司资本净额10%以上的交易。

（19）金融租赁公司所开展的固定收益类证券投资业务，不得超过资本净额的20%。

（20）金融租赁公司开办资产证券化业务，可以参照信贷资产证券化的相关规定。

11.1.4　金融租赁公司的监督管理

（1）金融租赁公司应当遵守以下监管指标的规定：

①资本充足率。金融租赁公司资本净额与风险加权资产的比例不得低于国家金融监督管理总局的最低监管要求。

②单一客户融资集中度。金融租赁公司对单一承租人的全部融资租赁业务余额不得超过资本净额的30%。

③单一集团客户融资集中度。金融租赁公司对单一集团的全部融资租赁业务余额不得超过资本净额的50%。

④单一客户关联度。金融租赁公司对一个关联方的全部融资租赁业务余额不得超过资本净额的30%。

⑤全部关联度。金融租赁公司对全部关联方的全部融资租赁业务余额不得超过资本净额的50%。

⑥单一股东关联度。对单一股东及其全部关联方的融资余额不得超过该股东在金融租赁公司的出资额，且应同时满足《金融租赁公司管理办法》对单一客户关联度的规定。

⑦同业拆借比例。金融租赁公司同业拆入资金余额不得超过资本净额的100%。

经国家金融监督管理总局批准，特定行业的单一客户融资集中度和单一集团客户融资集中度要求可以适当调整。

国家金融监督管理总局根据监管需要可以对上述指标做出适当调整。

（2）金融租赁公司应当按照国家金融监督管理总局的相关规定构建资本管理体系，合理评估资本充足状况，建立审慎、规范的资本补充、约束机制。

（3）金融租赁公司应当按照监管规定建立资产质量分类制度。

（4）金融租赁公司应当按照相关规定建立准备金制度，在准确分类的基础上及时足额计提资产减值损失准备，增强风险抵御能力。未提足准备金的，不得进行利润分配。

（5）金融租赁公司应当建立健全内部审计制度，审查评价并改善经营活动、风险状况、内部控制和公司治理效果，促进合法经营和稳健发展。

（6）金融租赁公司应当执行国家统一的会计准则和制度，真实记录并全面反映财务状况和经营成果等信息。

（7）金融租赁公司应当按规定报送会计报表和国家金融监督管理总局及其派出机构要求的其他报表，并对所报报表资料的真实性、准确性和完整性负责。

（8）金融租赁公司应当建立定期外部审计制度，并在每个会计年度结束后的4个月内，将经法定代表人签名确认的年度审计报告报送国家金融监督管理总局或其派出机构。

（9）金融租赁公司违反《金融租赁公司管理办法》有关规定的，国家金融监督管理总局及其派出机构应当依法责令限期整改；逾期未整改的，或者其行为严重危及该金融租赁公司的稳健运行、损害客户合法权益的，可以区别情形，依照《中华人民共和国银行业监督管理法》等有关法律法规，采取暂停业务、限制股东权利等监管措施。

（10）金融租赁公司已经或者可能发生信用危机，严重影响客户合法权益的，国家金融监督管理总局依法对其实行托管或者督促其重组，问题严重的，有权予以撤销。

（11）凡违反《金融租赁公司管理办法》有关规定的，国家金融监督管理总局及其派出机构依照《中华人民共和国银行业监督管理法》等有关法律法规进行处罚。金融租赁公司对处罚决定不服的，可以依法申请行政复议或者向人民法院提起行政诉讼。

11.1.5　金融租赁公司的组织机构

金融租赁公司的内部组织机构设置是指为使金融租赁公司全体员工通力合作并形成相互制约的内部控制机制，根据金融租赁业务的特点和科学经营管理的要求，通过设置不同的职能部门而形成一个有机整体，以实现企业的最大效益。金融租赁公司应当建立以股东（大）会、董事会、监事（会）、高级管理层等为主体的组织架构，明确各自的职责划分，保证相互之间独立运行、有效制衡，形成科学、高效的决策、激励和约束机制。

实际上，各金融租赁公司在设置内部组织机构方面都不完全一样，这是因为其在公司形式（包括外商独资、外商合资公司和股份有限公司等）、业务分布和业务量大小、公司专业化程度及服务对象等方面存在差异，所以不能机械地设置内部组织机构。图 11-1 是例举的金融租赁公司的内部组织机构图。

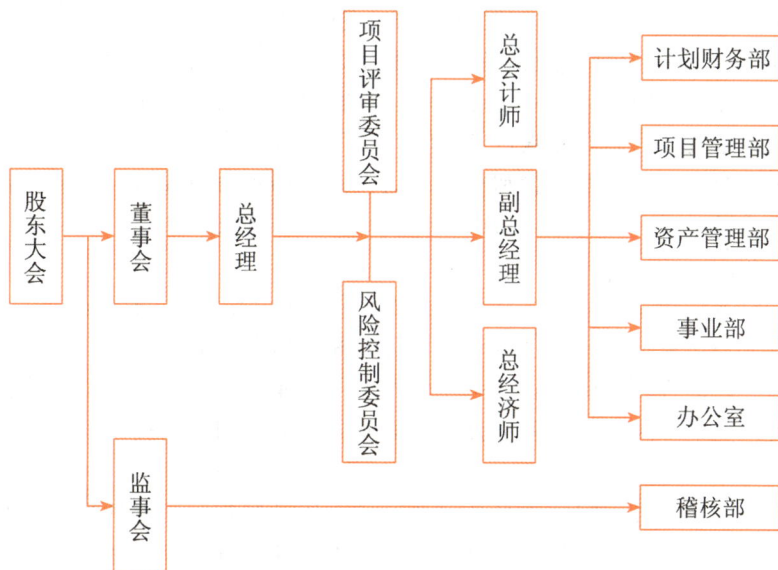

图11-1　金融租赁公司的内部组织机构图

11.2 金融租赁公司的资金管理

金融租赁公司的主要业务自始至终由资金主导，从资金的筹措到资金的运用，直至租金的回收。资金是金融租赁公司生存和发展的决定性因素和必要条件，其筹措资金的能力和管理资金的水平，直接关系到金融租赁公司的发展命运。因此，要想将金融租赁公司做大做强，就必须拓宽资金的来源渠道，创新融资方式，提高资金的运用水平，加强资金管理，强化租金回收。

根据《金融租赁公司管理办法》的有关规定，金融租赁公司用于租赁项目的人民币和外汇资金的主要来源渠道有注册资本金、从商业银行借款、设立租赁基金、同业拆借、发行金融债券、发行股票等。另外，金融租赁公司还可以通过票据贴现、租赁资产证券化来筹集资金。

11.2.1 注册资本金

目前，根据有关规定，外商投资融资租赁公司与其他金融租赁公司的注册资本金要求不同。前者的注册资本金不得低于 1 000 万美元，后者的最低注册资本金为 1 亿元人民币或等值的可自由兑换货币。事实上，注册资本金是金融租赁公司最初的资金来源，是企业实力的象征，它直接关系到金融租赁公司从其他渠道的筹资活动。金融租赁公司包括担保余额在内的风险资产最多可以高达资本总额的 10 倍。国内租赁使用人民币资金，而国际租赁则使用外汇资金。

在 2000 年 6 月份以前成立的金融租赁公司，其注册资本金普遍较低，一般不超过 500 万美元（或等值的可自由兑换货币），从而影响了金融租赁公司进一步的筹资活动，导致其经营面临困境。

11.2.2 从商业银行借款

从商业银行借款是我国传统的融资方式，也是金融租赁公司主要的筹资渠道。目前，我国金融业实行的是分业经营，金融租赁公司只可以吸收股东 1 年期（含 1 年期）以上定期存款，而不能像商业银行那样吸收存款，因此只能通过从商业银行借款来筹资。金融租赁公司向商业银行借款时，参照一般企业对待，因此金融租赁公司的租赁利率比商业银行的同期贷款利率高，从而使得有实力的承租人在选择借款和融资租赁时，通常倾向于选择借款。然而，金融租赁为高科技的中小企业及民营企业的发展提供了广阔的舞台。

外商投资融资租赁公司主要从事的是外汇租赁业务，其一般向作为商业银行的外国合资方或母公司直接贷款，也有外国合资方提供担保从境外其他商业银行借入外汇资金的情况。外商投资融资租赁公司除了外汇租赁业务外还有人民币租赁业务，且有银行作为股东的外商投资融资租赁公司从商业银行借款相对比较容易。

11.2.3 设立租赁基金

租赁基金是指以投资租赁交易为目的而设立的投资基金，它具有筹资规模大、资金成本低、来源比较稳定的优点。另外，由于租赁基金有租赁设备担保，因此租赁基金的风险通常较小。虽然这种筹资方式大大拓展了租赁资金的筹资范围和规模，但是我国的金融租赁公司还未广泛采用这种筹资方式。

11.2.4   同业拆借

同业拆借是指金融企业在资金运作过程中，由于存在时间差、地区差等影响因素，会出现暂时的闲置资金，本着"自主自愿、平等互利、恪守信用、短期融通"的原则，将闲置资金拆放给金融同业。这样做，不仅可以提高信贷资金的使用效率，还可以解决临时资金头寸不足或资金周转困难的问题。同业拆借的资金是金融租赁公司流动资金的重要来源之一，但同业拆借的资金余额不得超过金融租赁公司资本净额的100%。

通过同业拆借方式所取得的资金期限较短，是不超过7天的头寸拆借。金融租赁公司主要依赖短期资金来支持融资租赁项目的长期资金占用，但这会导致金融租赁公司在资金管理调度工作上的复杂性，加大了金融租赁公司的债务风险性，这也是普遍存在的经营难点问题。根据有关规定，外商投资融资租赁公司不得从事同业拆借业务。

11.2.5   发行金融债券

金融债券是指经过人民银行批准，金融企业作为债务人为筹集中长期资金，而向境内或境外投资人依照法定程序发出的一种借款凭证，并约定在一定期限内还本付息。其内容包括发行数额、债券期限、票面金额、债券利率、利息支付方式、发行价格、发行方式等。这种方式是发达国家的金融租赁公司进行筹资的重要渠道。而在我国，对发行金融债券的审批比较严格。到目前为止，已有华融航运金融租赁股份有限公司和交银金融租赁有限责任公司等获得批准。

同步案例 11-1   2023 年 ×× 金融租赁有限责任公司金融债券（第四期）发行公告摘要

本期债券概况：

1. 名称：2023 年 ×× 金融租赁有限责任公司金融债券（第四期）。

2. 发行人：×× 金融租赁有限责任公司。

3. 发行规模：本期债券的发行规模不超过人民币 20 亿元。

4. 债券形式：实名制记账式。

5. 债券品种和期限：3 年期固定利率。

6. 计息期限：本期债券的存续期为 3 年，计息期限为 2023 年 7 月 27 日至 2026 年 7 月 26 日。

7. 计息方式：本期债券采用单利按年计息，不计复利。本期债券的年度付息款项自付息日起不另计息，本金自兑付日起不另计息。

8. 债券面值：人民币 100 元（人民币壹佰元整）。

9. 发行价格：按债券面值平价发行。

10. 票面利率：本期债券票面利率为计息年利率，票面利率将根据簿记建档结果，由发行人与簿记管理人按照国家有关规定，协商一致后确定，确定后的票面利率为发行利率，在本期债券存续期内固定不变。

11.发行方式：本期债券由××金融租赁有限责任公司组织承销，通过簿记建档集中配售的方式在全国银行间债券市场公开发行。

12.最小认购金额：本期债券最小认购金额为人民币500万元，且必须是人民币100万元的整数倍。

13.发行首日：2023年7月26日。

14.发行期限：本期债券的发行期限为2个工作日，即2023年7月26日至2023年7月27日。

15.缴款日：2023年7月27日。

16.上市交易：本期债券发行结束后，经中国人民银行批准，将按照规定在全国银行间债券市场上市交易。

17.还本付息方式：本期债券每年付息一次，于兑付日一次性兑付本金。

18.起息日：2023年7月27日。

19.付息日：本期债券存续期限内，每年的7月27日（如遇法定节假日或休息日，则顺延至下一个工作日，顺延期间应付利息不另计息）。

20.兑付日：本期债券的兑付日为2026年7月27日（如遇法定节假日或休息日，则顺延至下一个工作日，顺延期间本金不另计息）。

21.付息、兑付方法：本期债券存续期限内，每次付息日前2个工作日，最后一次付息即兑付日前5个工作日，由发行人按有关规定在主管部门指定的信息媒体上刊登"付息公告"或"兑付公告"。本期债券的付息和兑付，按照中央国债登记结算有限责任公司的规定，由中央国债登记结算有限责任公司代理完成本息支付工作。

22.债券担保：本期债券无担保。

23.信用级别：经中诚信国际信用评级有限责任公司综合评定，本期债券信用等级为AAA。

24.发行范围及对象：全国银行间债券市场的机构投资者（国家法律、法规禁止的购买者除外）。

25.托管人：中央国债登记结算有限责任公司。

26.募集资金用途：本期债券募集资金的用途符合国家法律、法规及政策的要求，将主要用于填补公司中长期负债缺口。××租赁作为整个金融集团业务板块的重要组成部分，自身定位是为其核心客户提供中长期的融资产品和服务，支持客户发展长期项目投资，支持国家各项基础设施建设。公司会将本期的募集资金用于期限匹配的低风险、优质的租赁项目，大幅度优化资产负债结构，解决公司资产、负债期限错配的问题，降低公司的流动性风险，提升公司实力和市场影响力。

27.税务提示：根据国家有关税收法律、法规的规定，投资者投资本期债券所应缴纳的税款由投资者承担。

资料来源：作者根据网上相关资料整理。

11.2.6　发行股票

股票是一种有价证券，是股份有限公司发行的、用以证明投资者的股东身份和权益，并据以获得股息和红利的凭证。在发达国家，发行股票是金融租赁公司重要的融资方式，它可以增加公司的资本金及资本公积金。在我国，公司发行股票融资，需要具备一定的条件，具体包括：

①经国家有关部门批准设立或改组成股份有限责任公司；

②发起人认购的股份不少于拟公开发行的股本总额的35%，且不低于3 000万元人民币；

③向社会公众发行的部分不少于公司拟发行的股本总额的20%；

④发起人在近几年内无违法行为等。

随着融资租赁业的进一步发展，这种筹资方式必将成为金融租赁公司资金的一项重要来源。

11.2.7　票据贴现

金融租赁公司可将银行承兑汇票向银行贴现筹措资金，但票据贴现的期限不得超过6个月，其主要目的是解决金融租赁公司对短期资金的需求。

11.2.8　租赁资产证券化

租赁资产证券化是指金融租赁公司集合一系列用途、性能、租期相同或相近，并可以产生大规模稳定的现金流的租赁资产（租赁债权），通过结构性重组，将其转换成可以在金融市场上出售和流通的证券的过程。这一过程的资金流动方向是：首先，租赁资产的拥有者金融租赁公司将所持有的各种流动性较差的同类或类似的租赁资产卖给能将租赁资产证券化的机构（SPV），并从SPV那里取得销售租赁资产的资金；然后，SPV以这些租赁资产为抵押，发行租赁债券，二级市场的中介机构将租赁债券销售给投资者，并从最终投资者那里取得销售租赁债券的资金。这种租赁债券可以通过证券发行市场公开发行或通过私募形式推销给投资者。一般而言，证券的购买者是个人投资者、保险公司和基金公司等。租赁资产证券化是一种新型的，同时被实践证明可以有效增强金融租赁公司资产流动性的手段。

11.3　金融租赁风险管理

11.3.1　金融租赁风险的概念及种类

金融租赁风险是指以一定的概率发生或其规模具有一定的概率分布且会影响融资租赁合同顺利执行的事件所带来的风险。金融租赁风险可根据不同的划分标准进行不同的分类。

根据生成金融租赁风险环境的不同，金融租赁风险可分为静态风险和动态风险。静态风险又称纯粹风险，是指只有损失的可能，而没有获利机会的风险。这种风险在任何政治、经济条件下都无法避免。动态风险是指既具有带来损失的可能性，也具有带来获利机会的可能性的风险。

根据金融租赁业务的性质，金融租赁风险可分为经营风险、自然灾害风险、政治风险、汇率风险、利率风险、税务风险、技术落后风险和法律风险。识别不同类型的风险是我们进行金融租赁风险管理的第一步。

1）经营风险

经营风险是指企业由于经营管理活动的缺陷或人为失误而造成经济效益无法达到预期目的所带来的影响。

对出租人来说，经营风险一方面表现在内部，如企业的规划和计划未做到科学、合理，对租赁项目的可行性未进行科学的评估，业务决策失误，未按购货合同和租赁合同履约，企业的组织管理、财务管理、资金调度、合同管理不善，资产负债管理监控指标不符合要求等；另一方面表现在外部，如承租人未能偿还租金等，降低了出租人的利润指标甚至导致其发生亏损。个别金融租赁公司名为租赁，实为股东圈钱，并引发了财务危机。

对承租人来说，经营风险既可能发生在企业内部，也可能发生在企业外部。经营风险在企业内部表现为内部控制制度不健全，缺乏执行力或缺乏有效的经营手段；经营风险在企业外部表现为原材料、辅助材料、交通运输等价格的上涨或供应不足，产品价格的下降或服务需求不旺，以及供货人或出租人发生违约等。以上这些经营风险将对承租人的经济效益产生不利影响。

2）自然灾害风险

自然灾害风险是指火灾、雷击、暴风、龙卷风、暴雨、洪水、海啸、地震、雪暴、雪崩、雹灾、泥石流等灾害对企业生产经营所造成的不利影响，它属于纯粹风险。这些自然灾害一旦发生，会妨碍租赁物的运输、安装、使用，还会影响承租人的生产经营，从而影响融资租赁合同的履行。

3）政治风险

政治风险是指出租人、承租人从事正常经营活动所处的政治环境以及政府采取的法律、法规、制度、政策等发生改变，给其造成经济损失的可能性。政治风险有以下三种类型：

①转移风险，即政府在资本市场、产品市场、技术市场以及利润和人员转移方面采取的限制措施而带来的风险。

②所有权风险，包括资本的国有化、对外资股权比例的限制、取消特许专卖权等。

③企业运转风险，即政府对企业的生产经营等方面进行干预而带来的风险。

此外，工潮、动乱、政变、民族冲突、战争、政策变更等同样会导致政治风险。

4）汇率风险

汇率风险是指在国际金融和国际贸易中，各国货币之间的汇率发生变化导致交易人发生经济损失的可能性。在金融租赁业务中，汇率风险主要发生在跨国或需要进口租赁物的融资租赁中。汇率风险包括商业性风险和融资性风险。

商业性风险是指在进出口贸易中进出口商所承担的汇率风险。金融租赁业务从进口租赁物合同、租赁合同的签订到支付货款一般需要3个月或更长的时间。在此期间，尽管进口租赁物合同的货价不变，但结算币种的汇率却发生了变化。例如，国内 A 公司与国外 B 公司签订进口租赁物合同，货价为 1 000 万美元，美元对人民币的汇率为 1∶6.64，即需要人民币 6 640 万元。然而，到支付贷款时，人民币贬值，美元对人民币汇率变为 1∶6.66，这时需要人民币 6 660 万元，进口商（一般为出租人）多支付了 20 万元人民币。鉴于融资租赁合同是以美元计价，因此商业性风险会增加承租人的债务负担。

融资性风险是指跨国筹措外汇资金直到偿还的过程中，因汇率发生的变动，债权人、债务人双方所需承担的汇率风险。为开展金融租赁业务，跨国筹措外汇资金的债务人为境内金融租赁公司（即出租人），债权人为境外贷款银行。一般而言，出租人会将融资性风险转嫁给承租人。

5）利率风险

利率风险是指利率的升降变动给借贷双方造成的损失。当今国际金融市场普遍采用浮动利率，贷款利率会随金融市场资金供求关系的变化而发生变动。金融租赁公司从国际金融市场取得的贷款大多是小额、短期的。金融租赁业务中，影响租金的主要因素除租赁物的货价外，就是利率。例如，金融租赁公司从境外借款和租赁时均采用浮动利率。对承租人来说，如果利率处于上升趋势，则承租人支付的租金就会有所增加。如果承租人为了便于控制项目总投资和财务预算，而向出租人提出采用固定利率，那么出租人将承担利率上升的风险。

6）税务风险

税务风险是指纳税条款或税率等发生变动而产生的不利影响。在金融租赁业务中，如果在租赁期间，提高金融租赁公司的税金及附加或所得税，就会降低金融租赁公司的收益。另外，进口租赁物的关税或承租人税务水平的提高，也会对承租人的经济效益带来不利影响，甚至导致其难以偿还租金。

7）技术落后风险

技术落后风险是指随着科学技术不断进步，设备的无形磨损、经济寿命的缩短，预计的经济效益和残值收益将无法实现。例如，网络电子信息技术所带来的技术落后风险将直接影响承租人的实际收益，还会影响出租人的租金回收，并对出租人确定租赁期限产生重要的影响。

8）法律风险

法律风险是指由法律、法规因素导致的或者由于缺乏法律、法规支持而给金融租赁公司带来损失的可能性，是金融租赁公司面临的主要风险之一。

11.3.2　金融租赁的风险管理

金融租赁的风险管理是指人们对租赁经营过程中各种风险的识别、控制和处理。为了推动金融租赁公司全面风险管理工作的进程，确保"合规、安全、规模、效益"目标的实现，应制定和完善有关金融租赁项目全流程的管理制度，规范金融租赁业务调查、立项、申报、评审、审批、投放以及投放后管理等各环节的基本规定和操作要求，从行业选择、客户评级、业务评级、风险审查、合法合规、资金投放、租后管理等方面做出相应的制度安排，并根据金融租赁业务的运行情况，适时地提出其他与租赁业务有关的投向指导、管理意见、风险提示等。

金融租赁业务中，从签订租赁合同到合同执行完毕，出租人和承租人都会碰到影响租赁业务正常开展的各种重要的不利因素和事件，正是这些不利因素和事件导致了租赁业务的风险，因此涉及租赁业务的各方有必要进行金融租赁的风险管理，以避免或减少租赁风险所带来的经济损失。我们了解了各种租赁风险之后，就要掌握如何防范和化解这些风险的方法，从而使租赁各方将损失控制在最低限度。由于租赁各方所处的地位不同，因此各方采取的措施也会有所不同。

1）经营风险的防范

（1）对租赁项目经营风险的防范

对出租人而言，租赁公司在签订租赁合同之前，应对租赁项目进行科学、细致的调查研究，对项目的可行性进行评估和论证，对项目的收益性采用定量和定性分析方法进行判断，并准确评价承租人的资信、财务状况、经营能力、支付能力、盈利能力等。另外，还要对供货人、保证人等相关当事人或抵押物进行审查，并择优选择租赁项目。在签订购货合同时，如果需要向供货人预付定金，则买方（一般为出租人）应要求供货人出具不可撤销保函。在签订租赁合同时，应充分考虑可能出现的风险，要在合同条款中规定约束条件和责任条件。为避免或减少损失，可采用以下主要办法：

①收取保证金。租赁合同签订后向承租人一次性收取租赁物总金额10%左右的保证金，可用保证金冲抵部分租金。

②收取手续费。出租人在手续费收入中按一定比例拿出一部分作为风险基金（坏账准备金），以消化呆坏账项目。

③租赁项目总费用的信用保证、抵押或质押。租赁项目总费用包括租赁资产、租赁收益、违约补偿及处理违约所产生的其他费用。鉴于过去银行贷款所提供的担保流于形式，出租人应强调除存单、国债等有价证券外，第一是物的抵押，第二是高信用等级的信用保证。

④违约赔偿。租赁合同须明确约定如果承租人延期交付租金，则每日应按合同规定的比例加收利息；如果承租人单方面终止合同，则将承担高比例的违约赔偿金。这样一方面可以约束承租人执行合同，另一方面也可以保证出租人在发生类似情况时即使变卖租赁物也不会发生亏损。

⑤收回租赁物。如果在合同执行过程中发现承租人无力继续经营、无法保障支付租金，则出租人有权直接收回租赁物，其间产生的所有费用均由承租人承担。

对承租人而言，应提高企业的经营管理水平、竞争力和凝聚力。当出租人要求预付的定金或保证金的金额较大时，承租人可要求出租人出具不可撤销保函。

⑥租赁信用保险。这类保险是针对企业的跨境租赁交易，为帮助出租人规避租赁项目所在国的承租人自身的信用风险而进行的承保。

（2）对金融租赁公司经营风险的防范

首先，对外商投资融资租赁公司经营风险的防范。外商投资融资租赁公司的风险资产一般不得超过净资产总额的 10 倍。风险资产按企业的总资产减去现金、银行存款、国债和委托租赁资产后的剩余资产总额来确定。

商务部应对外商投资融资租赁公司进行有效监管。外商投资融资租赁公司应在每年 3 月 31 日之前向商务部报送上一年业务经营情况报告和上一年经会计师事务所审计的财务报告。

其次，对金融租赁公司经营风险的防范。金融租赁公司应当按照全面、审慎、有效、独立的原则，建立健全内部控制制度。第一，金融租赁公司的关联交易应当按照商业原则，以不优于对非关联方进行同类交易的条件进行，并制定关联交易管理制度，有关重大关联交易应经董事会批准。金融租赁公司应在每一会计年度结束后 4 个月内向国家金融监督管理总局及其派出机构报送前一会计年度的关联交易情况报告，且报告内容应当包括关联方、交易类型、交易金额、交易标的、交易价格、定价方式、交易收益与损失，以及关联方在交易中所占权益的性质与比重等。第二，金融租赁公司的售后回租业务必须有符合规定的明确的标的物。第三，金融租赁公司应遵守以下监管指标的要求：①资本充足率；②单一客户融资集中度；③单一客户关联度；④全部关联度；⑤同业拆借比例等。第四，金融租赁公司应按照《企业会计准则第 21 号——租赁（2018 年修订）》及国家金融监督管理总局的有关规定进行信息披露。第五，金融租赁公司应实行风险资产 5 级分类制度，参照《贷款风险分类指引》，并考虑租赁业务的特点，对应收融资租赁款进行 5 级分类，即把资产分为正常、关注、次级、可疑和损失 5 类，后 3 类合称为不良资产。第六，金融租赁公司应按照有关规定制定呆账准备金制度，及时足额计提呆账准备金。第七，金融租赁公司应按规定编制资产负债表、利润表及其要求的其他报表，并向国家金融监督管理总局报送。第八，金融租赁公司应建立定期外部审计制度，并在每个会计年度结束后的 4 个月内，将经法定代表人签名确认的年度审计报告报送国家金融监督管理总局及其派出机构。

（3）对内资融资租赁公司（试点）经营风险的防范

内资融资租赁公司（试点）的风险资产（含担保余额）不得超过资本总额的 10 倍。内资融资租赁公司（试点）应在每季度 15 日前将其上一季度的经营情况上报省级商务主管部门，并抄报商务部。商务部和国家税务总局将采取定期或不定期方式，抽查试点公司的经营情况。对违反有关规定的公司，商务部将取消其内资融资租赁公司（试点）的资格。

2）对自然灾害风险的防范

承租人应首先做好预防准备工作，一旦发生自然灾害，应立即进行施救，将损失降低到最小。除此以外，出租人或承租人还必须根据具体的情况来选择不同的风险类别，以出租人为被保险人向保险公司投保租赁物运输保险、安装险、财产综合险及防盗等附加险，将租赁物的不确定损失转化为固定的保险费用，并将保险费用计入承租人的成本或租金中；一旦出现自然灾害或意外事故，出租人则可凭承租人提供的《保险事故说明书》，向保险公司索赔。租赁设备保险是保证租赁业务正常开展的必备条件。

3）对政治风险的防范

对政治风险的防范应以预防为主，在国际融资租赁业务中，应对当事人（即出租人、承租人、保证人或供货人等）所在国的法律、法规、制度、政策、劳资关系、民族问题、政治局势、朝野党派等进行较详尽的了解，避免与政局和政策等不稳定的国家的租赁业务对象进行合作。另外，针对企业跨境租赁交易，应通过租赁信用保险，帮助出租人规避租赁项目所在国的政治风险以及承租人自身的信用风险。

4）对税务风险的防范

一般情况下，税务政策能体现出宏观经济政策的取向，因此与租赁业务相关的当事人应及时分析所在国的宏观经济现状、行业现状及趋势，以回避税收所带来的不利影响，并合理避税。国外的租赁公司为降低自身税务风险所造成的损失，一般会在租赁合同中加入税率发生变化时租赁利率也会随之变动的条款。

5）对技术落后风险的防范

出租人和承租人在签订融资租赁合同及保证人出具保函之前，应深入分析、研究租赁物的技术发展趋势，再做出租赁决策。租赁物技术更新的速度决定了出租人对租赁期限的确定。技术更新速度快的租赁物，其租赁期限较短，折旧期也较短，但最短不得少于3年。

6）对利率风险的防范

对出租人而言，利率风险主要出现在筹资阶段，因此出租人选择何种借款利率极其重要。一般可供选择的贷款利率有同业拆借利率、商业银行优惠利率、出口信贷利率、混合贷款利率、政府贷款利率、国际金融组织贷款利率等，出租人应尽可能争取较低的利率。

在签订贷款合同时，出租人应采用浮动利率还是固定利率，选择的准则是：当预测国际金融市场利率处于下降趋势时，则应采用浮动利率；当预测国际金融市场利率处于上升趋势时，则应采用固定利率；当无法预测国际金融市场利率的趋势时，则应采用浮动利率。此外，出租人可以利用利率互换、货币互换等金融创新手段对利率风险加以防范。

对承租人而言，租赁利率应选择浮动利率还是固定利率与上述出租人选择贷款利率的准则是一样的。需要特别强调的是，对利率走势的判断必须准确。

7）对汇率风险的防范

为回避汇率风险所带来的损失，应采取以下措施：

①正确选择交易中所使用的货币。出口租赁物时，应争取用趋于升值的货币（即硬货币）计价；进口租赁物时，应争取用趋于贬值的货币（即软货币）计价，也可同时使用两种货币。

②采用划拨清算方式。划拨清算是指交易双方商定，在一定时期内，双方的经济往来以同一种货币计价，每笔交易额只在账面上划拨，到规定期限再进行清算。通过这种方式，双方大部分的交易额可以互相抵销，以避免汇率波动带来的损失。

③采用掉期方式。掉期是指在买入或卖出即期外汇的同时，卖出或买进远期

外汇。

④使用外汇保值条款。外汇保值条款是指将签订合同之日的汇率固定，实际付款时仍用此汇率。

⑤利用远期外汇交易、外汇期货交易、外汇期权交易进行保值。

⑥利用一揽子货币来防范汇率风险。

8）对法律风险的防范

①金融租赁公司的法律部负责制定合规风险管理工作机制，开展合规风险管理工作，并定期向高级管理层提交合规风险管理报告。在租赁项目的整个流程中，法律部会根据其他部门提交的评审申请材料和立项审批同意的材料等审查租赁业务法律及合规风险点、租赁合同及交易有效性以及相应风险控制措施，并从法律角度提出是否同意该租赁项目的独立审查意见。在项目通过后，法律部负责制定拟投放项目的合同文本，确保租赁业务合同文本合法有效且与审批通过的租赁方案相符，并按规定进行投放审查。

②金融租赁公司应高度重视建设合规文化，严格按国家金融监督管理总局的要求，在董事会授权范围内开展经营，保持与监管部门的经常性沟通，保障法律风险得到有效控制。因为金融租赁业务的普遍性和成熟性尚需提高，以及法律、法规、政策有待完善和明确，所以法律风险在一定时期内仍将存在。如果国家没有对金融租赁制定专门的法律，那么金融租赁业务在产权确认、税收优惠等方面将缺乏足够的、有针对性的政策支持，必将面临一系列的合规风险。

③金融租赁公司应配备法律专业人员，对租赁项目逐一进行法律合规审查，能够有效防范法律合规风险。

本章小结

金融租赁公司用于租赁项目的人民币和外汇资金的主要来源渠道有注册资本金、从商业银行借款、设立租赁基金、同业拆借、发行金融债券、发行股票等。另外，金融租赁公司还可以通过票据贴现、租赁资产证券化来筹集资金。

金融租赁风险是指以一定的概率发生或其规模具有一定的概率分布且会影响融资租赁合同顺利执行的事件所带来的风险。金融租赁风险可根据不同的划分标准进行不同的分类。

根据生成金融租赁风险环境的不同，金融租赁风险可分为静态风险和动态风险。静态风险，又称纯粹风险，是指只有损失的可能，而没有获利机会的风险。这种风险在任何政治、经济条件下都无法避免。动态风险是指既具有带来损失的可能性，也具有带来获利机会的可能性的风险。

根据金融租赁业务的性质，金融租赁风险可分为经营风险、自然灾害风险、政治风险、汇率风险、利率风险、税务风险、技术落后风险和法律风险。

金融租赁的风险管理是指人们对租赁经营过程中各种风险的识别、控制和处理。

重点概念

租赁资产证券化　　租赁风险

复习思考题

一、单项选择题

1.金融租赁公司的出资人的资本充足率应符合注册地金融监管机构的要求且不低于（　　　）。

A.6%　　　　　　　　B.8%　　　　　　　　C.10%　　　　　　　　D.12%

2.在发达国家，融资租赁公司筹资的重要渠道是（　　　）。

A.从商业银行借款　　B.同业拆借　　　　C.发行金融债券　　D.设立租赁基金

二、多项选择题

1.内资融资租赁公司（试点）应严格遵守国家有关的法律、法规，除规定允许的租赁业务外，不得从事（　　）业务。

A.吸收存款或变相存款

B.向承租人提供租赁项下的流动资金贷款和其他贷款

C.有价证券投资、金融机构股权投资

D.同业拆借

E.未经国家金融监督管理总局批准的其他金融

2.金融租赁公司须报经国家金融监督管理总局批准的变更事项有（　　　）。

A.变更名称　　　　　　　B.改变组织形式　　　　　　C.调整业务范围

D.变更注册资本　　　　　E.变更股权

3.金融租赁公司须经国家金融监督管理总局批准后，方可解散的情况有（　　　）。

A.公司章程规定的营业期限届满或者公司章程规定的其他解散事由出现

B.由股东（大）会决议解散

C.因公司合并或者分立需要解散

D.已经或者可能发生信用危机，严重影响客户合法权益的或者问题严重的，依法被吊销营业执照、责令关闭或者被撤销营业资格

E.其他法定事由

三、判断题

1.从商业银行借款是我国传统的融资方式，也是金融租赁公司主要的筹资渠道。

（　　　）

2.静态风险，又称纯粹风险，是指只有损失的可能，而没有获利机会的风险。

（　　　）

四、简答题

1.在我国，金融租赁公司的设立有哪些限定条件？

2.我国对金融租赁公司的经营范围有哪些要求？

3.融资租赁资金的来源有哪些渠道？

4.如何防范金融租赁风险？

五、案例分析题

[案例一]　　　　医疗设备融资租赁集合资金信托项目

[案情]

发行机构：中铁信托有限责任公司

产品名称：医疗设备融资租赁集合资金信托项目

信托期限：2 年

信托规模（万元）：1 000

资金门槛（万元）：20

预期年收益率：6.80%

资金运用：受托人以融资租赁的方式将信托计划资金用于购买医疗设备，同时与安琪儿医院签订融资租赁合同，再将购买的医疗设备出租给安琪儿医院占有、使用，安琪儿医院以等额成本回收方式，每半年向受托人支付一次租金。

发行地：成都市

担保情况：（1）成都安琪儿妇儿医院有限公司的股东为支付本次信托融资租赁的租金提供股权质押；（2）成都博爱医院为支付本次信托融资租赁的租金提供连带责任担保；（3）成都博爱医疗投资管理有限公司为支付本次信托融资租赁的租金提供连带责任担保；（4）成都安琪儿妇儿医院有限公司法人代表卓朝阳为支付本次信托融资租赁的租金提供无限责任担保。

推介起始日：2023-10-16

推介终止日：2023-10-22

产品特色：（1）项目的行业优势。安琪儿医院是目前经成都市医疗管理机构批准的、成都市唯一一家经营产科的民营企业，行业的市场前景良好。（2）项目的可靠性。医院作为特殊的服务行业，行业准入要求较高，具有收益较好，现金流充足、稳定的优势。（3）项目的资金流动性强。本项目的信托利益采用分期支付的方式，满足了投资者对资金流动性的需求。（4）项目的收益可观。投资者预计可获得的年收益率为 6.8%。

成立日期：2023-10-22

资料来源：作者根据网上相关资料整理。

问题：

（1）该案例的出租人是谁？采用了哪一种融资租赁形式？

（2）租赁资金来源于何种渠道？

（3）该案例主要采取了哪一种租赁风险管理方法？

[案例二]　　　　　**解读 2022 中国融资租赁业发展报告**

企业数量、注册资金和业务总量下降……近日，在厦门举行的首届自贸区产业租赁高峰论坛上，中国租赁联盟、南开大学当代中国问题研究院、天津自贸试验区租赁联合研究院联合发布了《2022 中国融资租赁业发展报告》（以下简称《报告》），介绍行业发展现状。2022 年融资租赁整体规模下滑趋势引起了业内广泛关注，未来行业如何转型发展？中国租赁联盟召集人、天津自贸试验区租赁联合研究院院长杨海田在详细解读《报告》的同时，也给出了他的建议。

三项数据下降，融资租赁整体规模出现下滑

《报告》显示，截至 2022 年底，全国融资租赁企业（不含单一项目公司、分公司、SPV 子公司、港澳台当地租赁企业和收购的海外公司，不含已正式退出市场的企业，包括一些地区监管部门列入失联或经营异常名单的企业）总数约为 9 840 家，较 2021 年底的 11 917 家减少 2 077 家。在具体数据上，金融租赁保持 72 家没有变化；内资租赁增加 6 家，共 434 家；2022 年有大批外资租赁企业陆续退出市场。

在业务总量上，截至 2022 年底，全国融资租赁合同余额约为 58 500 亿元人民币，比 2021 年底的 62 100 亿元减少约 3 600 亿元，下降 5.8%。其中金融租赁约为 25 130 亿元，比 2021 年底增加 40 亿元，增长 0.16%，业务总量占全国 43%；内资租赁约 20 710 亿元，与上年持平，业务总量占全国的 35.4%；外资租赁约 12 660 亿元，比 2021 年底减少 3 640 亿元，下降 22.33%，业务总量占全国的 21.6%。

在注册资金方面，进入 2022 年，已有山东通达、苏州金租、徐州恒鑫、山东汇通等金融租赁公司先后增资，同时也有外资租赁公司陆续退出市场。截至 2022 年底，行业注册资金统一以 1∶6.9 的平均汇率折合成人民币计算，约合 27 206 亿人民币，较 2021 年底的 32 690 亿元减少 5 484 亿元，下降 16.78%。

厦门有望成国内第四个现代化融资租赁集聚区

《报告》还发布了全国企业的地区分布，截至 2022 年 12 月底，全国 31 个省、自治区、直辖市都设立了融资租赁公司，但绝大部分仍分布在东部地区。其中广东、上海、天津、山东、辽宁、福建、浙江、江苏、北京等省市的企业总数约占全国 90%以上。

据杨海田介绍，金融租赁业发展的前三个地区分别是：天津、上海和广东南沙区。天津的租赁业主要集中在滨海新区、开发区、空港，还有东疆保税港区。其中东疆保税港区目前光飞机租赁就已超过了 2 000 架，成为世界第二大飞机租赁聚集地。其他的重点租赁业务在这里也是应有尽有。

上海的租赁业主要集中在浦东新区，目前租赁企业在稳步发展，业务总量已超过了 1.5 万亿元，接近天津的水平。广东南沙区发展时间虽然只有五六年，但发展速度快，重点业务为飞机租赁和船舶租赁，融资租赁的发展和粤港澳大湾区的战略发展融为一体。

值得一提的是，目前厦门自贸区融资租赁企业数量已达到了 400 家，飞机租赁已经做到150多家，船舶租赁、工程机械租赁达到了相当大的数量，集成电路、影视机械的租赁也开创了先河，并达到了一定规模。

杨海田说，未来厦门有望成为中国第四个现代化融资租赁集聚区。他建议厦门成立融资租赁联盟，利用高校资源进行人才培养，还可以办租赁车展等活动，通过一些案例实践，深度发展租赁行业。

策划组建租赁资产交易所，今年或有突破性进展

当天还发布了《2022年世界租赁业发展报告》，从总体看来，世界租赁业的基本格局没有明显改变。在世界租赁市场上，机械装备、飞机、汽车占比有所下降；汽车和农用机械与2021年持平；医疗装备、电子装备等占比相对上升。

杨海田分析，当下国内经济复苏步伐不断加快，在这个过程中，最有发展前景的是飞机租赁，航空飞机租赁需求将变大；其次是船舶租赁，国际航运复苏，特别是机械装备也会有大量需求；其他方面包括固定资产、电子装备、农业机械和海工设备，这些行业都会出现恢复性增长。

融资租赁整体规模下滑趋势引起了业内的广泛关注，同时也凸显了融资租赁业在当前经济形势下面临的压力和挑战。对于未来发展，杨海田认为，今年租赁行业将迎来触底反弹，未来发展将呈现波动式的增长。

杨海田还透露，目前天津市正在策划组建中国第四家租赁资产交易所，目前看来有可能在今年取得突破性进展。他建议要尽快组建资产交易市场，实现物权和股权的交易，增强市场的活力。

资料来源：佚名. 解读 2022 中国融资租赁业发展报告［EB/OL］.［2023-04-11］.http://city.ce.cn/news/202304/11/t20230411_7360137.shtml.

问题：

（1）我国的金融租赁业发展前景如何？

（2）结合实际谈谈应如何防范金融租赁风险？

主要参考文献

［1］王淑敏，齐佩金．金融信托与租赁［M］．5 版．北京：中国金融出版社，2020.

［2］魏晓琴．信托与租赁［M］．北京：中国人民大学出版社，2019.

［3］马丽娟．信托与租赁［M］．4 版．北京：首都经济贸易大学出版社，2019.

［4］叶伟春．信托与租赁［M］．上海：上海财经大学出版社，2019.

［5］中国信托业协会．中国信托业发展报告（2019—2020）［M］．北京：中国金融出版社，2020.

［6］中国人民大学信托与基金研究所．中国信托业发展报告 2020［M］．北京：中国经济出版社，2020.

［7］威尔逊．托德与威尔逊信托法［M］．孙林，田磊，译．12 版．北京：法律出版社，2020.

［8］闵绥艳．信托与租赁［M］．4 版．北京：科学出版社，2017.

［9］蒲坚，张继胜，车耳，等．论信托［M］．北京：中信出版社，2014.

［10］蔡鸣龙．金融信托与租赁［M］．2 版．北京：中国金融出版社，2013.

［11］姚王信，沙金．信托产品投资实务［M］．北京：经济管理出版社．2013.

［12］王连洲，王巍．金融信托与资产管理［M］．北京：经济管理出版社，2013.

［13］何宝玉．信托法原理与判例［M］．北京：中国法制出版社，2013.

［14］吴世亮，黄冬萍．中国信托业与信托市场［M］．2 版．北京：首都经济贸易大学出版社，2013.

［15］李中华．融资租赁运作实务与法律风险防范［M］．北京：法律出版社，2012.

［16］沃克．租赁资产组合管理：如何提高回报并控制风险［M］．吕振艳，陈志伟，宋玮，等译．北京：中国金融出版社，2012.

［17］高圣平，钱晓晨．中国融资租赁现状与发展战略［M］．北京：中信出版社，2012.

［18］王巍．房地产信托投融资实务及典型案例［M］．北京：经济管理出版社，2012.

［19］曹建元．信托投资学［M］．2 版．上海：上海财经大学出版社，2012.

［20］丁贵英．金融信托与租赁实务［M］．2 版．北京：电子工业出版社，2012.